国家自然科学基金面上项目（41271145）资助
国家自然科学基金重点项目（70933002）资助

R&D活动对中国区域经济收敛的驱动效应研究

任玲玉　薛俊波　著

中国科学技术大学出版社

内容简介

R&D活动是技术进步的重要来源，也是经济发展的重要手段。本书对中国区域R&D活动展开了调查，试图对R&D活动促进中国经济收敛问题进行实证研究。以R&D活动3个测度指标(R&D人均投入、R&D效率和R&D边际生产力)为主线，以技术扩散模型和技术创新效率递减理论所包含的经济收敛机制为基石，以计量分析、核密度分布动态演进、Markov链概率分布等方法为工具，对我国的R&D活动驱动劳均GDP收敛的效应进行研究。得出：我国从1999年实施区域协调发展战略之后，总体上劳均GDP呈现出收敛趋势，R&D活动对劳均GDP的收敛起到显著的驱动作用。

图书在版编目(CIP)数据

R&D活动对中国区域经济收敛的驱动效应研究/任玲玉，薛俊波著. —合肥：中国科学技术大学出版社，2016.6

ISBN 978-7-312-03966-9

Ⅰ.R… Ⅱ.①任… ②薛… Ⅲ.技术革新—影响—区域经济发展—研究—中国 Ⅳ.F127

中国版本图书馆CIP数据核字(2016)第099749号

出版 中国科学技术大学出版社
安徽省合肥市金寨路96号，230026
http://press.ustc.edu.cn

印刷 安徽国文彩印有限公司

发行 中国科学技术大学出版社

经销 全国新华书店

开本 710 mm×1000 mm 1/16

印张 11.75

字数 224千

版次 2016年6月第1版

印次 2016年6月第1次印刷

定价 38.00元

前　　言

区域经济均衡一直是发展经济学研究的热点问题之一，我国也不例外。新中国成立以后，中国逐步建立了以国有经济为核心的计划经济体制，并实施了优先发展重工业、赶超发达国家的战略，追求平衡发展。由于计划经济体制、配套政策和其他实施问题等原因，各地区的经济差异并没有显著缩小。改革开放以来，伴随着经济高速增长，中国地区发展不平衡的状况不断加剧。20 世纪 90 年代之后，中国地区发展不平衡的状况进一步扩大，已经成为影响经济健康发展和社会稳定的重要问题。90 年代末开始，中央政府先后提出了西部大开发战略、中部崛起战略和振兴东北等老工业基地战略，力图扭转地区发展差距过大的状况。目前，西部大开发战略已取得初步成效，中部崛起战略和振兴东北等老工业基地战略开局良好，主体功能区区划工作已经完成，区域协调发展战略的效果开始显现。2015 年 10 月，中国共产党第十八届中央委员会第五次全体会议（十八届五中全会）提出：重点促进城乡区域协调发展，促进经济社会协调发展。全会同时提出：必须把创新摆在国家发展全局的核心位置，不断推进理论创新、制度创新、科技创新、文化创新等各方面创新。这意味着我国已经进入“以创新促进经济增长和区域经济全面均衡发展”的新阶段。

区域经济均衡在学术上是经济收敛问题，R&D 活动[①]是创新的基础和核心。据此，创新能否促进区域经济均衡就可以转化为 R&D 活动能否促进经济收敛的问题。经济增长收敛假说问世后，得到了学术界和政策制定者的广泛关注。经济增长收敛主要解决 3 个核心问题：其一，是否存在收敛（收敛的存在性）；其二，为什么收敛（收敛机制）；其三，怎样收敛（促进收敛的政策措施）。本书围绕着这 3 个核心问题，从理论和实证两个层面展开了深入研究：研究了 R&D 活动的三大指标（R&D 人均投入、R&D 效率、R&D 边际生产力）对经济收敛的驱动效应，发现 R&D 活动的三大指标对经济收敛的驱动效应显著。这

① R&D：research and development。R&D 活动通常指，在科学技术领域，为增加知识总量，以及运用这些知识去创造新的应用而进行的创造性的活动。

揭示了以创新促进区域经济全面均衡发展是有历史经验证据的，十八届五中全会关于创新促进经济均衡发展的目标是可以实现的。

总的来说，本书做了下面一些工作。首先，梳理了经济增长理论的发展脉络，对隐含其中的增长收敛机制进行了归纳总结；揭示了收敛机制和收敛机制隐含的政策控制意义，构成了本书实证研究的理论和逻辑基础。其次，对同一经济问题应用不同的研究方法可能会得出不同的结论，所以应用恰当的研究方法分析经济问题是研究成功的关键之一。为此，本书选择多种经典的收敛检验方法来研究同一个问题。使用 σ 收敛、核密度估计方法和马尔科夫(Markov)链方法分别检验 R&D 活动对区域经济收敛的驱动效应，得出的结果具有一致性。在此基础上，还将驱动效应大小进行了量化，为政策制定者提供了更为切实可靠的依据。此外，本书提供了 3 个 R&D 活动的指标：R&D 人均投入、R&D 效率和 R&D 边际生产力。R&D 人均投入和 R&D 效率仅测量了 R&D 活动自身情况，而 R&D 边际生产力是将 R&D 投入和经济产出直接联系起来的一个指标，因而更具有实践价值，测量出的驱动效应更加准确。另外，要说明的是 3 个指标对区域经济收敛的驱动效应具有同向性。

综上发现，随着我国 R&D 人均投入的增加，我国各地区的经济差距在 2002 年开始已经逐渐收敛。本书认为要实现十八届五中全会关于创新促进经济均衡发展的目标，同时实现对发达国家的技术赶超和经济赶超，就需继续加大对 R&D 的投入，必须坚持“科教兴国”的发展方针，坚持“模仿国外先进技术”和“立足本国创新技术”两条腿走路。

著　者

目　　录

第1章 引 论

1.1 中国现阶段的区域发展战略和目标

新中国成立以后，中国逐步建立了以国有经济为核心的计划经济体制，并实施了优先发展重工业的赶超发达国家的战略。从国家安全等因素考虑，区域政策片面追求平衡发展，主要以中央政府计划的方式进行生产力的平衡布局（林毅夫等，1994）。尽管改革开放以前地区发展战略发生过几次变动，但总体上是高度集权下的从属于国家安全目标的区域经济均衡发展战略，战略目标侧重于发展落后地区，以缩小地区之间的经济差距（张丽君，2006）。从实施效果来看，这一阶段的平衡发展战略对各地区的经济发展起到了一定的积极作用，在较大程度上扩展了中国的生产力发展空间，改变了旧中国地区经济发展严重不平衡的局面（陆大道等，2003）。但是，由于受计划经济体制、配套政策和其他实施问题等因素的影响，改革开放以前的区域发展战略并没有实现区域平衡发展的目标，内地建设对地区经济发展的带动效果并不大，各地区的经济差距也并没有显著缩小（张可云，2005）。1978年改革开放以来，伴随着经济高速增长，中国地区经济发展不平衡的状况也不断加剧。20世纪90年代，中国地区经济发展不平衡的状况进一步扩大，已经成为影响经济健康发展和社会稳定的重要问题。当前，缩小地区经济差距，促进区域协调发展，是改革开放和现代化建设的战略任务，也是全面建设小康社会、构建和谐社会的必然要求（吴爱芝等，2011）。党和国家领导人意识到并非常重视地区经济发展不平衡问题。自20世纪90年代末开始，中央政府先后提出了西部大开发战略、中部崛起战略和振兴东北等老工业基地战略，力图扭转地区经济发展差距过大的状况，以实现中国经济持续健康增长和保障各地区人民分享改革开放成果。

为了更清楚地阐释本书研究的战略背景，下文将详细阐述我国改革开放之后的区域战略发展的演变过程。改革开放之后，我国经济体制由高度集权的计划经济体制逐渐步入市场经济体制的转轨，区域经济发展战略也相应地发生了转变，中央政府为了促进国内经济的快速发展及适应各个发展阶段的具体社会经济形势，对区域战略的重心不断进行调整。根据区域发展战略重心的不同，可以将我国改革开放之后的经济发展战略大体划分为 4 个阶段，将其归纳在表 1.1 中。

表 1.1　改革开放之后我国区域经济发展战略

时段	战略重心	战略实施	战略目标	经济效果
1978～1990 年	注重经济效率	东部优先发展	经济总量增加	经济迅速增长，地区差距扩大
1991～1998 年	注重效率兼顾公平	东部带动中西部发展	经济总量增加，同时缩小地区经济差距	经济迅速增长，地区差距进一步扩大
1999～2015 年	注重区域协调发展	东、中、西部协调发展	缩小东、中、西经济差距	经济迅速增长，地区差距进一步扩大
2015 年之后	落实区域全面均衡发展	全面均衡发展	全面缩小经济差距	经济迅速增长，地区差距进一步扩大

1.1.1　以经济效率为重心的非平衡发展阶段(1978～1990 年)

改革开放之后，为了促进国内经济的快速增长，党和国家领导人决定率先发展具有绝对优势或具有相对优势且具有较强带动作用的重点地区和重点部门，以取得较好的投资效率和较快的增长速度，并通过这些地区或部门的发展及其扩散效应来带动其他区域或部门共同发展。为此，中央政府制定了以东部沿海地区为重点的非均衡区域经济发展战略，并采取了一系列相应的政策措施保障该战略的实施，包括建设沿海经济特区及形成对外开放格局、引进外资、投资政策倾斜、产业结构调整及优惠政策等。以上战略和政策的实施，使东部地区充分发挥了区位等优势，先于中西部地区快速发展起来，极大地促进了中国经济增长并使整个国民经济发展格局发生了多方面、有积极意义的深刻变化。然而，非均衡地区经济发展战略和分权化渐进式改革使东部地区经济高速发展，并由此带动国民经济总体水平提高的同时也造成了地区经济发展不平衡，沿海倾斜的区域政策使全国经济重心总体向东南偏移，强化了沿海与内地经济发展的差距，重构了全国的经济核心区与外围区，是 20 世纪 90 年代中国地区经济差距急剧扩大的重要原因(李新安，2003)。

1.1.2 注重效率兼顾公平的发展阶段(1991～1998年)

随着东、中、西部三大地区经济差距的逐步扩大,中央政府不得不考虑经济发展的平衡问题,提出必须从提高国民经济的整体效益出发,发挥各个地区的比较优势,促进区域经济的协调发展,实行地区倾斜与产业倾斜政策相结合的方式,在继续发挥东部地区增长优势的同时逐步促进中西部地区的发展。这一时期,国家加快了对中西部地区的开发和开放,并先后开放了沿江、沿边、沿黄、沿陇海线等内陆地区,使我国区域经济发展的沿海、沿江、沿线的经济格局逐步形成,区域政策的重心由东部沿海地区的带状式发展演变为以东部带中部及西部轴线式发展模式。区域政策旨在促进形成东、中、西部三大区域发展的联动机制,通过上海的经济增长来带动整个长江流域的联动发展,从而带动中西部地区的经济发展。但是,东南沿海地区"两头在外"的外向型经济发展很大程度上处于自身或本地区的封闭式循环中,且由于东、中、西部地区之间的市场分割而不能形成相对合理的产业分工与合作体系(刘乃全,贾彦利,2005)。因此这一时期没有形成较好的制度扩散机制,东部地区对中西部地区的带动作用也未能充分发挥,实际上进一步造成了地区经济增长的发散和地区经济差距的扩大。

1.1.3 以区域协调发展为重心的发展阶段(1999～2015年)

经过20多年的经济发展,中国的整体经济实力有了明显的增强,但地区经济的总体差距并没有缩小,而且区域经济发展不协调问题日益突出,因此中央逐步调整发展战略,特别强调区域协调发展(李晓西,张琦,2005)。国家从1999年开始制定并逐步推进西部大开发战略,实行重点支持西部大开发的政策措施,增加对西部地区的财政转移支付和建设资金投入,并在对外开放、税收、土地、资源、人才等方面采取优惠政策;同时要求中部地区充分发挥承东启西、衔接南北的区位优势和综合资源优势,提高工业化和城镇化水平。此后不久,中央政府在继续实施西部大开发战略的同时,又提出振兴东北等老工业基地战略和中部崛起战略,国家有关部门在项目投资、财政税收、金融、国有企业改革、社会保障、资源型城市转型、对外开放等方面采取了一系列的政策措施(魏后凯,2006,2008)。中央又从根本上扭转了"七五"计划以来按照东、中、西部次序梯度推进的思想,明确提出区域协调发展战略,要求加强国土规划,按照形成主体功能区的要求,完善区域政策,调整经济布局,从社会主义现代化建设全局出发,统筹城乡区域发展,形成东、中、西部优势互补和良性互动的区域协调发展机制(谢伏瞻,2006)。西部大开发战略取得了初步成效,振兴东北等老工业基地战略和中部崛起战略开局良好,主体功能区区划工作已经完成,区域协调发展战略的效果开始显现(吴利学,2010)。

1.1.4 以创新促进区域全面均衡发展阶段(2015年之后)

中国共产党第十八届中央委员会第五次全体会议于2015年10月26日至29日在北京召开。会议提出:重点促进城乡区域协调发展,促进经济社会协调发展。我国现行标准下农村贫困人口实现脱贫,贫困县全部摘帽,解决了区域性整体贫困。全会同时提出:必须把创新摆在国家发展全局的核心位置,不断推进理论创新、制度创新、科技创新、文化创新等各方面创新。这意味着我国已经进入以创新促进经济增长和区域经济全面均衡发展的新阶段。

总的来说,我国目前的区域发展战略关注的是区域均衡发展,目的是减小地区之间的经济差距。这种战略目标实现得如何以及如何促进这一区域战略目标的早日实现,R&D活动在区域协调发展战略中起到什么作用是本书所关注的问题。下面首先分析R&D投入与经济增长的关系。

1.2 R&D投入与经济增长的关系

20世纪以前,社会经济的发展局面是生产刺激技术,技术呼唤科学。而20世纪以后是科学引领技术,技术带动生产。科学技术已成为真正意义上的“有力的杠杆”和“最高意义的革命力量”,科技进步成为推动经济和社会发展的决定性力量。因而在日趋激烈的国际竞争中,现代国家与国家之间竞争的实质就是科技竞争,谁抢占了科技的制高点,谁就掌握了主动权和话语权,谁就能实现跨越式发展。

科技进步直接源于R&D投入,那么R&D投入是否能促进经济增长呢?从20世纪50年代开始,经济学者们进行了大量理论研究和实证分析,得出了非常有价值的结论。Solow(1957)是较早测算科技进步对经济增长贡献的学者之一,Abramowitz(1998)也一直致力于探索经济增长的源泉,20世纪50年代他同Solow几乎同时开展了科技进步与美国经济增长关系的研究。Denison(1962)是增长核算分析的创始人,他利用Cobb-Douglas生产函数来估计资本和劳动对国民收入的贡献,把收集到的国民收入增长分解成若干构成要素,探寻经济增长的原因。Jorsenson(1972)通过增加投资中包含的物化技术解释生产率变动的原因,而在以前的生产理论中,新技术被设想为是非物化的,即在某种意义上是独立于资本和劳动增长的。

在实证方面,国内外学者也取得了丰硕的成果。Kuznets(1966,1971)对主要工业化国家大量的经济数据进行了分析,研究结果表明技术进步对经济增长的贡献率高达86.7%。Hulten(1978)探讨了存在中间投入品的科技进步贡献率的核算问题,在研究中他利用美国劳动统计局提供的制造业的投入-产出数据进行分析,结果表明20%或更多的全要素生产率的变化可以直接归结为物化技术的存在。Griliches 和 Lichtenberg(1984)以美国制造业数据为例,分析指出研发投入与全要素生产率存在密切的联系。Griliches(1986)对1957~1977年约1 000家美国大型制造企业的数据展开了研究,结果证明科技投入对生产率的提高有着重要的作用,其中R&D投入尤为重要。Lichtenberg(1992)、Eaton 等(1993)利用 Summers-Heston 的数据研究了R&D支出与各国经济增长差异的关系,他们的研究结论表明一个国家的科学家和工程师人数及其R&D支出几乎可以解释50%以上的国际间生产率差距。此外,Lichtenberg(1992)还指出,R&D投资的回报率几乎是设备投资回报率的7倍。Coe 和 Helpman(1995)研究了22个OECD(经济合作与发展组织)国家的科技投入与全要素生产率的关系,他们研究发现本国和贸易伙伴的R&D支出几乎可以解释50%的OECD国家的生产率增长。Jones(1999)研究了10个主要OECD国家,同样得出了R&D是全要素生产率增长的重要来源的结论。1991年,世界银行对68个国家的科技进步进行了分析,结果表明:发展中国家科技进步对国内生产总值的贡献率约为14.3%,同一时期的法国为56.7%,德国为51%,英国为50%,而美国科技进步对经济增长的贡献率比较低,仅为16.6%。Boskin 和 Lau(1996)将投入要素分解为资本、劳动、人力资本和R&D资本4种,构造了生产函数,将不能由这4种投入要素解释的经济增长归结为科技进步的贡献,他们利用6个国家的数据进行研究,得出如下结论:虽然当期R&D投资对经济增长的贡献并不显著,但是由R&D投入引致的科技进步对经济增长的影响却非常大。

国内学者对中国的R&D投入与经济增长的关系也展开了研究。陈志斌等(2003)比较了江苏省R&D投入与全国其他省市[①]的差距,认为经济发展速度加快的省份在R&D投入中总有一些超前的地方,要么是投入增加较多,要么是R&D经费投入流向合理,要么是R&D经费占GDP的比重较高。贾鹏等(2004)对我国1991~2001年科技投入的各个指标与我国经济的增长进行了关联分析,研究结果表明科技投入对经济增长的影响很大,科技投入中影响经济增长的主导因素是研发经费的投入。高艳和胡树华(2004)、姜庆华和米传民(2006)计算了科技投入与经济增长之间的灰色关联度,他们的研究结论与贾鹏

① 这里的“省市”确切来说应表示为“省(市、区)”,全书其他处同此,不再备注。——编者注

等的结论非常相似：R&D经费支出和科技人员投入与经济增长有正的相关关系，且科技人员投入对经济增长起着更为重要的促进作用。范黎波等(2008)利用中国1987～2005年的R&D投入和GDP数据，建立了协整、误差修正模型(ECM)，Granger因果检验发现：从长期看，R&D投入和中国经济增长之间存在着稳定的均衡关系；从短期看，R&D投入变动不是经济增长的Granger原因。

具体到我国R&D投入对GDP增长的贡献率，国内一部分学者专门针对这个问题进行了研究。朱平芳(1999)研究了上海市科技投入和国内生产总值的关系，测算出1988～1996年上海市全社会R&D投入对国内生产总值的短期弹性为0.354 7，长期弹性为0.991 9，结论显示了上海市的科技投入和国内生产总值有显著的正相关关系。苏梽芳等(2006)建立了向量自回归模型，研究了我国1958～2004年国内生产总值和国家财政科技投入之间的关系，结果表明其间科技投入对GDP的短期弹性为0.103 7，长期弹性为1.402 0。单红梅和李芸(2006)运用广义Cobb-Douglas生产函数，对我国1991～2003年科技投入的经济效果进行了实证分析，结果表明：我国科技投入不但对当期的经济增长具有促进作用，而且还存在滞后效应，当年、滞后1年、滞后2年的产出弹性分别是0.171、0.300和0.339，其效果在3年中逐步发挥出来，第3年达到最大，但是我国科技投入对经济增长的滞后期只有2年，科技投入短视行为明显。江蕾等(2007)建立了广义差分回归模型，研究了我国1953～2005 R&D投入和经济增长的关系，研究结果表明科技投入对经济增长的长期弹性为0.175。赵志坚(2008)将我国1978～2004年R&D投入、GDP和第一、二、三产业的产值等相关数据进行线性回归分析，得出了科技投入与第二产业产值之间存在着长期稳定的比例关系，而与第一产业产值和第三产业产值之间都不存在长期稳定的比例关系，我国1979～2004年科技投入对经济增长的弹性为0.043 9，平均的贡献率约为6.84%。

从上述研究结论来看，由于数据来源和计量模型选择的差异，不同的学者对科技投入与经济增长关系测算的结果不尽相同，然而他们的研究都有一个共同的结论：R&D投入对经济增长具有积极的正向促进作用，R&D投入是一个国家经济增长最主要的因素之一。

1.3 中国 R&D 投入的特点

1.3.1 中国相对于美日的 R&D 投入强度过低

经过改革开放后的 30 多年的发展，我国经济总量取得了巨大的增长。理论和实践均证明，科技投入会促进经济增长。因此为了缩小和发达国家的经济差距，我国不断增加科技投入以促进经济发展，如图 1.1 所示。1996 年以来，我国的 R&D 投入强度不断增大，增长率远远高于美日。但是我国的 R&D 投入强度的整体水平还远远不如美日，R&D 投入强度相对较弱。事实证明，随着我国的 R&D 投入强度和美日的差距的缩小，我国的经济发展水平与美日的差距也逐渐缩小。因此从区域经济发展角度来看，为了促进我国各地区经济的发展，也可以适当地加强各省市的 R&D 投入强度。

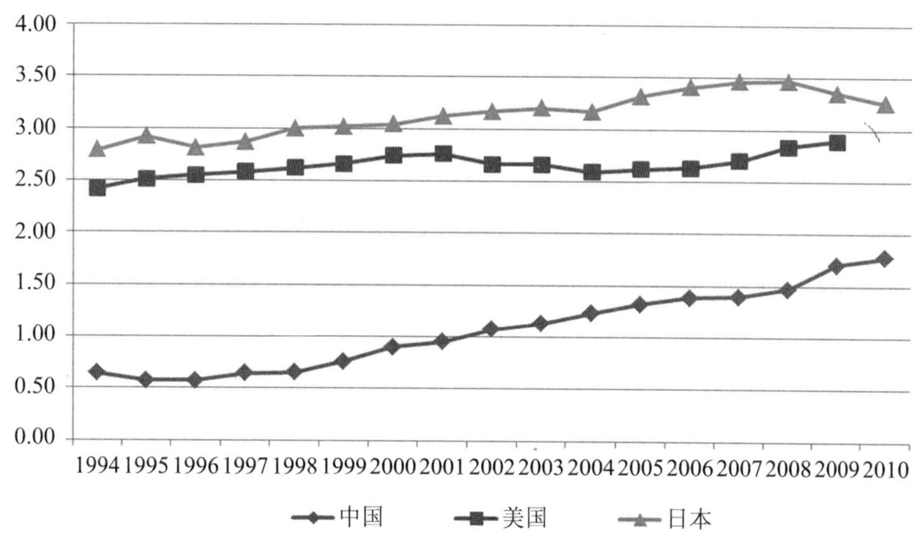

图 1.1　中美日 R&D 投入强度趋势图

资料来源：根据 2012 年《中国科技统计年鉴》整理而得，其中美国 2010 年的数据缺失。

注：R&D 强度指研究与试验发展中 R&D 经费支出占国内生产总值的比重，纵坐标值为：(R&D 经费内部支出/国内生产总值)×100，其中 R&D 经费和国内生产总值都采用当年价格。

1.3.2 企业在R&D投入中占据绝对优势

R&D投入强度指研究与试验发展的R&D经费支出占国内生产总值的比重，然而不同研发主体的R&D经费内部支出会带来不同技术影响和经济效果。图1.2显示了我国三大研发主体(企业、研究与开发机构以及高等学校)的R&D经费内部支出占全国R&D经费总支出的比重。2000年以来，企业的R&D经费内部支出所占的比重稳步上升，研究与开发机构的R&D经费内部支出所占的比重逐年下降，高等学校的R&D经费内部支出所占的比重基本持平。2000年，企业R&D经费内部支出所占的比重达到最低，但是也达到了60%，到2011年，上升到75.74%。因此企业R&D经费内部支出所占的比重占有绝对的地位。

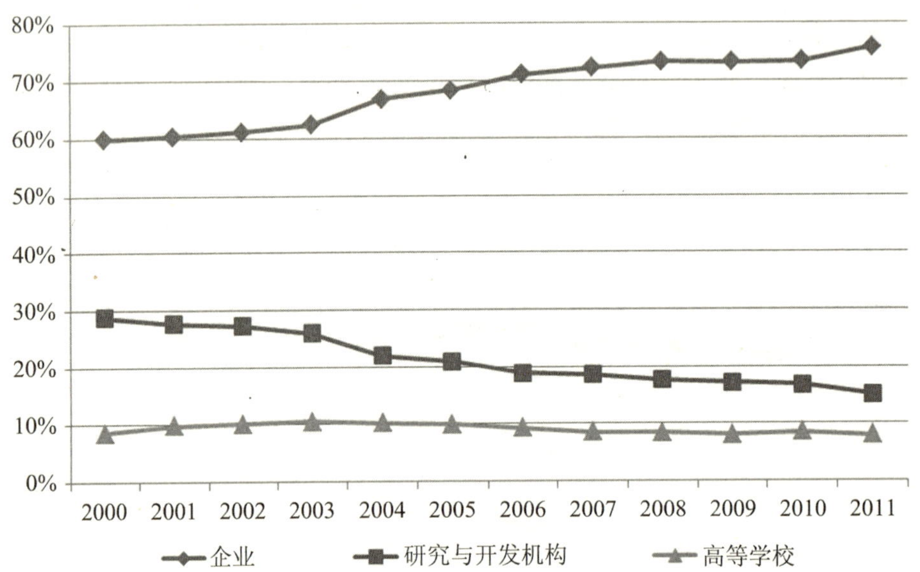

图1.2　中国的企业、研究与开发机构以及高等学校R&D经费内部支出所占的比重

资料来源：根据2012年《中国科技统计年鉴》整理而得。

注：企业、研究与开发机构以及高等学校R&D经费内部支出所占的比重之和小于1，因为除了这3个研发主体外还有其他部分的支出，但比例都极小。

企业直接面向市场，R&D活动受到市场和利润的驱动和激励，主要进行试验发展活动，因此R&D活动效率比较高，对经济的直接驱动比较明显，但同时也会追逐短期利益，因此缺乏对经济发展的长期动力。

图1.3是中国三大研发主体的R&D人员全时当量占全国总R&D人员全时当量的比重，企业、研究与开发机构的比重走向和图1.2是一致的，高等学校

的 R&D 人员全时当量的比重从 2004 年开始逐年下降。2000 年，企业 R&D 人员全时当量所占的比重达到最低，但也超过了 50%，到 2011 年，上升到 75.25%。因此企业 R&D 人员全时当量所占的比重占有绝对的地位。

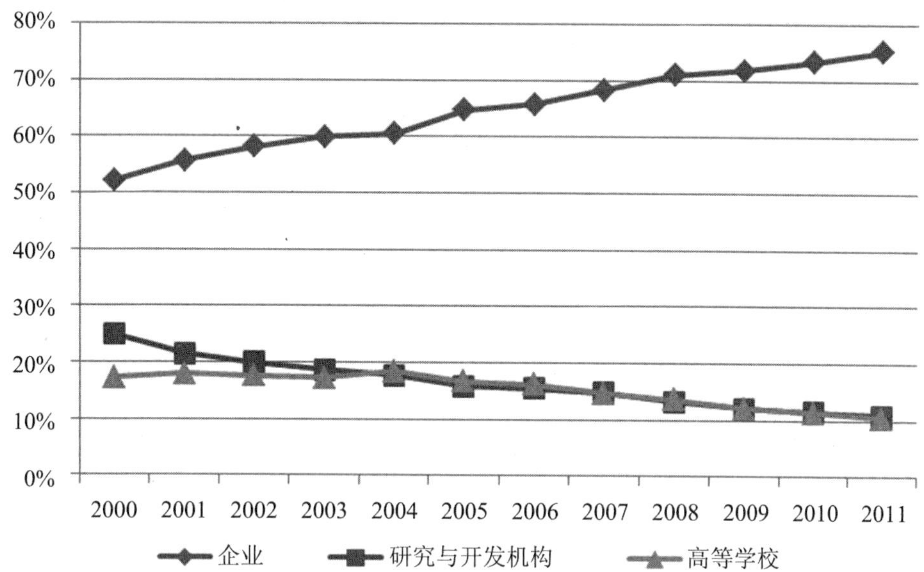

图 1.3 中国的企业、研究与开发机构以及高等学校 R&D 人员全时当量的比重

资料来源：2000～2008 年数据根据 2009 年《中国科技统计年鉴》整理而得；2009 年、2010 年和 2011 年数据分别根据 2010 年、2011 年和 2012 年《中国科技统计年鉴》整理而得。

注：企业、研究与开发机构以及高等学校 R&D 经费内部支出的比重之和小于 1，因为除了这 3 个研发主体外还有其他部分的支出，但比例都极小。

因此在我国 R&D 投入中，相对于研究与开发机构以及高等学校，企业的 R&D 投入占据绝对的优势地位。

1.3.3 基础研究比重偏低，试验发展比重近几年上升较快

不同研发主体的 R&D 经费内部支出可以带来不同技术影响和经济效果，主要是因为上述三大主体对 R&D 的三类活动（基础研究、应用研究和试验发展）的投入不同，企业主要投入试验发展。三类 R&D 活动可以带来不同的技术进步和经济效果。试验发展不可能创造出一项产业的核心技术。没有核心技术，企业可能将永远处于产业链的下游，在国际和区际竞争中将处于不利地位。而基础研究正好与试验发展是相对的，主要创造一项产业的核心技术，有了核心技术，试验发展才可能将核心技术转换为市场需要的新产品，企业才能占据产业链的上游，获取更多的利润。

图 1.4 显示 1995 年以来基础研究在我国三类 R&D 活动经费内部支出的

比重极小，不超过10%，在2004年之后还略有下降。而试验发展比重却非常大，在1998年之后，超过了70%，并且在2004年之后，上升比较快。2004年，试验发展比重为73.67%，到了2011年，上升到83.42%，增加了9.75%。

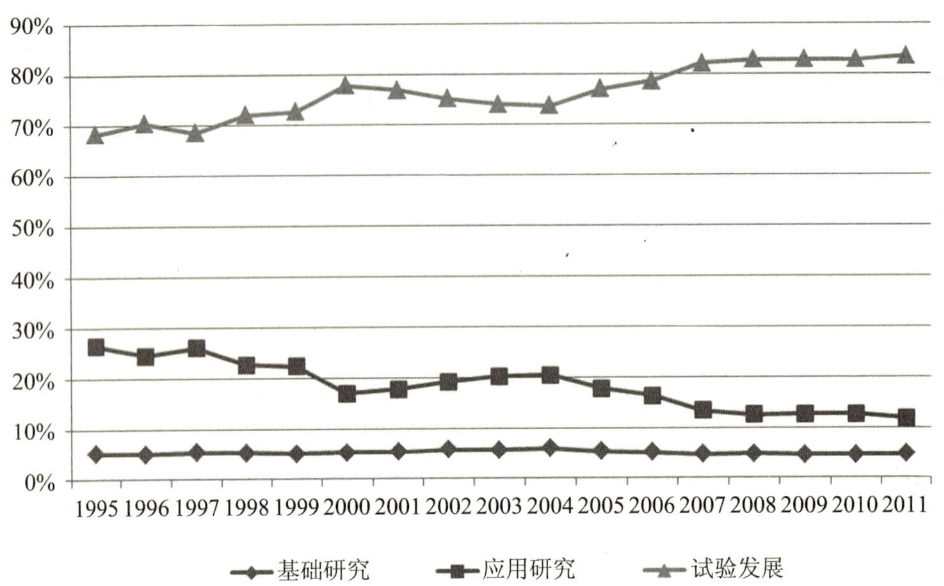

图1.4　中国的基础研究、应用研究和试验发展R&D经费内部支出的比重

资料来源：根据2012年《中国科技统计年鉴》整理而得。

图1.5显示了1992年以来三类R&D活动的人员全时当量占全国总R&D人员全时当量的比重。基础研究R&D人员全时当量所占的比重基本都没有超过10%，在2004年之后还略微有些下降；而试验发展R&D人员全时当量所占的比重都超过了50%，在1998年之后有稳步上升的态势，在2004年之后上升的速度有所提高，2004年的比重为66.22%，到了2011年，上升到81.07%，增加了14.85%。

1.3.4　R&D投入的区域差异性

R&D投入的区域差异性会带来不同的经济增长速度，产生不同的区域经济收敛速度。图1.6显示了1999～2010年我国30个省市R&D的人均投入值。很明显，我国R&D人均投入差距很大，前三位的上海、北京和天津，其R&D人均投入超过了20(单位：万元/全时当量/年)；排在最后三位的是新疆、宁夏和广西，分别为9.90、10.19、10.65(单位：万元/全时当量/年)。前三位和后三位的R&D人均投入相差1倍多，说明我国R&D人均投入差异性很明显。

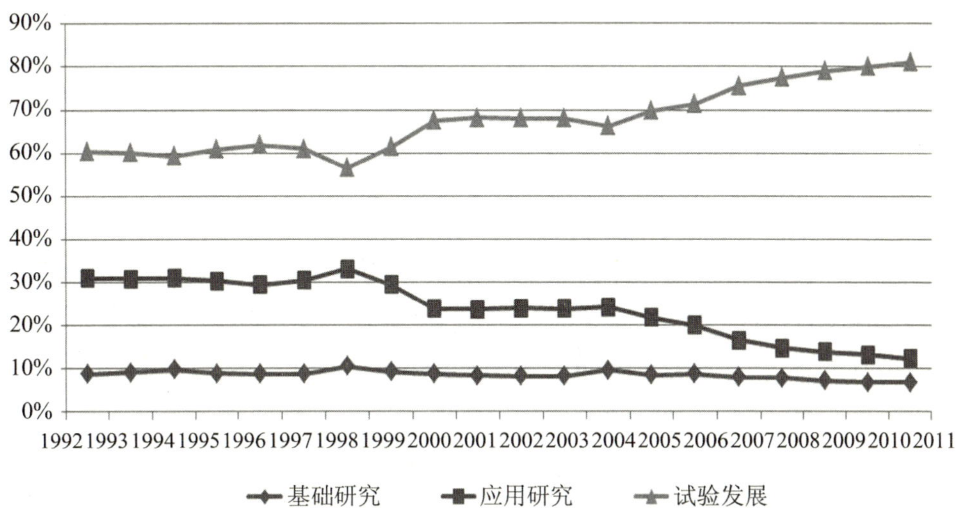

图 1.5 中国的基础研究、应用研究和试验发展 R&D 人员全时当量的比重

资料来源:根据 2012 年《中国科技统计年鉴》整理而得。

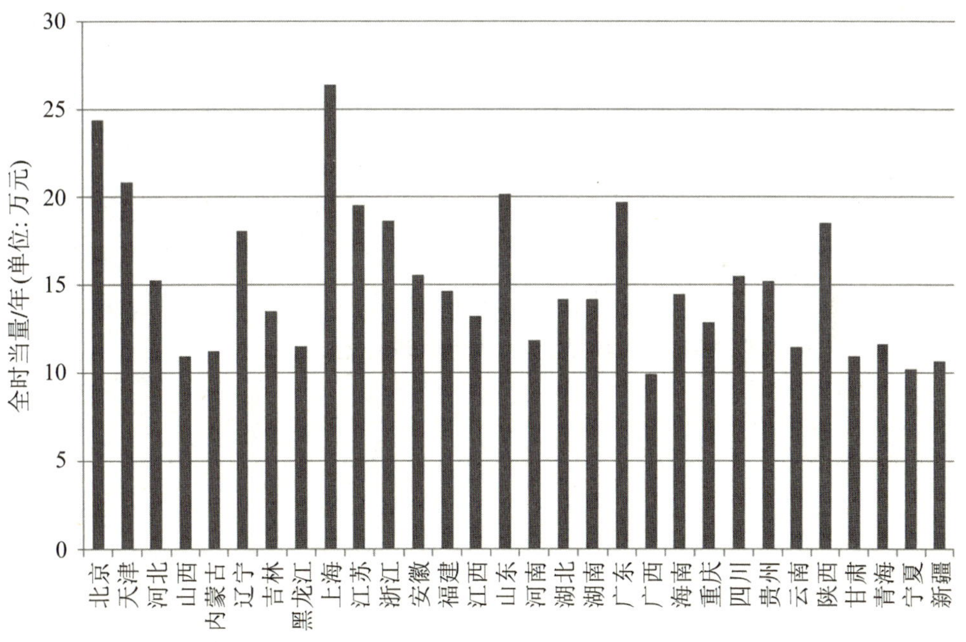

图 1.6 中国 1999~2012 年 30 个省市 R&D 人均投入值

资料来源:根据 2012 年《中国科技统计年鉴》整理而得。

注:由于受数据的可获得性所限,不包括西藏、台湾、香港和澳门的数据,后同。

1.4 研究意义

上述背景事实说明:中国进入 21 世纪后,制定了区域协调发展战略,以缩小区域间的经济差距;理论和实践研究都证明,R&D 投入对经济持续增长具有积极的促进作用。那么 R&D 投入能否促进我国区域间经济差距的缩小(即区域间的经济收敛)呢? 能否实现我国现阶段的区域协调发展战略的目标呢? 能否通过创新落实第十八届五次全体会议提出的区域全面均衡发展目标呢?

因此通过对 R&D 活动驱动区域经济收敛的深入研究,可以深入理解 R&D 活动对经济收敛的驱动机制,进而可以通过调整不同的 R&D 活动以加速缩小我国地区间的经济差距,对促进现阶段区域发展战略的实现具有一定的现实意义。

在理论研究方面,经济增长收敛作为对经济增长差距减小的形象描述,在过去半个世纪的时间内得到了学术界的关注。经济增长收敛假说起源于 20 世纪 60 年代 Solow 的新古典经济增长模型,从 Baumol(1986)实证发现落后国家存在向发达国家经济收敛的现象后,经济增长收敛理论迅速成为热议的研究主题,时至今日仍然是现代经济增长领域研究的焦点之一。本书选择 R&D 活动驱动区域经济增长收敛为主题,基于以下学术层面背景考虑:近年来,增长收敛假说的研究重点发生了转移,即由检验增长收敛的存在性向研究增长收敛的形成机制方向转移。因此从某种意义上来讲,从 R&D 活动角度研究经济增长收敛的驱动效应比检验增长收敛的存在性更有理论意义。

第 2 章　经济增长理论及收敛机制

经济增长理论的发展经历了近 200 年的时间，不同的经济学家试图运用不同的方法、不同的概念来解释经济增长的过程，经济增长理论因此而呈现出百家争鸣的局面。然而，这些丰富多彩的理论无不围绕着两个关键性问题展开：① 经济持续增长的动力来源到底是什么？② 经济增长是否会产生收敛的结果？前者代表了经济学家研究经济增长的主要目的——寻找影响经济增长的主要因素；后者代表了经济学家对经济增长结果——经济增长在不同国家之间的分布状况——的关注（沈坤荣，2003）。本章就这两个主题进行全面的文献回顾和总结。

2.1　前古典经济增长思想[①]

自人类组成正式的社会群体开始，人们就开始关心财富及其增长问题。古希腊的 Xenophon（公元前 427～公元前 355 年）在其《经济论》和《雅典的收入》中就曾论及财富增长。他特别重视组织的管理和分工对增加经济剩余的作用，认为管理者的责任就是努力使他所监督的任何单位增加经济剩余的数量，管理者需要掌握一定的技能、制定良好的社会秩序和实现分工。

柏拉图（Plato，公元前 427～公元前 347 年）也指出了专业化和分工的益处，并认为专业化和分工导致了城市的起源。然而他倾向于专业化和分工的政治含义，主张“阶级专业化”，即培养品格高尚和能力超群的精英人士来指导政治和经济活动。他认为如果建立起公平分配的政治体系，就能提高创造财富的

---

① 由于我国缺少古代欧洲文献，特别是中文版，本节主要参考小罗伯特 B. 埃克伦德，罗伯特 F. 赫伯特著，杨玉生、张凤林译，张凤林校的《经济理论和方法史》（北京：中国人民大学出版社，2001 年 8 月，pp. 7-30）。

效率，促进经济增长。

Aristotle（公元前384～公元前322年）认为应该捍卫一切阶级的私有财产，从而促进经济效率的提高，并认为只有这样才能使社会和平及激励道德品质的发展，最终形成一个经济激励发挥较大作用且具有较高效率的混合经济体系。

在古典经济增长理论出现之前，在这个时期还有两个有重要影响的经济增长思想流派：重商主义和重农主义。

Mirabeau在1763年创造了重商主义一词。在重商主义的思想中，国家对物质利益的追求是永无止境的，重商主义者所关心的唯一的重要问题是：国家资源的使用应该使国家尽可能在政治上和经济上保持强大。所以，它们会利用社会的物质资源尽可能地促进国民财富和福利的增加。重商主义者认为黄金和白银代表了国家财富。在国际上，它们都采取贸易保护主义，实行国际经济控制，并尽可能大地实现贸易顺差，以积累货币，从而积累财富。大多数重商主义者害怕过分自由而失去控制，于是依赖国家来计划和管制经济活动，以特许权、专利权和司法形式进行合法垄断，以及采取别的方式（低工资和人口政策）激励人们进行财富创造。所以，各个国家为促进国家利益制定了繁多而易变的政策。

18世纪中期，法国面临生产危机，以Quesnay（1694～1774）为代表的"重农主义"应运而生。按照Quesnay的观点，经济增长首先取决于农业剩余产品的再投资，但也受农产品需求量和结构（在很大程度上取决于地租的支出）的影响。Quesnay的整个经济理论体系的基础是其对农业生产技术的分析。他区分了3种农业生产技术：仅仅使用劳动的土地耕种方式；使用牛拉犁的耕种方式（小农经营）；使用马拉犁的耕种方式（大农经营）。他认为要获得剩余产品，只能选择后两种技术手段。Quesnay对生产技术的分析没有涉及其他生产部门，仅限于农业部门，因为他认为只有农业部门才能生产出纯产品，而制造业、私人服务业、运输业、商业和外贸等经济部门都是非生产性的，其预付只能得到零收益率。对工业品和私人服务的需求即对非生产部门产品的需求，取决于取得纯产品的土地所有者的收入的支出或农业剩余的支出，因为工业不能产生任何收入。

前古典经济增长思想对财富增长的认识有很多时代背景的影子。虽然理论比较片面且相当不完善，但是标志着人类已经开始思考财富增长及如何更有效地增长经济的问题。

2.2　古典经济增长理论

1776～1870 年是一个经济思想的高产时代，成为后来的现代经济增长理论汲取营养的思想宝库。现在人们称这一阶段为古典经济学时期，以古典经济学家 Smith(斯密，1723～1790)、Ricardo(李嘉图，1772～1823)、Malthus(1766～1834)、Mill(1806～1873)等人为代表的观点和理论构成了古典经济学理论。他们对经济增长问题提出了各自的看法，形成了古典经济增长理论。

Smith(1776 年出版了《国民财富的性质和原因的研究》一书，简称《国富论》)被认为是古典增长理论的发端者，强调国民财富(其所谓的国民财富用今天的术语说应是国民收入)的增长。Smith 吸收了 Quesnay 思想的精髓，然而他指出，制造业对剩余产品的生产也有贡献(而 Quesnay 认为只有农业劳动才是能够创造剩余产品的生产性劳动)。对于国民财富的看法，重农主义者认为纯农产品是重要的财富，重商主义者认为贵金属是国家财富的象征，而 Smith 指出："贵金属的高价值并不是任何特殊国家贫困或富裕的证明……它仅仅证明向商业世界提供贵金属时期所发现的金矿的贫瘠。"对 Smith 来说，国民财富不是用贵金属的价值来衡量的，而是用一国土地和劳动年生产物的可交换价值来衡量的。他认为一国的国民财富增长(即经济增长)的主要动力是劳动分工、资本积累和技术进步，并认为分工有 3 个优点：① 劳动者的技巧因业专而日进，这正是熟能生巧带来的结果；② 由一种工作转到另一种工作，通常要损失不少时间，有了分工，就可以避免这种损失；③ 许多简化劳动和缩减劳动力的机械发明，使一个人能够做许多人的工作。3 个优点中的每个优点都促进国民财富的增加。

Ricardo(1817 年出版了《政治经济学与赋税原理》)对经济增长持比较悲观的看法。他提出了经济学中一个重要的理论：作为生产要素的土地、资本和劳动，其产出的边际报酬是递减的。这样将会最终导致一个国家的经济增长停止。

Ricardo 与 Smith 一样，也认为社会财富的增长就是经济增长，他所研究的也是社会总产品的增长。他认为国家财富的增加可以通过两种方式实现：一种是用更多的投入来维持生产性的劳动，这不仅可以增加商品的数量，而且可以增加其价值；另一种是不增加任何劳动数量，而使等量劳动的生产效率增加。在第一种情况下，要求社会纯收入(工资、利润和地租之和)中有更大比例用于再投资，这等于增加社会总的资本存量。在第二种情况下，通过改善各种要素的组合方式，使一定的投入能够产生更大的产出，这只有通过农业改良和机器的运用才能做到。因而，归根到底，经济增长主要取决于土壤的实际肥力，资本积累和人口状况以及农业上运用的技术、智巧和工具。也就是说，从纯经济方面来看，经济增长的约束因素是土地、资本、劳动和技术进步。

不过，由于技术进步使要素的边际生产率递增，这样技术进步就会抵消要素边际生产率的递减。在工业部门，收益递减趋势被技术进步带来的要素边际生产率递增的影响抵消，所以工业部门以要素边际生产率递增为主导。Ricardo 认为，农业部门技术进步的速度，无论在集约耕作还是在粗放耕作上都不足以抵消现有的收益递减的趋势。农业技术改良只能对农业生产成本产生暂时的影响，而从长期来看，农业生产中收益递减占据主导地位。因此综合起来看，在所有土地都投入耕种后，农业部门的收益递减趋势大于工业收益递增趋势。所以，从某一时刻开始，经济增长将停止。

Ricardo 和 Smith 的理论有很多共同之处：

① 都认为经济增长过程是多种因素综合作用的动态过程。主要考察资本、劳动、土地等内生因素和技术变革、社会经济制度等外生因素的作用。试图通过外生因素有目的的调节，使各种内生因素的配置最优化，从而实现经济增长的最大化。

② 都强调对外贸易在经济增长中的作用。认为对外贸易可以使一个国家更有效地配置自己的资源，更有效地利用别国资源，扬长避短，节约成本和社会劳动力，提高劳动生产率，促进经济快速增长。然而，他们提出了各自的成本学说：Smith 提出了绝对成本说，即各国都生产本国具有绝对优势的商品，交换别国具有绝对优势的商品；而 Ricardo 提出了比较成本说，即各国生产自己具有相对优势的产品，交换别国具有相对优势的商品。

③ 储蓄和投资都是促进经济增长的主要动因。都认为资本积累率与经济增长率存在高度的正相关关系。没有积累就没有增长，而积累取决于储蓄和投资的刺激。投资的效果主要取决于投资收益率，储蓄能力主要取决于地租和利润。

④ 都主张市场自由竞争和自由贸易，都反对国家干预经济活动。

Ricardo 和 Smith 因为所处的时代不同(Ricardo 处于产业革命充分发展时期，而 Smith 处于产业革命起始时期)，具体经济条件和社会环境也不相同，所以他们的思想又存在一些差异：

① Smith 认为生产受规模收益递增的影响，而不受边际生产率下降的影响，认为生产实际成本随时间推移是趋于下降的，因为市场容量在扩大，社会分

工不断深化。而Ricardo认为生产受制于边际生产率递减趋势。因为土地、劳动、资本的边际产品递减，技术进步不能从根本上改变这种趋势。不过，制造业受收益递增的影响，制造业收益递增的趋势不能抵消农业收益递减的趋势影响。所以总体来看，收益递减。

② 技术进步在两个理论体系中的表现形式和地位是不同的，虽然他们都强调技术进步对提高劳动生产率的作用。Smith强调的技术进步主要是由劳动组织形式的变化即劳动的分工所带来的结果，也没有把这样的分析贯穿到其他经济现象中。Ricardo更重视技术进步的作用，强调技术进步体现在劳动工具和劳动对象的变革上，他考察了农业改良和机器运用的结果。更重要的是，他将技术进步作用的分析贯穿于整部著作，研究了技术进步与土地生产率及地租、劳动生产率及工资率、资本效率、利润率及资本积累等间的相互关系。这种差异是历史背景造成的，Smith所处时代为产业革命的起始期，处于工场手工业末期，当时出现了很多劳动组织方式的变革。而Ricardo所处时代资本主义已经进入机器大工业时代，如何发展机器生产、改良农业技术是当时面临的重要任务。

总而言之，自从Smith开创了古典经济学先河，古典经济学家就一直致力于国民财富为什么增长以及如何促进国民财富增长的研究。虽然古典经济学认识到了劳动生产率对经济增长的影响和技术进步的可能性，但他们对技术的描述不够详尽，而且缺乏对技术进步因素在经济增长中具体作用机理的研究。

2.3　新古典经济增长理论及其收敛机制

2.3.1　新古典经济增长理论的发展

1. Harrod-Domar模型

古典经济学理论主要强调经济自身在自由市场中的运行，着重研究的是长期经济运行规律。20世纪30年代，世界范围内的经济危机催生了着重研究经济短期运行规律的Keynes(凯恩斯)经济理论。1936年，Keynes的《就业、利息和货币通论》一书的问世使经济理论的研究重心从长期经济运行规律转移到了短期经济运行问题上来。从总体上来说，Keynes经济理论是一种研究经济短期静态均衡运行规律的分析方法。基于Keynes经济理论，Harrod、Domar分别于 1939 年和 1946 年发表了《论动态理论》和《资本扩张、增长率和就业》两篇文章，他们在 Keynes 的国民收入决定论基础上，将 Keynes 的短期增长理论(Keynesian growth theory)动态化，试图在 Keynes 的短期分析中整合出经济增长的长期因素，并强调资本积累在经济增长中的重要性。自此，经济增长理论又开始转向对长期增长的关注。他们得出了同样的基本结论，即经济稳定增长条件是相似的，决定一个国家的经济增长水平的最主要因素有两个：第一，决定全社会投资水平的储蓄率；第二，反映生产效率的资本-产出比例。换句话说，为了实现经济的长期持续增长，经济的实际增长率不仅必须等于有保证的增长率，即由资本家集体意愿投资水平所决定的增长率；而且必须等于经济的自然增长率，即使经济实现持续充分就业所需的增长率。Harrod 等认为，三种增长率只在偶然的情况下才会相等。因此现实的资本主义市场经济很难实现稳定增长。因此从研究的内容上看，Harrod-Domar 模型确实可以作为现代经济增长理论的起点①。

Harrod-Domar 模型对现代经济增长理论有着重要影响。首先，该模型开创了现代经济增长理论，开辟了研究经济增长长期动态过程的思维方法和分析思路，首先尝试着将数理经济方法运用到经济学中。其次，直接引导了 20 世纪 50 年代的发展经济学家们把精力集中在研究如何使欠发达国家提高储蓄率而实现这些国家的经济起飞，达到经济持续增长的目的。

然而，就像 Solow(索罗)(2004)所说："请记住 Harrod 的第一篇文章发表在 1939 年，Domar 的第一篇文章发表在 1946 年。和宏观经济学中的其他部分一样，经济增长理论也是 20 世纪 30 年代大萧条和结束大萧条的那场战争的产物。"②Harrod 和 Domar 当时所处的经济环境和历史条件决定了他们的模型和理论，以及模型和理论的形态、性质和结论。当时情况下，包括美国和英国在内的西方发达国家普遍存在民众大量失业，机器等各种资本大量闲置，国内经济需求不足，企业家的投资欲望低下，对前景普遍存在悲观倾向。Harrod-Domar 模型很难适应今天经济增长理论的需要，因为他们的理论假设前提存在很大的局限性：

① 从方法上具备了研究动态问题的角度来说，现代经济增长理论真正开始于 1928 年的英国经济学家 Ramsey。这一年，Ramsey 在《经济学期刊》上发表了一篇题为"储蓄的一个数理理论"的经典论文，采用的就是动态分析的方法。所以，新古典方法论的起点最早可以前推到 Ramsey。在这篇经典论文中，Ramsey 采用了从个人最优化决策推导出均衡路径的方法，这是新古典模型的典型方法。所以杨小凯(1997)将 Ramsey 的论文作为新古典经济增长理论的起点。

② 罗伯特·M·索罗. 增长理论：一种解释. 2 版. 冯健等，译. 杨瑞龙，杨其静，校译. 中国财政经济出版社，2004：5.

① 从研究思路上看，Harrod-Domar 模型是由一组完全没有微观理论基础的总量方程构成的模型。并且将经济增长推向了一个“唯资本积累”的论调，忽视了技术进步对经济增长的作用。

② 在模型中使用了具有固定技术系数的生产函数形式，即 $Y=\min(K/v, L/u)$。这种固定系数的生产函数具有明确的含义：在已知任何一个特定资本存量的条件下，能产生并只能产生一个产出流量，在已知任何劳动存量的条件下也一样(Jones，1999)。这就是 Solow 最“看不惯”的资本和劳动在生产中完全不能相互替代的假定。这种生产函数只有在短期中具有一定的社会现实性，在长期中两种生产要素(资本和劳动)常常可以相互替代。

③ 在模型中采用了固定储蓄倾向的假定。这意味着储蓄在 Harrod-Domar 模型中是外生的。这在 Solow 模型中只短暂地出现过。同样，Ramsey-Cass-Koopmans 模型的新古典经济增长理论也放弃这样一个不现实的假定。

由于上述假设前提的局限性，在 Harrod-Domar 模型中，两种生产要素(资本和劳动)很难同时实现充分就业的稳定状态的经济增长，只能是“刀锋上的均衡增长”。

2. Solow-Swan 模型

1956 年，美国经济学家 Solow 发表了《对经济增长理论的一个贡献》一文，同年，澳大利亚的 Swan 发表了《经济增长和资本积累》一文，这两篇论文共同奠定了新古典经济增长理论的基础。Solow 和 Swan 认为，Harrod-Domar 模型之所以得出资本主义市场经济不能实现持续稳定增长的结论，是因为这个模型假定资本和劳动不能相互替代，从而资本-产出比为一个常量。因此如果放弃资本和劳动不能相互替代的假定，就能得出资本主义市场经济可以实现稳定增长的结论。因此他们对 Harrod-Domar 经济增长模型进行了必要的修正，建立了资本系数可变(即假定资本和劳动能相互替代)的经济增长模型。该模型假设了不变规模报酬，每种投入要素具有边际报酬递减规律，投入要素之间存在着某种正的且平滑的替代弹性，从而避免了 Harrod-Domar 经济增长模型中存在的“刀刃”现象。该模型围绕着两个函数展开，一个是生产函数，另一个是资本积累函数，其中生产函数符合 Cobb-Douglas 生产函数的形式。

Solow 模型(1956)采用以下假设：生产函数规模报酬不变；单个投入要素的产出是边际递减的；资本和劳动可以相互替代；技术进步是 Harrod 中性的。他对经济增长的理论分析可以概括为以下 4 点：

① Solow 模型的资本积累的基本方程式为 $k=s\times f(k)-(n+g+\delta)\times k$。由于 k 作为一个可变量而存在，这就突破了 Harrod-Domar 模型中资本-产出比

固定不变的“刀刃均衡”特征，从而平衡经济增长就可以实现。该方程意味着，人均资本的增长率取决于劳动力、劳动力导向型的技术进步率和资本存量折旧率的增长率。当 $k>0$ 时，表示增加的投资促进了资本存量的积累，经济面临资本深化(capital deepening)的情况。反之，投资不足会导致资本存量下降。

因此 Solow 模型为我们提供了资本积累促进经济增长的机制分析，通过投资增长促进资本存量增长，再通过生产函数促进经济增长。Solow 模型在增长因素分析中，对要素投入的贡献做出了合理的解释。

② Solow 模型认为，由于投入要素的边际报酬是递减的，所以从长期来看，任何一个经济体都会逐渐达到一个稳定的均衡路径。

③ Solow 模型意味着任何经济增长都具有趋同(或收敛)的性质。Solow 认为造成人均收入差距的主要原因是各国不同的投资率、人口增长率以及外生技术上的差距。

④ Solow 模型认为，经济增长的主要推动力量是技术进步。Solow 模型通过分解生产函数的方式将资本、劳动要素贡献之外的贡献归于技术进步。但模型假设技术进步是外生的，使得模型自身无法解释一些重要的增长事实，如各国增长率、各国人均收入水平和实际人均 GDP 增长率存在差距等。对于技术进步，Harrod 中性的假设限制了该模型的解释力和适应性。

从上述结论中我们可以看到，在对经济增长两个主题的回答上，Solow 模型不同于 Harrod-Domar 模型。由 Solow 模型得出两个重要的结论：首先，经济增长的主要动力来自于技术进步，只是 Solow 模型没有将技术进步作为内生变量引入模型，从而技术进步变得不可解释；其次，经济增长是会收敛的，穷国和富国都会逐渐达到一个稳定的均衡。

经济学家们都承认 Solow(1956)和 Swan(1956)发展起来的新古典经济增长模型隐含了经济收敛性的存在，最先从理论上揭示了经济增长收敛的机制。因此收敛理论的真正起源应当是 Solow-Swan 模型。由于 Solow-Swan 模型对经济收敛的重要性，我们将单独用 2.3.2 小节以具体的模型推导的方式予以阐述，以揭示经济收敛的新古典机制。

3. Ramsey-Cass-Koopmans 模型

Ramsey(1928)提出了最优消费及最优储蓄的概念，使储蓄率可以是家庭最优化内生选择的结果，而不必是外生的。Ramsey 模型被提出后，在很长的一段时间内未被研究者关注，直到 Cass(1965)和 Koopmans(1965)给予 Ramsey 模型新的生命，并且使之成为宏观经济中广泛应用的模型。Cass 和 Koopmans 相继运用了 Ramsey 创建的动态一般均衡方法，并将 Ramsey 对消费者最优化的分析引入新古典经济增长模型。他们假定储蓄率是内生的，储蓄率由模型中的内部机制——最优消费选择的决策机制——决定，发展了 Solow-Swan 模型。为显示 Ramsey 对增长理论的贡献，人们合并称之为 Ramesy-Cass-Koopmans (RCK)模型。

RCK 模型与 Solow-Swan 模型比较相像，其基本结论是一致的：① 资本报酬递减规律导致资本积累动力逐渐消减；② 劳动和技术的增长率都是外生的(储蓄率的内生化并没有消除长期人均经济增长率对外生技术进步的依赖)；③ 除非存在外生的人口增长或技术进步，否则经济不可能实现持续增长。

RCK 模型和 Solow-Swan 模型也存在一些不同：① Solow-Swan 模型被修正为 RCK 模型之后，使得最后边际消费倾向在短时间内不再是固定的，因为最优边际消费倾向和边际储蓄倾向之和为 1，所以边际储蓄倾向是人均资本量的函数，而不是固定的；② 在 RCK 模型中，资本存量的变动是从竞争性市场中家庭最大化和厂商最大化之间的相互作用推导出来的，其结果是储蓄率不再是外生的，也无需为一个常量；③ 在 RCK 模型中，宏观层次的经济总量的动态变化取决于微观层次上的决策。

2.3.2 Solow-Swan 模型的收敛机制[①]

有关经济增长收敛的研究探讨，一直是经济增长理论的核心内容之一。在进入讨论之前，有必要对稳态(steady state)的含义进行说明，这是因为所有的收敛理论研究终究都离不开对稳态的探讨。只有定义了稳态，才能真正了解平稳增长的含义；只有存在稳态，才能产生收敛性。

Barro 和 Sala-i-Martin(1995，2004)将稳态定义为“一种在其中各种经济变量都以不变速率增长的状态”，目前学术界普遍接受这种定义，本书中的“稳态”概念也与之相同[②]。

Solow(1956)和 Swan(1956)发展起来的新古典经济增长模型隐含了经济收敛性的存在，最先从理论上揭示了经济增长收敛的机制。因此收敛理论的真正起源应当是 Solow-Swan 模型。该模型的核心是生产函数和资本积累方程，基本思想是生产中规模报酬不变和要素投入的边际产出递减。下面以标准的 Solow 模型(Barro，Sala-i-Martin，2004)为例，来说明新古典收敛机制。

---

① 本小节借鉴了吴利学的《中国地区增长收敛研究》及 Barro 和 Sala-i-Martin 的 *Economic Growth* (2 版)对 Solow-Swan 模式中蕴含的经济增长收敛机制的描述。

② 一些经济学家使用均衡的增长路径来描述所有变量以恒定速度增长的状态，而将所有变量增长率为 0 时这种特殊状态定义为稳态。由于这种特殊状态基本不存在，所以我们接受 Barro 和 Sala-i-Martin (1995，2004)对稳态的定义。

新古典经济增长模型生产函数可以表示为

$$Y(t) = F(A(t), K(t), L(t)) \tag{2.1}$$

其中，$Y(t)$为t期的总产出，$A(t)$为技术水平，$K(t)$为资本投入，$L(t)$为劳动投入。为简单起见，假定技术水平不变，即$A(t)=A$，劳动力以不变速度n增长，即$L(t)=L(0)e^{nt}$。资本积累方程则来源于国民经济核算：

$$\dot{K}(t) = S(t) - \delta K(t) = sY(t) - \delta K(t) \tag{2.2}$$

其中，$\dot{K}(t)$表示资本积累，$S(t)$表示储蓄，s为外生给定的储蓄率，δ为折旧率。

新古典经济增长模型对生产函数$F(\cdot)$做了关键假定，$F(\cdot)$对于资本和劳动投入具有以下性质：

① 规模报酬不变的性质：如果资本和劳动等投入都增加λ倍，产出也增加λ倍，即

$$F(A, \lambda K, \lambda L) = \lambda F(A, K, L)$$

② 要素边际产出递减的性质：任何投入的增加都会带来产出的增加，但随着投入的不断增加，相同投入带来的产出增加幅度将不断减小，即

$$\partial F/\partial K > 0,\ \partial^2 F/\partial^2 K < 0;\quad \partial F/\partial L > 0,\ \partial^2 F/\partial^2 L < 0$$

③ 生产函数满足稻田条件(Inada，1964)，即

$$\lim_{K\to 0}(\partial F/\partial K) = \lim_{L\to 0}(\partial F/\partial L) = \infty,\quad \lim_{K\to\infty}(\partial F/\partial K) = \lim_{L\to\infty}(\partial F/\partial L) = 0$$

④ 每一种要素投入都是生产必需的，即

$$F(0, K) = F(K, 0) = 0$$

根据以上性质，可以得到单位劳动力的产出水平(劳均产出)和资本存量(劳均资本)的决定方程：

$$y(t) = f(k(t)) \tag{2.3}$$

$$\dot{k}(t) = sf(k(t)) - (n+\delta)k(t) \tag{2.4}$$

其中，$y(t)=Y(t)/L(t)$表示劳均产出，$k(t)=K(t)/L(t)$表示劳均资本，$f(\cdot)$表示密集生产函数。由于密集生产函数具有劳均资本边际递减的性质，因此由方程(2.4)可以得到经济的稳态均衡条件为$\dot{k}(t)=0$，即$sf(k(t))=(n+\delta)k(t)$，定义满足这一条件的劳均资本水平为稳态资本水平k^*，此时劳均产出水平也达到稳态水平$y^*=f(k^*)$。

图2.1可以描述以上经济系统，从原点出发的射线表示(抵补有效折旧的)持平的投资(break-even investment)，曲线$f(k)$表示劳均产出，曲线$sf(k)$表示劳均储蓄。由于边际产品递减，这两条曲线都是凹向原点的。可以证明，k^*是唯一的全局稳态，此时经济处于平衡增长路径，劳均产出、劳均资本、劳均消费的增长率均保持不变，而产出、资本和消费总量均与劳动力总量保

持同步增长。

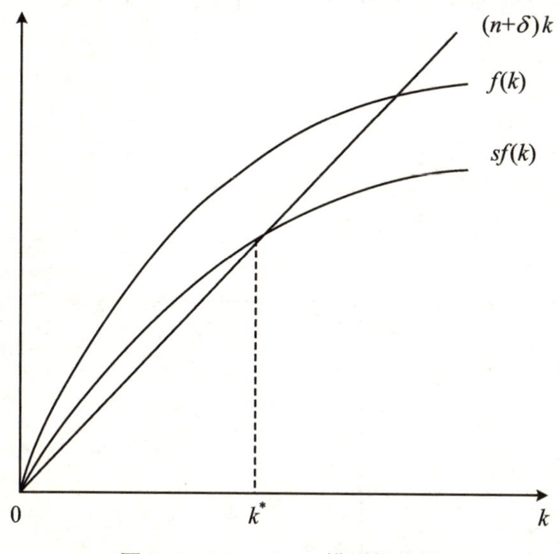

图 2.1　Solow-Swan 模型相位图

由于劳均产出的增长完全由劳均资本的增长决定，因此劳均资本的转移动态(transitional dynamics)[①]也就决定了劳均产出的转移动态。由方程(2.4)可知劳均资本的增长率为

$$\gamma_k = \dot{k}/k = sf(k)/k - (n+\delta) \tag{2.5}$$

因此可以得到劳均资本的转移动态为

$$\partial\gamma_k/\partial k = s(f'(k) - f(k)/k)/k \tag{2.6}$$

很明显，由于资本报酬递减，资本边际产出 $f'(k)$ 始终小于其平均产出 $f(k)/k$，所以 $\partial\gamma_k/\partial k<0$。这意味着资本的增长率是初始资本水平的减函数：在其他条件不变的情况下，初始资本水平越低，则资本增长率越高；反之，初始资本水平越低，则资本增长率越高。当经济中劳均资本低于稳态水平时，增长率为正，且水平越低资本积累速度越快。图 2.2 刻画了这一转移动态过程，不同劳均资本水平(k_1，k_2)的经济具有不同的经济增长率，而且都会向稳态水平 k^* 收敛。由此可见，Solow-Swan 模型预示了经济增长存在收敛性。

劳均产出增长率与劳均资本增长率存在以下关系：

$$\gamma_y = \dot{y}/y = f'(k)\cdot\dot{k}/f(k) = (kf'(k)/f(k))(\dot{k}/k) \tag{2.7}$$

我们也可以得到劳均产出的类似转移动态，劳均产出增长率与初始劳均资

① 转移动态是指经济逐步从初始状态调整到稳态均衡状态的增长路径(Romer，2001)。

本产出存量负相关，即如果都没有达到稳态，国家或地区经济发展水平越低稳态增长就越快，也就是说落后经济将逐渐向发达经济收敛。

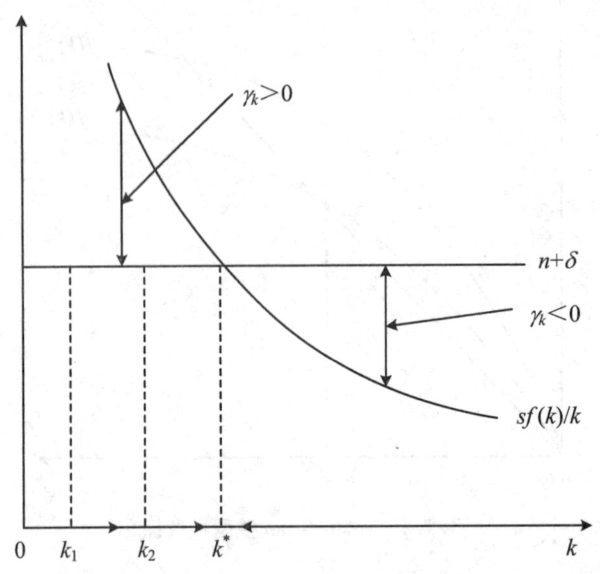

图 2.2　Solow-Swan 模型中的绝对收敛

注：k 的增长率由储蓄曲线 $sf(k)/k$ 和有效折旧曲线 $n+\delta$ 的垂直距离给定。如果 $k<k^*$，则 k 的增长率为正，且 k 朝 k^* 处增加。如果 $k>k^*$，则 k 的增长率为负，且朝 k^* 处减少。因此稳态人均资本 k^* 是稳定的。注意，从初始的低人均资本开始移动，k 的增长率单调下降，直至 0。横轴上的箭头指出了 k 的运动方向。

以上分析表明，新古典经济增长理论中的收敛机制是要素（特别是资本）边际产出递减，较为发达经济体中要素投入的边际生产率低于落后经济体，因此落后经济体的经济增长率高于发达经济体，各经济体之间会不断收敛，直到达到稳态水平。但是值得指出的是，由方程(2.5)可知，稳态有效劳均产出由储蓄率、劳动力增长率、技术进步率和资本折旧率等经济参数决定，因此不同经济体的经济可能收敛于不同稳态，即落后经济体的经济可能仅仅向其自身的稳态收敛而不是向发达经济体收敛。以图 2.3 为例，如果落后国家储蓄率低于发达国家（$s_1<s_2$），那么稳态时的劳均资本也会不同（$k_1^*<k_2^*$），落后经济体的经济收敛于低稳态水平 k_1^* 而发达经济体收敛于高水平稳态 k_2^*。而且，还可能存在这样的情况：落后经济体距离自己的稳态更近而发达经济体距离自己的稳态更远，发达国家（或地区）的经济增长率要高于发达国家（或地区）的经济增长率。因此正如 Barro(1991)、Mankiw 等(1992)、Barro 和 Sala-i-Martin(1995)所言，新古典经济增长模型更可能产生条件 β 收敛而不是绝对 β 收敛，落后经济体向其自身稳态水平收敛而不是向发达经济体收敛。当然，对于经济结构比较接近

的国家(或地区),落后经济体与稳态的距离必然比发达经济体的更远,因而也就比发达经济体的增长更快,此时就会出现绝对收敛现象。

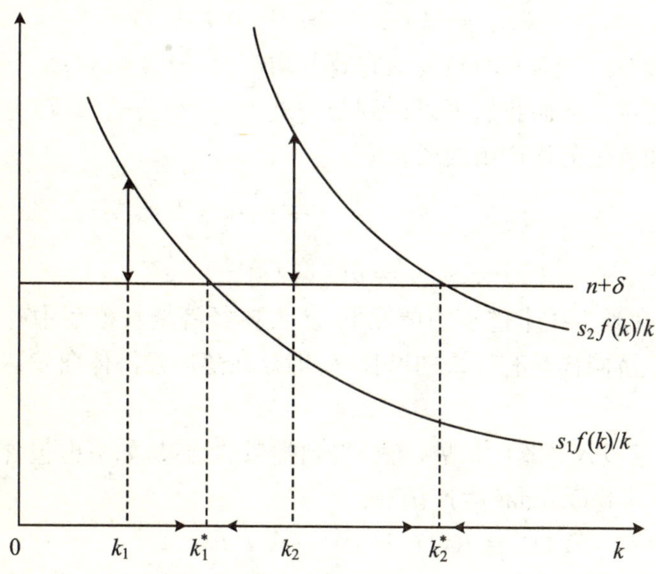

图 2.3　Solow-Swan 模型中的条件收敛

但是标准的 Solow-Swan 模型存在诸多不足,比如没有考虑技术进步和其他要素投入以及假定储蓄率外生不变等。不过,引入消费者的跨期消费决策不变是以居民的时间偏好差距替代外生的储蓄率差距(Ramsey-Cass-Koopmans 模型就是这样处理的)的,对模型收敛性没有实质性的影响,因此这里主要介绍考虑外生技术进步和人力资本等投入的情况下对收敛机制的解释(Mankiw et al.,1992;Barro,Sala-i-Martin,2004)。为了便于说明,我们仅以 Cobb-Douglas 生产函数为例来说明。

首先,考虑在标准的 Solow-Swan 模型中加入外生的技术进步,假设技术进步为外生 Harrod 中性或劳动增进型(labor-augmenting)①,此时总产出为

$$Y(t) = K(t)^{a}(A(t)L(t))^{1-a} \tag{2.8}$$

其中,a 和 $1-a$ 分别表示资本和劳动的产出弹性,$A(t)$以外生不变速度 g 增长,即 $A(t)=A_0 e^{gt}$,显然 Cobb-Douglas 生产函数满足新古典经济增长模型的所有假设。不妨定义 AL 为有效劳动投入,因而可以得到有效劳均产出和有效

① 在生产函数中,技术按照进入生产函数方式的不同分为 3 种:第一,AL 型,称为劳动增进型技术中性,又称为 Harrod 中性;第二,AK 型,称为资本增进型技术中性,又称为 Solow 中性;第三,AF(K,L)型,又称为 Hicks 中性。在 Solow 新古典生产函数框架下,技术进步被假定为 AL 型,即为劳动增进型技术中性和 Harrod 中性。

劳均资本的决定方程：

$$\tilde{y}(t)=\tilde{k}(t)^{a} \tag{2.9}$$

$$\dot{\tilde{k}}(t)=s\tilde{k}(t)^{a}-(n+g+\delta)\tilde{k}(t) \tag{2.10}$$

其中，$\tilde{y}(t)=Y(t)/(A(t)L(t))$表示有效劳均产出，$\tilde{k}(t)=K(t)/(A(t)L(t))$表示有效劳均资本。从而我们可以得到与公式(2.5)和公式(2.7)完全类似的有效劳均资本和有效劳均产出的增长率：

$$\gamma_{\tilde{k}}=\dot{\tilde{k}}/\tilde{k}=s\tilde{k}^{a-1}-(n+g+\delta) \tag{2.11}$$

$$\gamma_{\tilde{y}}=\dot{\tilde{y}}/\tilde{y}=a(\dot{\tilde{k}}/\tilde{k}) \tag{2.12}$$

这表明，在外生技术进步的情况下，新古典经济增长模型中有效劳均资本水平较低的经济同样具有较快的增长率，即存在落后经济体向发达经济体收敛的机制。

其次，对于投入要素的扩展，也会得到类似的结果，如考虑包含物质资本和人力资本的 Cobb-Douglas 生产函数：

$$Y(t)=K(t)^{a_K}H(t)^{a_H}\ (A(t)L(t))^{1-a_K-a_H} \tag{2.13}$$

其中，$H(t)$表示人力资本，a_K 和 a_H 分别表示物质资本和人力资本的产出弹性，其他与公式(2.8)相同。这样我们得到有效劳均产出生产函数以及有效劳均物质资本和人力资本的积累方程：

$$\tilde{y}(t)=\tilde{k}(t)^{a_K}\tilde{h}(t)^{a_H} \tag{2.14}$$

$$\dot{\tilde{k}}(t)=s_K\tilde{k}(t)^{a_K}\tilde{h}(t)^{a_H}-(n+g+\delta)\tilde{k}(t) \tag{2.15}$$

$$\dot{\tilde{h}}(t)=s_H\tilde{k}(t)^{a_K}\tilde{h}(t)^{a_H}-(n+g+\delta)\tilde{h}(t) \tag{2.16}$$

其中，s_K 和 s_H 分别表示物质资本和人力资本的投资率，$\tilde{h}(t)=H(t)/(A(t)L(t))$表示有效劳均人力资本。尽管物质资本和人力资本的转移动态相互决定，但同样可以得到与单一资本情况非常类似的稳态均衡，从而得到条件收敛的基本结论。

采用 Cobb-Douglas 生产函数，还可以得到稳态结果的显示解，进一步阐明新古典经济增长模型的定量含义。根据公式(2.11)可知，在这种情况下，稳态有效劳均资本存量和稳态有效劳均产出水平分布为

$$\tilde{k}^{*}=(s/(n+g+\delta))^{1/(1-a)} \tag{2.17}$$

$$\tilde{y}^{*}=(s/(n+g+\delta))^{a/(1-a)} \tag{2.18}$$

如果经济处于稳态附近，我们还可以近似地得到经济收敛的速度，将公式(2.11)在有效劳均资本稳态水平附近进行一阶近似并代入公式(2.12)，可得

$$\dot{\tilde{y}}/\tilde{y}\approx-(1-a)(n+g+\delta)\ln(\tilde{y}/\tilde{y}^{*}) \tag{2.19}$$

其中，$(1-a)(n+g+\delta)$即为收敛速度，表示经济向稳态水平收敛的快慢。

类似地，在包含人力资本的 Cobb-Douglas 生产函数的情况下，可以得到稳态有效劳均物质资本存量、稳态有效劳均人力资本存量和稳态有效劳均产出水平，分别为

$$\tilde{k}^* = (s_K^{1-a_H} s_H^{a_H}/(n+g+\delta))^{1/(1-a_K-a_H)} \tag{2.20}$$

$$\tilde{h}^* = (s_K^{a_K} s_H^{1-a_K}/(n+g+\delta))^{1/(1-a_K-a_H)} \tag{2.21}$$

$$\tilde{y}^* = (s_K^{a_K/(a_K+a_H)} s_H^{a_H/(a_K+a_H)}/(n+g+\delta))^{(a_K+a_H)/(1-a_K-a_H)} \tag{2.22}$$

以及经济收敛方程

$$\dot{\tilde{y}}/\tilde{y} \approx -(1-a_K-a_H)(n+g+\delta)\ln(\tilde{y}/\tilde{y}^*) \tag{2.23}$$

其中，$(1-a_K-a_H)(n+g+\delta)$表示存在人力资本情况下的经济收敛速度。

2.4　新经济增长理论及其收敛机制

2.4.1　新经济增长理论的发展

1. 外部性模型

从 2.3.1 小节的分析可以看出：Solow-Swan 模型得出储蓄率只有水平效应而没有增长效应①，长期增长率由技术进步的速率唯一决定，而模型又假设技术进步是外生的，这是 Solow-Swan 模型的根本缺陷，不能解释经济长期增长的来源。

为了解释经济增长的来源，弥补 Solow-Swan 模型的缺陷，Romer(1986)提出了一个具有外部性的增长模型。在这个模型中，Romer 假设技术进步是通过投资的外部性来实现的，知识和技术是投资的衍生物，具有外部性，因而整个经济在生产过程中规模报酬呈现递增趋势，从而实现经济持续增长。更进一步，Romer(1990)直接通过引入一个显性的研发部门来构建模型，解释了技术进步的内生性来源。Lucas(1988)则通过引进人力资本，把人力资本从总资本中分离出来且内生化，并通过人力资本的外部性与人力资本在生产中的正反馈来解释经济增长的源泉。

① 增长效应改变了稳态劳均 GDP 的增长率，水平效应改变了稳态水平。

Romer 及 Lucas 等经济学家开创了新经济增长理论，该理论盛极一时。然而无论是他们的理论基础还是分析方法，都沿袭了历史上一些经济学家的思想。

① 新经济增长理论强调个人效用最大化，其基本思想和方法均来自于 Ramsey(1928)所建立的消费者效用最大化思想，只不过新经济增长理论把这种思想更加精细化了而已。例如，修正效用函数的形式，修改其约束条件。

② 新经济增长理论的重大理论突破都来自于对总量生产函数及其假设的修正。例如，Romer(1986)引入了投资的外部性，因而使生产函数具有递增收益的可能性，并存在竞争性的均衡解。Romer(1990)通过将资本与技术视为中间产品，以中间产品的种类数量来表示技术进步的程度，巧妙地避开了新古典经济增长模型无法与规模报酬递增及边际报酬不变自洽的矛盾，而且也避开了直接处理规模报酬递增的生产函数所带来的一系列麻烦。Lucas(1988)通过将资本分解为人力资本和物质资本，并引入人力资本生产部门与人力资本的外部性，成功地解决了新古典经济增长模型中需要巨大的人均资本差距方能解释国家之间的产出水平差距的问题。

③ 新经济增长理论的经济增长内生机制思想在很大程度上来源于 Young (1928)。新经济增长理论的许多模型只能被视为对 Young 思想的形式化和模型化。Young 在他的经典论文中，提出了经济内生演进思想：不仅分工水平由市场容量决定（这是 Smith 的经典思想），而且市场容量同样由分工水平决定。同时，他还认为经济中可能存在收益递增，且收益递增来自于生产迂回方式的加强、初始投入要素与最终消费品之间生产链条的延长。事实上，Romer (1990)开创性地提出以中间产品种类来表示技术进步，并由此解决了收益递增与平稳增长路径稳定性之间的问题，这正是 Young 的这种思想的模型化。

从思想渊源来看，Romer 关于经济内生增长机制的观点还受到 Arrow (1962)的影响。Arrow(1962)假设技术进步不是外生的，而是由资本积累所决定的，这就是著名的“干中学”(learning by doing)或“边投资边学”(learning by investing)的思想①。Arrow 认为，技术进步不过是资本积累的副产品，因此新投资具有外部性，不仅进行投资的厂商可以通过积累生产经验而提高生产率，而且其他厂商亦可通过学习而提高生产率。这样，虽然从单位厂商的角度来看，生产函数具有不变规模报酬，而从社会的角度来看，总生产函数具有递增报

① 在 Arrow(1962)提出“干中学”理论之前，Wright(1936)的研究表明生产飞机机身的劳动时间是以前所生产飞机机身数量的递减函数，Hirsh(1956)证明了学习曲线的存在，Lundlberg(1961)发现了 Horndal 效应：在没有进行大规模投资、生产技术也没有发生大的变化的 15 年里，瑞典一钢铁厂的劳动生产率平均增加了 2%。因此可以说 Arrow 的“干中学”理论是来源于这些研究者。

酬。由 Arrow 模型推导出社会总生产函数具有规模递增报酬的性质。但是 Arrow 模型有个缺陷：模型中的经济增长率取决于外生的人口增长率，若人口增长率为 0，则经济增长率亦为 0。正是这个缺陷使 Arrow 模型在经济学中一直未能引起大的反响，直到 Romer 对 Arrow 模型进行扩展，得到知识外部性的增长模型，才使 Arrow 的开创性工作的意义得到了肯定。Romer 对 Arrow 模型的扩展体现在：他仍假设知识具有溢出效用，但在此基础上，他进一步假设知识是厂商进行投资决策的产物。

Lucas(1988)的人力资本外部性模型与 Romer(1986)的知识外部性模型是有很大区别的，也可以说这两种模型沿着两条完全不同的路线解释了经济增长的源泉。Lucas(1988)认为经济增长来自于人力资本的增加及其外溢效用，并假定存在一个专门的人力资本生产部门，这个部门的生产决策由追求效用最大化的消者个人做出。Lucas 的思想明显来自于 Uzawa(1965)。Uzawa 将人力资本从总资本中分离出来，以区别物质资本，没有提及人力资本的外部性。Lucas 的成功之处就是假设了人力资本存在外部性。由于人力资本具外部性，从 Lucas 模型中可得出竞争均衡解为次优的结论。这意味着，对于整个社会来说，个人对于人力资本的投资低于社会最优水平。Lucas(1988)的人力资本外部性模型还提高了总资本(人力资本和物质资本)的产出弹性，若考虑人力资本因素，则解释不同的人均产出水平时不再需要过大的人均物质资本存量差距，因而能比较合理地解释国家之间的产出差距。

Romer 和 Lucas 的模型都是建立在投资、知识和人力资本的外部性基础之上的，所以可以统称为外部性增长模型。然而这种模型没有引进自发性技术变迁的理论，技术的进步仍然不是技术创新者为了追求自身利益最大化而进行的技术投资的结果。在进入 20 世纪 90 年代以后，经济学家对新经济增长理论的研究不断深入，并取得了新的进展，主要体现在基于 R&D 活动的新经济增长模型的提出。

2. R&D 模型

R&D 模型大大增强了新经济增长理论的解释能力，并揭示了技术进步是技术创新者为了追求自身利益最大化而进行技术投资的结果。其中最具代表性的研究成果是 Romer(1990)、Aghion 和 Howitt(1992)及 Grossman 和 Helpman(1991)的模型，这些模型具有的一个共同特点就是将技术进步作为有目的的 R&D 活动的结果。新经济增长理论中的 R&D 模型可以按照其引致技术创新的不同方式分为两类：一类是水平创新模型(horizontal innovation model)，即增加产品种类的 R&D 模型，称为产品种类模型；另一类是垂直创新模型

(vertical innovation model),即改进产品质量的R&D模型,称为产品质量模型。

产品种类模型的开拓者是Judd(1985)。这类模型主要借鉴Spence(1976)、Dixit和Stiglitz(1977)的研究成果来分析产品种类的增加对经济增长的影响。该模型将整个社会生产部门分为研究部门(research sector)、中间产品部门(intermediate goods sector)以及最终产品部门(final goods sector),并认为通过R&D活动增加中间产品的数量,从而增加最终产品数量是促进经济增长的有效途径。Romer(1990)的产品种类模型对后期的研究影响比较大。此外,在此类模型的研究中具有代表性的还有Grossman和Helpman(1991)、Young(1990,1998)、Jones(1995)以及Barro和Sala-i-Martin(1995)。

产品质量模型遵循了Schumpeter(1942)的"创造性毁灭"(creative destruction)的思路①,认为产品质量的升级是经济增长的源泉,同时也提出技术进步引起的产品质量的升级,可能会引起社会福利的恶化,因为具有更高质量的新产品的出现会同时淘汰掉具有低质量的旧产品。Aghion和Howitt(1992)的产品质量模型假定在整个经济体系内开展R&D竞赛,成功的创新将使某个行业的产品质量整体提高,他们认为技术进步会对整个经济产生影响;同时此模型发现技术创新存在"非增长陷阱",即技术创新不一定能提高经济增长率。此外,Segerstrom等(1990)认为创新是在行业内展开争取专利权的竞赛,同时他认为研发活动是跳跃的,即当某一行业内爆发了一次创新高潮之后,该行业内的研究活动将在很长时间内销声匿迹。

综上所述,早期的外部性模型认为技术进步来自于投资或人力资本的外部性,是一种无意识的经济结果;然而基于R&D活动的新经济增长理论认为技术进步是技术创新者为了追求自身利益最大化而进行有目的的技术投资的结果,是一种有意识、有目的的经济活动。外部性模型和R&D模型具有决然不同的经济收敛机制和经济收敛结论,我们将在2.4.2～2.4.4小节中用模型推导的方式加以详细阐释。

3. 新经济增长理论和新古典经济增长理论的融合

新经济增长理论成功地将技术进步内生化,从而初步解决了新古典经济增长理论的缺陷——经济增长的源泉问题。但新经济增长理论仍然存在很大的不足,如将资本积累与技术创新割裂开来,也缺乏对人力资本与技术创新之间关系的具体分析。因此新经济增长理论的支持者们继续拓展。

① 因为产品质量模型是Schumpeter模型的发展,所以有的文献又将产品质量模型称为Schumpeter主义增长模型。

按经济增长的来源可以将新经济增长理论分为两种基本类型：以资本为基础的资本积累型新经济增长理论和以创新为基础的技术创新型新经济增长理论。资本积累型新经济增长理论（Romer，1986；Lucas，1988；Rebelo，1991）建立在物质资本和人力资本的内生积累之上，强调物质和人力资本投资，没有考虑到R&D活动。技术创新型新经济增长理论（Romer，1990；Aghio，Howitt，1992；Grossman，Helpman，1991；Segerstrom，Anant，Dinopoulos，1990）把R&D活动置于增长模型的中心，认为R&D是内生技术进步的源泉，然而却忽略了资本积累对经济增长的作用。Aghion和Howitt（1996，1998）、Howitt（1997）、Aghion（2004）承认在1992年的模型中突出技术创新对经济增长的作用而忽略了资本积累的不足之处，因而在1992年模型的基础上引入了资本积累，构建了一个具有资本积累与R&D活动的Schumpeter主义增长模型。他们认为，在经济增长研究中，资本积累与创新都是十分重要的，不能排除一个而忽略另一个，应该采取一个比较平衡的观点：资本积累与创新不应该被视为推动经济增长的两种不同的因素，而应视为同一个过程的两个相关方面，它们对经济的持续增长都是非常关键的。他们还进行了具体的分析：一方面，从长期来看，经济增长同时受到资本积累和R&D活动共同影响的原因在于，新的技术几乎总要体现在新的物质资本和人力资本的形式中，若要使用这些新技术，则必须要进行相应的资本积累；另一方面，利用资本追求更高的均衡利润会刺激创新，更多的创新促进了生产力的提高，从而加速了资本的积累。因此他们认为资本积累与技术创新这两种力量的相互作用是推动经济增长的根本原因。

与Aghion和Howitt将资本积累与R&D活动相融合的初衷相类似，Zeng（1997）开创了另一条研究路线。他在Romer（1990）模型的基础上研究了物质资本、人力资本积累以及R&D活动与经济增长的关系。此前，Romer（1990）把物质资本并入一个纵向的产品多样性模型，通过R&D活动发明新中间品，再将新中间品投入到生产，实现资本投资。在Romer（1990）模型的基础上，Zeng（1997）将经济划分为4种活动，即最终产品生产、中间产品生产、物质与人力资本积累、R&D活动。他将物质和人力资本积累放置在一个模型中，认为物质和人力资本积累与R&D是结合在一起的，人力资本随时间变动而积累，要素积累与技术进步都被内生决定；R&D创新生产的中间品的质量提高是增长的源泉；成功的创新有两种创造性破坏效应，新的中间品的发明破坏旧的中间品，新知识的创造使既存人力资本效率降低。Zeng的模型与Aghion和Howitt（1992，1998）的模型有很大的不同：在Aghion和Howitt（1992，1998）的模型中，创新只使物质资本发生创造性破坏；而在Zeng的模型中，创新使物质资本和人力资本都发生创造性破坏。在Zeng的模型中存在这样的假设：一方面，物质资本和人力资本是R&D生产的两个关键要素;另一方面,新技术为物质与人力资本的投资创造了新的机会。其后,Zeng(2003)在其1997年的模型的基础上,结合Aghion和Howitt(1998)以及Howitt(1999)的研究,把资本积累与创新结合在一个框架下并探索了其政策含义,它解释了政府税收以及补贴政策具有的长期增长效应。

从上面的分析来看,Aghion和Howitt的模型(1998)、Zeng的模型(1997,2003)既可被看作是具有资本积累的Schumpeter主义模型,又可被看作是一个具有内生技术进步的Solow-Swan模型。从模型的本质来看,他们主张资本积累和技术进步都是经济增长的源泉且两者是相互促进、相互补充的,而不是对立的。正如Aghion和Howitt(1998)所指出的那样,新古典经济增长理论的问题在于它分析了资本积累,但它没有分析技术进步。可见,近期发展的新经济增长理论没有放弃新古典经济增长理论,前者仍是对后者的修补。

Solow-Swan模型得出一个重要的推论:不同的国家经济会收敛于自己的稳态,即经济存在收敛性。经验数据也证明了经济收敛现象是确确实实存在的。因此经济收敛对新经济增长理论来说也是不可回避的问题。新经济增长理论早期的外部性模型认为经济不存在收敛现象,然而后期发展起来的基于R&D活动的模型均认为存在经济收敛现象。下面就从代表性的模型出发来说明新经济增长理论对经济收敛问题的认识。

2.4.2 外部性模型(AK模型)的发散机制

早期的新经济增长理论主要包括Romer(1986)的知识溢出模型、Lucas(1988)的人力资本模型等,统称为外部性模型。这类模型强调行业资本、区域人力资本或政府公共设施的外部性,认为不存在资本收益递减。这类外部性模型可以用AK模型(Aghion,Howitt,1998)加以概括,模型的核心思想体现在它的生产函数上:

$$Y_i = F(A, K_i) \tag{2.26}$$

其中,Y_i 表示某个厂商的产出,K_i 表示某个厂商资本等要素投入,A 表示该厂商所在行业或地区的平均技术水平,它由所有企业的平均资本水平 $\bar{K}$ 决定,即 $A=A(\bar{K})$。为了简便地说明收敛性问题,我们不妨采用Cobb-Douglas生产函数 $Y_i=A^{1-\alpha}K_i^{\alpha}$,并假定 $A=A_0\bar{K}$,其中 A_0 为常量。根据对称性,可以得到行业或地区的平均产出:

$$\bar{Y} = A_0\bar{K} \tag{2.27}$$

如果采用与新古典经济增长理论相同的资本积累方程(2.4),则可得

$$\gamma_y = \dot{y}/y = sA_0 - (n+\delta) \tag{2.28}$$

只要 $sA_0 > n+\delta$,经济就会保持持续增长。显然,在这种增长模型中,经济不存在稳态均衡,因而也就不会出现经济向稳态收敛的转移动态过程。不同经济结构(s,n,A_0,δ)的国家和地区的经济将以不同的速度增长,劳均产出差距呈现发散趋势,不存在收敛机制。

2.4.3 新古典内生增长模型的收敛机制

AK 模型只是通过外部性回避了长期资本收益递减,以此来得到经济的内生增长,从而得出经济不收敛的结论。可是,经验数据证明,虽然各国间的经济增长不会出现绝对收敛,但存在条件收敛显然是一个经验规律。因此 AK 模型显然存在很大的缺陷。为了弥补这个缺陷,体现新经济增长理论也能包含经济收敛的机制,Jones 和 Manuelli(1990)提出了新古典内生经济增长模型,将新古典经济增长模型中的收敛性和外部性新经济增长模型中的外部性结合起来,并提出区别是否存在经济增长的收敛性并不是新古典经济增长模型和新经济增长模型的关键。本书以 Barro 和 Sala-i-Martin(2004)的简化形式为例来说明新古典内生经济增长模型的收敛性,其生产函数为

$$Y = AK + BK^{\alpha}L^{1-\alpha} \tag{2.29}$$

很容易证明,$\lim\limits_{K\to\infty}(\partial Y/\partial K) = A \neq 0$,因此以上经济中资本投入的边际产出趋近于常量,因而存在规模报酬递增。但同时由于 $BK^{\alpha}L^{1-\alpha}$满足新古典生产函数条件,所以会产生收敛特征,具体而言,结合公式(2.29)和资本积累方程(2.4)可得

$$\gamma_k = \dot{k}/k = s(A + Bk^{\alpha-1}) - (n+\delta) \tag{2.30}$$

因此劳均资本增长率同样与初始水平负相关,即经济增长稳态水平收敛。不过由于$\lim\limits_{k\to\infty}\gamma_k = sA-(n+\delta)$,所以只要 $sA > n+\delta$,达到稳态后经济仍以不变速度增长。

以上经济的转移动态可以用图 2.4 刻画,其与新古典经济增长模型(图 2.2)的关键区别是 $sf(k)/k$ 曲线趋向于 sA,当 $sA > n+\delta$ 时,其稳态增长率是大于 0 的常量。但与新古典经济增长模型类似,由于资本报酬递减,所以 $sf(k)/k$ 与 k 之间也为反向关系,劳均产出增长率也随着劳均资本的增加呈现递减趋势,即呈现新古典经济增长模型的收敛性。

因此新古典内生经济增长模型既产生了内生稳态增长,又如同新古典模型那样预测了条件收敛。收敛性来自在该模型中成立的 $sf(k)/k$ 与 k 之间的反向关系。

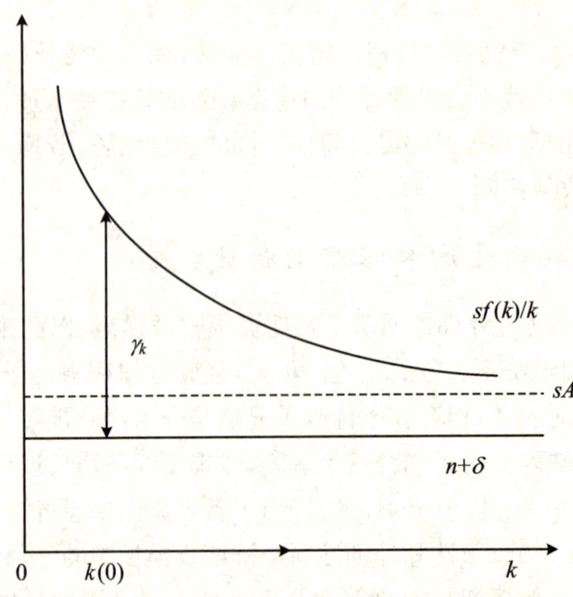

图 2.4　新古典内生经济增长模型中的增长收敛

2.4.4　R&D 模型的收敛机制

早期的外部性新经济增长模型得出经济增长不收敛的结论，这与收敛的经验结论是相矛盾的；外部性模型同样也没有真正解释技术的内生变迁问题（即技术产生的微观机制）。Barro 和 Sala-i-Martin（1995）指出：新古典经济增长模型中的一个核心思想——条件收敛——获得了强大的数据事实支持，因此在拓展新经济增长理论的时候，必须保留条件收敛。这就直接导致了 20 世纪 90 年代兴起的 R&D 模型必须要解决经济的收敛问题。Romer（1990）、Grossman 和 Helpman（1991）、Aghion 和 Howitt（1992）、Jones（1995）、Acemoglu（1998）逐步将有目的的研发活动模型化，从而产生一系列基于 R&D 活动的新经济增长模型，本书简称为 R&D 模型。早期，由于人们对 R&D 活动的认识不够充分，通过 R&D 模型得出了经济发散的结论。随着人们对 R&D 活动认识的加深，最终意识到包含有目的的研发活动的新经济增长理论也预示着经济收敛。因此现代的 R&D 模型不仅解决了技术内生进步的微观机制，也解决了新经济增长理论的经济收敛问题。基于 R&D 模型的新经济增长理论的经济收敛机制有很多，本书详细阐述其中两个比较有影响的收敛机制。

1. 技术创新效率递减的收敛机制

我们以产品种类模型为例说明 R&D 模型中的收敛机制，根据 Barro 和

Sala-i-Martin(2004)的简化形式，产品种类模型中的基本经济结构包括长生不老的代表性家庭、竞争性的最终产品生产商和垄断竞争性的中间投入品生产商：家庭提供劳动和资本，中间投入品生产商进行创新从而提供更多的中间投入，最终产品生产商利用劳动和中间产品生产最终产品。最终产品的生产函数如下：

$$Y(t)=A(t)L(t)^{1-a}\sum_{v=1}^{N}x(v,t)^{a} \tag{2.31}$$

其中，$Y(t)$为 t 期总产出，$A(t)$为地区效率水平，反映自然地理条件以及其他因素对劳动生产率的影响，$L(t)$为劳动投入，$x(v)$表示第 v 种中间投入品，$1-a$ 为劳动产出弹性，a 为资本产出弹性，N 表示中间投入品的种类。

最终产品生产商最优化当期利润为

$$\max_{x,L}Y(t)-w(t)L-\sum_{v=1}^{N}p(v,t)x(v,t) \tag{2.32}$$

其中，$w(t)$为工资率，$p(v,t)$为中间投入品的价格。从而，最终产品生产商对第 v 种中间投入品的需求为

$$x(v,t)=L(t)A(t)^{1/(1-a)}a^{1/(1-a)}p(v,t)^{-a/(1-a)} \tag{2.33}$$

中间投入品生产商进行研发，每发明一种新的产品之后以“一对一”技术将最终产品转化为一种新的中间投入品，同时拥有该种新投入品的永久性市场垄断力，其利润最大化行为如下：

$$\max_{x,p}p(v,t)x(v,t)-x(v,t) \tag{2.34}$$

将需求函数(2.33)代入公式(2.34)，可以得到中间投入品的均衡产出量为

$$x(v,t)=A(t)^{1/(1-a)}a^{2/(1-a)}L(t) \tag{2.35}$$

因而该种投入品的利润为

$$\pi(v,t)=L(t)A(t)^{1/(1-a)}(1-a)a^{(1+a)/(1-a)} \tag{2.36}$$

从而得到研发的净现值为

$$V(v,t)=L(t)A(t)^{1/(1-a)}(1-a)a^{(1+a)/(1-a)}\int_{t}^{\infty}\mathrm{e}^{-r(s)}\mathrm{d}s \tag{2.37}$$

其中，r 表示利率。如果假定研发的单位成本为 $1/\eta$，考虑到中间产品市场的自由进入性质，研发行为的均衡结果为

$$V(v)=1/\eta \tag{2.38}$$

即每项新产品研发的贴现收益等于研发成本。这一套利条件决定了市场的均衡利率水平。

同时，根据公式(2.35)以及对称性可以得到生产函数为

$$Y(t)=A(t)^{1/(1-a)}a^{2/(1-a)}L(t)N \tag{2.39}$$

这是产品种类模型的核心结论，内生的研发活动通过产品数量扩张促进技术进步和经济增长，表明如果不存在外生的生产效率改进和劳动力增长，总产出将与中间投入品种类保持同步增长。在这种情况下，居民的消费约束为 $cL=Y-Nx-\dot{N}/\eta$，如果假定效用函数为 $u(c)=(c^{1-\theta}-1)/(1-\theta)$，主观贴现率为 ρ，结合决定生产均衡利率水平的套利条件(2.38)得到平衡经济增长率：

$$\gamma=(\eta LA^{1/(1-a)}(1-a)a^{(1+a)/(1-a)}-\rho)/\theta \tag{2.40}$$

可以证明，当满足一定参数约束条件时，这一经济存在唯一的平衡增长路径，但不存在转移动态，因为给定任意初始增加投入品种类 $N(0)>0$，经济都将瞬间调整到平衡增长路径并以 γ 速度保持增长。

在 R&D 模型发展的初期，往往强调技术的外部性和研发的规模经济，从而得到经济增长发散的结论。但实际上这并不完全符合现实，Young(1998)、Jones(1995，1999)认为，虽然技术本身具有一定公共物品性质，然而技术创新却可能是边际效率递减的，技术水平提高后等量研发投入并不能产生等量的创新。例如，Jones(1995)研究了 OECD 国家二战后的 R&D 活动对生产率增长的作用，他发现，二战后 OECD 国家 R&D 活动开支的急剧提高，对其生产率的提高并没有实质性的作用，原因就在于递增的 R&D 人员(视为知识存量)的收益是递减的。同时，Yang 和 Borland(1991)、Aghion 和 Howitt(1998)认为随着技术复杂性(如中间投入品种类的扩张)或专业化水平的提高，创新行为中的交易成本将大幅提高，R&D 活动的边际效率将出现递减趋势，单项技术进步对经济增长的影响也可能减小。因此随着研究的深入，人们逐渐发现早期新经济增长理论模型中的规模经济主要来源于创新单位成本不变的假设。如果研发效率与经济规模或中间投入品种类数量相关，完全可能出现在研发过程中研发投入边际效率递减的现象。因而，一旦采用更为现实的研发成本递增假设，那么新经济增长理论就包含了内生的收敛机制，能够从技术进步这一新的角度解释落后经济体的增长率可高于发达经济体的增长收敛趋势这一现象。

2. 技术扩散模型的收敛机制

在 Solow 增长模型中，只假设了各个经济体有着相同的技术进步率 A，却没有考虑技术进步率 A 在短期内影响经济增长的动态。但是，许多经济学家强调了技术进步在经济增长追赶中的重要性，如早期的 Veblen(1915)、Gersehenkron(1962)强调了后发国家可以利用先发国家中的先进技术实现“赶超”。Nelson 和 Phelps(1966)、Benhabib 和 Spiegel(1994)以及 Bernard 和 Jones(1996)则进一步认为，落后国家(地区)的技术追赶速度与落后国家(地区)和发达国家(地区)之间的技术差距成正比关系,因而,在拓展增长模型时应包含技术扩散这一因素。Abramovitz(1986)认为,领先者和追赶者之间的技术水平差距越大,追赶者追赶的潜力也就越大,追赶者的经济增长速度也就越快。追赶者的这种技术模仿以及追赶的过程便是经济增长收敛的过程,因而技术扩散是收敛的一个重要动力,因为它能减小国家间技术水平的差距,从而实现技术本身的收敛。相反,缺少技术扩散倾向于导致经济增长产生发散现象。Bernard 和 Jones(1996)指出,有关收敛研究的传统文献只注重资本(包括物质资本和人力资本)的作用,忽视了技术的作用,而实证分析表明不同经济体的技术差距很大。同时,Barro 和 Sala-i-Martin(1995)认为,新古典经济增长模型中的一个核心思想——条件收敛——获得了强大的数据事实支持,因此在拓展新经济增长理论的时候,必须保留条件收敛,而他们发展的技术扩散模型正符合这样的要求。

沿袭 Dixit 和 Stiglitz(1977)、Spence(1976)、Romer(1987,1990)的思想,Barro 和 Sala-i-Martin(1995)构建了一个技术领导者-追赶者模型,从理论上分析了经济体之间在存在技术扩散的条件下是如何实现收敛的。理论研究证明,技术扩散引致经济体之间收敛的传导机制是:技术模仿的经济成本和时间成本要小于技术创新的成本,这样一来,技术落后的经济体就可以通过技术模仿花费较短的时间取得较快的增长,表现为追赶者与领导者之间的技术水平差距越大,追赶者的经济增长速度就越快。Barro 和 Sala-i-Martin(1997)进一步完善了领导者-追赶者模型,提出了技术扩散形成的微观机制。他们认为,技术和知识由先进经济体向落后经济体的流通和渗透是通过交换实现的,即落后的经济体从先进的经济体进口贸易产品,然后模仿和学习先进经济体的前沿技术。因此他们指出,经济的开放程度、FDI 的引入以及经济体之间的产品贸易活动是技术扩散的有效途径和主要渠道,进而间接决定了经济体之间经济增长的收敛性及收敛速度。

我们以 Barro 和 Sala-i-Martin(1997)的技术扩散模型说明了 R&D 模型的收敛机制:假定存在 1 和 2 两个国家,国家 1 是技术领先者,国家 2 是技术追赶者,生产函数均采取公式(2.31)的形式:

$$Y_1(t)=A_1(t)L_1(t)^{1-a}\sum_{v=1}^{N_1}x_1(v,t)^a \tag{2.41}$$

$$Y_2(t)=A_2(t)L_2(t)^{1-a}\sum_{v=2}^{N_2}x_2(v,t)^a \tag{2.42}$$

可以假设 $N_1>N_2$,且 N_2 中所有种类均包含于 N_1,即只有落后国家模仿发达国家的技术,发达国家的技术进步全部来源于自主创新,不能从其他国家

的模型中受益。根据以上假定，发达国家的经济与前面的模型完全一致，其平衡增长率为

$$\gamma_1 = (\eta_1 L_1 A_1^{1/(1-a)}(1-a)a^{(1+a)/(1-a)} - \rho_1)/\theta \tag{2.43}$$

其中，η_1 表示国家 1 单位投入的技术创新成功率，其倒数即为技术创新的成本；θ 为风险厌恶系数，其值越小，则随着消费的上升，边际效率的下降越慢；ρ 为贴现率，其值越大，则相对于现期消费，家庭对未来消费的估计越低，越愿意当下消费。对于落后国家，只要技术模仿成功率 κ_2 大于自主创新成功率 η_2（但不一定大于发达国家自主创新成功率 η_1），或者说技术模仿成本 $1/\kappa_2$ 小于自主创新成本 $1/\eta_1$，它就会选择模仿而不是自主创新。因此可以得到落后国家经济的平衡增长率为

$$\gamma_2 = (\kappa_2 L_2 A_2^{1/(1-a)}(1-a)a^{(1+a)/(1-a)} - \rho_2)/\theta \tag{2.44}$$

如果两个国家的经济结构完全相同，那么由于 $\kappa_2 > \eta_2 = \eta_1$（如果两个国家经济结构相同，则自主创新成功率 $\eta_2 = \eta_1$），落后国家的经济增长将会高于发达国家，从而实现技术追赶和经济收敛，直到技术和劳均产出达到相同水平。此外，与发达国家不同，落后国家的经济增长还往往存在着转移动态，因为技术模型的空间是有限的，当技术水平越接近于发达国家时，落后国家的技术模仿成本通常越会上升，经济增长率也会随之下降，直到达到与发达国家相同的水平。这意味着，如果模仿成本随技术差距（N_2/N_1）的缩小而增大，即使落后国家与发达国家或落后国家之间经济结构不同也会出现增长收敛过程。图 2.5 描述了这一情况，其中横轴表示落后国家与发达国家之间的技术差距，纵轴表示技术创新成功率或模仿成本的倒数。落后国家的经济结构决定了它最优的模仿水平，即能够达到的最小技术差距（$N_2/N_1 \leqslant 1$），此时该国的技术进步与发达国家保持同步。如图 2.5 所示，国家 2 初始模仿成本很低，经济增长很快，但随着技术水平逐步接近国家 1，模仿成本迅速上升，经济增长也越来越缓慢。如果存在多个落后国家，那么它们之间就存在着以各自经济结构以及与发达国家之间差距等为条件的收敛趋势，即条件收敛机制。

从以上分析可以看出，新经济增长理论实际上包含了技术创新效率递减和技术扩散两种经济收敛机制。尽管两者本质上都是技术进步的（创新或模仿）投入成本边际递增的结果，但前者强调创新边际效率的递减性质，在发达国家的独立创新经济中作用比较突出，而后者刻画了技术模仿中的先易后难的现象，在相对落后的赶超经济中十分普遍。另外，赶超经济往往存在多重均衡，因为尽管随着不断向发达国家接近，落后国家的模仿空间不断缩小，但同时随着技术水平的接近，落后国家也往往越来越熟悉发达国家，模仿能力也不断提高（Howitt，Mayer-Foulkes，2005）。这两种机制共同作用会导致模仿成本的非单

调变化，此时落后国家会发生分化：一部分接近发达国家而另一部分远离发达国家。因而，内生技术进步模型还可以解释俱乐部收敛（吴利学，2010）。

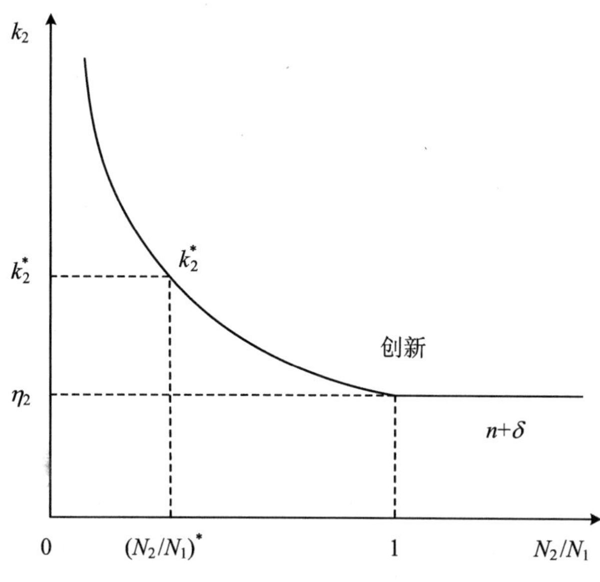

图 2.5　内生技术进步模型的收敛

第3章　经济收敛的分类和实证研究

Bernard 和 Durlauf(1995)声称:"新古典经济增长模型最激动人心的特征之一就是其预言了经济收敛现象的存在。"虽然新古典经济增长模型早就预言了经济收敛的存在,但是直到20世纪80年代中期,对经济收敛的实证研究才有实质性的进展。真正从实证角度探讨收敛问题的起点应该是 Baumol(1986)的《生产增长、收敛和福利:长期数据显示什么》文章的发表。作为经济增长理论的核心内容之一,经济收敛的相关研究文献十分丰富。本章主要从经济收敛的种类、检验方法和收敛的实证研究3个方面加以总结。

3.1　经济收敛的分类

3.1.1　σ 收敛

σ 收敛指不同国家或地区的经济差距随着时间的推移而趋于减小,各国之间的收入最终会趋于平均水平。一般用国家或地区间的对数人均收入或产出的标准差来衡量。这一概念最接近于现实中我们对收敛的直观理解。

这个概念首先由 Quah(1993)提出,他的概念是由 Galton 谬误①(Galton's fallacy)得来的。Galton 谬误是一个人口学上的概念,其大意就是:每个家庭成员的身高会向平均数集中;但这并不是说,人类的身高也会向平均水平集中。

---

① Galton(1822～1911)是英国著名的统计学家和人类学家。在1870～1880年,Galton 对英国人口的身高分布做了研究,发现:虽然低个子父母的子女的个子仍较低,高个子父母的子女的个子仍较高,但是低个子父母的子女的个子平均却比其父母高,而高个子父母的子女的个子平均却比其父母低。

3.1.2　β收敛

β收敛是最早出现的经济增长收敛假说形式，它是新古典经济增长模型(Solow，1956)的一个重要推论。最初，学者并没有严格区分条件β收敛和绝对β收敛。Baumol(1986)实证检验了16个OECD工业化国家1870～1979年的经济增长的收敛性，认为存在落后国家向发达国家的经济收敛。De Long(1988)选取了1870年的人均收入高于当时芬兰人均收入的国家，共由22个国家组成，其中包括在1870年有收敛可能的国家。回归结果表明不存在β收敛，从而对Baumol(1986)的研究结果提出了质疑。这就引起了β收敛概念的进一步细化。Barro和Sala-i-Martin(1992)将β收敛分为绝对β收敛和条件β收敛，Baumol(1986)和De Long(1988)所进行的都是绝对β收敛检验。

1. 条件β收敛

理论上最早出现的是条件β收敛预测，它直接来自Solow(1956)的模型。新古典经济增长理论认为，不同经济体具有不同的经济结构特征(不同的储蓄率、人口增长率、资本折旧率等)，这些不同的结构特征变量决定了不同经济体具有不同的增长路径和稳态水平。条件β收敛是指每个经济体都趋于收敛于自身的稳态，一个经济体距离自身稳态水平越远，其增长速度也就越快。

因此可能出现这样的现象：当发达经济体距离自身稳态水平比落后经济体距离自身稳态水平更远时，发达经济体的经济增长速度比落后经济体的增长速度要快。

2. 绝对β收敛

在实证上最先出现的是绝对β收敛检验。Baumol(1986)对16个工业OECD国家1870～1979年的经济增长率与初始人均收入是否存在绝对β收敛进行了检验。

绝对β收敛是指落后的国家或地区往往比发达的国家或地区有更高的经济增长率，换句话，经济增长率和经济发展水平之间存在着负相关；更进一步，随着时间的推移，所有的国家或地区将最终收敛于相同的人均产出或收入水平。这就是绝对β收敛的本质含义。

其实，绝对β收敛隐含了严格的假设条件：经济收敛的国家或地区具有完全相同的经济结构特征，包括相同的生产函数模式、投资率、人口增长率和资本折旧率等，从而也具有完全相同的增长路径和稳态均衡。在这样一个特征完全相同的经济系统中，每一个经济体的经济增长率与其离自身稳态的距离成反比。因此在人均收入水平上落后的经济体将有比发达经济体更快的增长速度。

3.1.3 俱乐部收敛

Barro 和 Sala-i-Martin(1991)最早说明了俱乐部收敛的内涵，他们认为俱乐部收敛是指在经济增长的初始条件和结构特征等方面都相似的区域之间发生的相互收敛。这一概念强调了两个条件，即初始条件和结构特征都相似。这实际上把俱乐部收敛看作是具有经济增长初始条件、结构特征等方面相似的经济体构成的区域内的绝对 β 收敛。

不像 β 收敛，我们可以直接从 Solow 模型中得出结论。有关俱乐部收敛的形成机制的理论比较复杂，下面我们给出比较有代表性的理论。

在新古典经济增长模型框架下，由于投入要素的生产率具有边际递减效应(即资本和劳动投入增加，资本的边际生产率下降，进而导致储蓄和资本积累的速度也随之下降)，加之人均水平下紧凑形式的新古典经济增长函数具有严格凹性(暗含同质个体)，所以资本劳动比例、储蓄函数等均是人均产出函数的常量线性形式等。在上述假设条件和性质的共同作用下，资本劳动比例的动态演进过程具有唯一的全局均衡稳态水平。因此在新古典经济增长模型框架下，条件 β 收敛是唯一存在的经济增长收敛假说形式。

然而，Galor(1996)的研究工作打破了这种传统的狭隘认识和理解，他利用新古典单部门增长模型证明了多重均衡稳态水平的存在。他认为，在新古典经济增长理论中，储蓄率 s 被看作一个同质的、无差距的收入的平均的固定比例，而在现实中具有不同收入来源的经济体会有不同的储蓄倾向，这将改变资本积累函数的凹性特征，从而会出现多个资本市场出清的均衡点。他所建立的模型的结论表明，人们的收入来源不同会影响到他们的储蓄行为，进而影响稳态均衡增长率。由此可见，收入分配格局的变化可引起经济增长的持久变化。即使起始时期具有相同的人均产出，如果收入分配格局不同也可导致不同的稳态均衡增长路径，形成多重稳态均衡。一般地，资本-劳动比初始值较低的经济体，其经济将收敛于低水平均衡稳态；资本-劳动比初始值较高的经济体，其经济将收敛于高水平均衡稳态，结果便出现了俱乐部收敛。

Dalgaard 和 Hansen(2005)深化了 Galor(1996)的研究工作，他们认为，从经验角度来看，经济增长模型中资本存量在所有时期全部都会被及时使用的假设是值得怀疑的。他们在新古典经济增长模型中对资本使用率进行了内生化处理，并对资本使用率进行了处理，结果模型产生了多重均衡，出现了俱乐部收敛。

与此同时，经济学家们指出，一旦新古典经济增长模型被扩展，引入显著影响经济增长收敛的因素和变量，如人力资本、生育率、非凹性、非完全竞争的市场结构、外部性等因素，收敛将趋向集团收敛，这个结论显得更加合理和令人信服。

比如，如果把人力资本引入到新古典经济增长模型中，俱乐部收敛就有了理论基础。具有相同经济结构的经济体，如果在初始人力资本分布方面存在差距，这些经济体的经济将收敛于不同的均衡稳态水平。这是因为人力资本形成过程（Lucass，1988；Azariadis，Drazen，1990）、家族和地域人力资本形成过程（Benabou，1996；Durlauf，1996）、资本市场不完美（Galor，Zeira，1993）等会带来社会收益递增效应。父母以及当地的环境在后代人力资本形成上的不同效应带来了初始人力资本分布的变化，在与人力资本生产函数非凸性因素的共同作用下，就会出现基于初始平均人力资本积累水平的俱乐部收敛。

Barro 和 Becker（1989）认为，如果生育率被内生决定，则可以为俱乐部收敛假说提供另外一个理论解释。具有相同结构特征的经济体，就人均产出水平和生育率而言，如果在实物资本或者人力资本方面存在较大差距，经济体就会收敛于不同的均衡稳态水平。Galor 和 Weill（1996）的分析表明，在一个凸性经济中，性别比例也是导致经济增长存在多重均衡的原因之一。他们主要是通过分析性别的收入水平不同来影响生育率的。

3.1.4 随机收敛

σ 收敛要求经济体之间的人均产出差距不断减小，而随机收敛则要求经济体之间的人均产出差距为 0，即经济体之间完全达到相同的人均产出水平。因此随机收敛概念比 σ 收敛概念更严格。

较早提出随机收敛概念的是 Carlino 和 Mills（1993），他们认为，如果人均产出差距遵循一个平稳过程，那么，区域之间就存在一个随机收敛的过程。因此随机收敛要求相对产出或收入趋势是平稳的，即协整向量消除了数据序列中的随机趋势。

Bernard 和 Durlauf（1995）给出了随机收敛的定义：

假设只有两个经济体 i 和 j，$y_{i,t}$ 和 $y_{j,t}$ 分别表示经济体 i 和经济体 j 在 t 时期的人均产出水平，且有 $y_{i,t}>y_{j,t}$，Ω_t 表示 t 时期所能获得的所有信息集合：如果基于 t 时期所有信息的 $t+T$ 时期经济体 i 和经济体 j 之间的人均产出差距的预期会减小，即存在

$$E(y_{i,t+T}-y_{j,t+T} \mid \Omega_t) < y_{i,t}-y_{j,t} \tag{3.1}$$

则认为经济体 i 和经济体 j 之间在人均产出增长路径上存在着相互追赶（catching up）式的 β 收敛趋势。

如果在 t 时期基于所有信息对经济体 i 和经济体 j 之间的人均产出增长路径在长期内的差距预期为 0，即存在

$$\lim_{k\to\infty} E(y_{i,t+T} - y_{j,t+T} \mid \Omega_t) = 0 \tag{3.2}$$

则认为，经济体 i 和经济体 j 之间存在着收敛趋势。

3.1.5　几种收敛的区别

1. σ 收敛和 β 收敛的区别

σ 收敛和 β 收敛之间既存在内在联系，也存在根本区别：其内在联系体现在 β 收敛是 σ 收敛的必要不充分条件（Sala-i-Martin，1996），即在一定研究时期内，若存在 σ 收敛则一定存在 β 收敛，若存在 β 收敛却不一定存在 σ 收敛；其根本区别体现在 σ 收敛分析描述的是地区经济差距在每个时点上的状态和既有的变动轨迹，β 收敛分析则能够描述一个经济体内部差距的长期变动规律。

2. 条件 β 收敛和绝对 β 收敛

条件 β 收敛假说与绝对 β 收敛假说之间存在着较大差别。绝对 β 收敛假说意味着落后的经济体将具有更快的经济增长速度，直到它们达到发达经济体的人均产出水平为止。从长期来看，经济体系中所有的经济体都收敛于同一个均衡稳态水平，最终将具有相同的人均产出水平。而条件 β 收敛假说意味着不同的经济体未必收敛于相同的均衡稳态水平，由于各个经济体的结构特征可能存在差距，所以各自的均衡稳态水平也不尽相同，只有那些具有相同经济结构特征的经济体才会收敛于相同的均衡稳态水平。因此即使从长期来看，经济体系中各个经济体的人均产出差距仍然存在，表现为发达的经济体仍然发达，而落后的经济体依旧落后。条件 β 收敛假说的提出既保证了新古典经济增长理论和边际收益递减规律的正确性，又增强了新古典经济增长理论的解释能力，在实证检验中也得到了很大的支持，因而具有很强的理论和现实意义。

3. 条件 β 收敛和俱乐部收敛的区别

从定义来看，俱乐部收敛与条件 β 收敛都要求经济体具有相似的经济结构，但俱乐部收敛依赖于初始条件，而条件 β 收敛则独立于经济体的初始条件，所以说俱乐部收敛比条件 β 收敛对经济体选择更严格。然而在实证研究过程中，很难区别俱乐部收敛和条件 β 收敛。通常来讲，俱乐部收敛假说的量化形式与条件 β 收敛假说的量化形式基本相似。条件 β 收敛可以把所有国家看成

一个样本进行收敛性检验。而俱乐部收敛要求初始条件必须相同，因此只能把所有国家按照初始条件相同的标准分为几个子样本，对这些子样本分别进行条件 β 收敛检验。如果子样本存在条件 β 收敛，则认为存在俱乐部收敛。

4. σ 收敛和随机收敛的区别

随机收敛存在是 β 收敛和 σ 收敛同时存在的充分不必要条件。由 Bernard 和 Durlauf(1995)给出的时间序列定义可知，随机收敛比 σ 收敛更严格。σ 收敛只不过要求经济体之间的人均产出差距不断减小，而随机收敛则要求经济体之间的人均产出差距为零，即经济体之间完全达到相同的人均产出水平。

3.2　经济收敛的检验方法

与多样性的收敛假说相对应，经济增长收敛假说的检验方法也是多样的。从某种意义上讲，正是这些丰富多彩的检验方法推动了经济增长收敛假说实证研究的不断前进。可以这样形容收敛检验方法的贡献：经济增长收敛实证研究领域中每一次具有里程碑意义的发展都是以新的检验方法的提出为标志的。自 Baumol(1986)开创了经典的实证研究方法以来，学术界提出了大量的检验增长收敛假说的方法。本书主要介绍比较成熟的 3 种收敛检验方法。

3.2.1　σ 收敛的统计指标法

统计指标法是一种比较简单的、非常直观的、经常使用的分析经济增长收敛的统计方法，它通过构造各种经济增长不平等指数来定量描述区域经济增长差距。在已有的关于经济收敛与发散的研究中，测算 σ 收敛的方法基本上都借用了发展经济学中关于收入分配差距的测算方法，以衡量差距为核心，对数据进行统计分析和处理。目前使用比较普遍的方法有 Lorenz 曲线、Gini 系数、标准差、变异系数、Theil 指数等。虽然不同的分析方法有其不同的特点与性能，但都有一个共同之处，即它们一般都是通过比较对照来分析和说明问题的。

采用标准差的方法测算收敛，σ 收敛的检验方程为

$$\sigma = \sqrt{\frac{1}{n}\sum_{i=1}^{n}\left(y_{i,t} - \frac{1}{n}\sum_{i=1}^{n} y_{i,t}\right)^2} \tag{3.3}$$

$$\sigma = \sqrt{\frac{1}{n}\sum_{i=1}^{n}\left(\ln y_{i,t} - \frac{1}{n}\sum_{i=1}^{n}\ln y_{i,t}\right)^2} \tag{3.4}$$

式中，$y_{i,t}$表示第 i 个省市在 t 期的收敛变量，σ 为 n 个省市的收敛变量 $y_{i,t}$ 的标准差。在实证研究中，经济收敛变量往往取对数形式。由于自然对数的单调性特征，式(3.3)和式(3.4)没有实质性区别，只是自然对数使得数据更加平滑，因此在实践中应用更为广泛。

变异系数法是对标准差法的一种改良，采用样本标准差除以样本均值，具体形式如下：

$$VC = \sqrt{\frac{1}{n}\sum_{i=1}^{n}\left(y_{i,t}-\frac{1}{n}\sum_{i=1}^{n}y_{i,t}\right)^2} \Big/ \left(\frac{1}{n}\sum_{i=1}^{n}y_{i,t}\right) \tag{3.5}$$

与标准差相比，变异系数指标消除了由于数量级不一致所导致的偏差。因此实际引用过程中变异系数法比标准差法更常用一些。但是，无论是标准差法还是变异系数法，在描述经济增长收敛时都无法克服异常值的影响。由于本节检验的收敛变量包含 R&D 边际生产力，其中某些年份的该值是负值，在均值出现负值的情况下，不能用变异系数来检验。所以本书一律采用标准差来检验 σ 收敛。

3.2.2 β 收敛的计量方法

β 收敛的计量方法主要分为截面计量法和面板计量法，以及后发展起来的融合了空间效应的空间计量方法。

1. 绝对 β 收敛的截面计量方程

最早检验经济增长收敛的计量方法由 Baumol(1986)提出。依据新古典经济增长模型提出的经济增长收敛表现形式——初始条件较好(初始人均 GDP 较高)的经济体的增长速度较慢，初始条件较差(初始人均 GDP 较低)的经济体的增长速度较快，Baumol(1986)使用回归方程(3.6)检验国家间经济增长的收敛性：

$$g_i = a_i + \beta y_{i,0} + \varepsilon_i \tag{3.6}$$

其中，g_i 表示第 i 个经济体的人均 GDP 的年均增长速度，$y_{i,0}$ 表示第 i 个经济体的期初人均 GDP 水平(初始条件)，ε_i 为随机扰动项，且 $\varepsilon_i \sim N(0,\sigma^2)$。回归系数 β 的估计结果的正负情况表明了经济增长的敛散性，如果回归参数的估计值 β 显著为负，则意味着不同经济体之间存在收敛特征。根据 3.1 节条件收敛和绝对收敛的含义可知，Baumol(1986)使用的简单回归方法本质上是绝对收敛的检验方法。

在 Baumol(1986)的简单回归方法基础上，Barro 和 Sala-i-Martin(1991)把标准的 Ramsey 新古典经济增长模型人均产出水平的稳态方程进行对数化处理，构建了他们自己的检验方程，对后期检验经济增长收敛的实证研究产生了巨大的影响，成为经典的检验绝对收敛的方程。在稳态均衡点附近，人均产出动态方程的对数线性化形式为

$$\frac{1}{T}\lg\left(\frac{y_{i,T}}{y_{i,0}}\right)=x_i^*+\frac{1-e^{-\beta T}}{T}\lg\left(\frac{\hat{y}_i^*}{y_{i,0}}\right)+\varepsilon_{i,0,T} \tag{3.7}$$

显然，式(3.6)是关于0和T两期离散形式的对数线性化方程。其中，$y_{i,T}$和$y_{i,0}$分别表示经济体i的期末和期初的人均产出水平，T既可以表示期末时刻，又可以表示时间跨度，x_i^*表示经济体i在自身均衡稳态时点的人均产出增长速度(即技术进步率)，y_i^*表示经济体i在均衡稳态时点的每个有效工人的人均产出水平，β测度了收敛速度，$\varepsilon_{i,0,T}$为随机误差项，表示时点0和T之间的误差项所带来的影响。由于在稳态时，x_i^*和y_i^*保持不变，所以式(3.7)可以进一步简写为

$$\frac{1}{T}\lg\left(\frac{y_{i,T}}{y_{i,0}}\right)=\alpha-\frac{1-e^{-\beta T}}{T}\lg y_{i,0}+\varepsilon_{i,0,T} \tag{3.8}$$

式中，α为常量，$\alpha=x_i^*+((1-e^{-\beta T})/T)\lg\hat{y}_i^*$，参数$\beta$仍然表示收敛速度，其取值大小仅依赖于期初的人均产出水平，与其他参数无关。由此可见，式(3.8)给出的收敛检验方法仍然是检验绝对β收敛的。

根据绝对β收敛的含义，Atkins和Boyd(1998)提出了一种更简单的检验是否存在绝对β收敛的回归方法：

$$\lg y_{i,T}=\alpha+\beta\lg y_{i,0}+\varepsilon_{i,0,T} \tag{3.9}$$

这里，α为常量，是截距项，$y_{i,T}$和$y_{i,0}$分别表示经济体i的期末和期初的人均产出水平，$\varepsilon_{i,0,T}$为随机误差项，表示时点0和T之间的误差项所带来的影响。注意这里的参数β与Barro和Sala-i-Martin(1991)检验方法中的参数β有显著差距，若估计值小于1，则表明经济体间存在绝对β收敛。Persson(1997)、魏后凯(1997)、刘强(2001)等人均使用过这种检验方法做过研究。

2. 条件β收敛的截面计量方程

根据Solow的新古典经济增长模型，经济体之间的收敛不仅仅取决于期初的人均产出水平，而且还依赖于包括人力资本、资源禀赋、产业结构在内的其他经济变量，当把这些体现经济结构和特征的变量引入到类似于式(3.8)的绝对β收敛检验方程后，就形成了经典的条件β收敛检验方法：

$$\frac{1}{T}\lg\left(\frac{y_{i,T}}{y_{i,0}}\right)=\alpha-\frac{1-e^{-\beta T}}{T}\lg y_{i,0}+\varphi X_{i,0}+\varepsilon_{i,0,T} \tag{3.10}$$

式中，$X_{i,0}$表示经济体i处于稳态均衡水平的一组控制变量的集合。式(3.10)

的收敛检验方法意味着:经济体之间的收敛与控制变量集合以及初始产出水平都存在相关关系,式中,参数 β 度量的实际上是一种条件收敛性,即参数 β 的大小不仅仅取决于初始产出水平,还受到控制变量差距的影响。

3. 俱乐部收敛的截面计量方程

俱乐部收敛是 β 收敛延伸出来的,因此可以用 β 收敛的检验方程来进行检验。用方程(3.8)对每个俱乐部和所有俱乐部构成的整体进行检验,可以得出俱乐部内和俱乐部间是否收敛的结论。也可以在方程(3.8)中引入虚拟变量的形式进行检验:

$$\frac{1}{T}\lg\left(\frac{y_{i,T}}{y_{i,0}}\right)=\alpha-\frac{1-\mathrm{e}^{-\beta T}}{T}\lg y_{i,0}+\varphi D_i+\varepsilon_{i,0,T} \tag{3.11}$$

这里,D_i 表示不同俱乐部的虚拟变量,其他变量的含义和方程(3.8)中的是相同的。

4. β 收敛的面板计量方程

初期的收敛实证研究大多是建立在横截面回归方法的基础之上的,但 Islam(1995)对传统的横截面方法提出了严厉的批评,认为这种方法假设各个国家具有相似的生产函数是不现实的。横截面分析方法通过对样本考察期期初和期末的人均收入或产出计算平均经济增长率,这样估计的收敛结果具有很大的随机性和偶然性(Carlino,Mills,1996);而且,横截面数据分析方法也忽略了各个主体的差距。因此以截面回归为标志的增长收敛假说检验方法在提出不久后就受到了人们的质疑。而面板数据结合了横截面和时间序列的优点,既考虑了个体差距和时间因素,又避免了解释变量的遗漏问题,因此采用面板数据将能更准确地反映地区经济增长的收敛趋势。

采用 Islam(1995)的分析框架,绝对 β 收敛的面板计量方程可以采用如下形式:

$$\frac{1}{T}\lg\left(\frac{y_{i,T}}{y_{i,t_0}}\right)=\alpha-\frac{1-\mathrm{e}^{-\beta T}}{T}\lg y_{i,t_0}+\varepsilon_{i,t_0,t_0+T} \tag{3.12}$$

很明显,方程(3.12)和方程(3.8)没有太大的区别。在方程(3.12)中,T 表示样本的区间跨度,即为了获得面板数据,首先要将样本时段划分为几个子时段,每个子时段的期数就是区间跨度。

条件 β 收敛和俱乐部收敛的面板计量方程在方程(3.12)中加入控制变量集和表示区域类型的虚拟变量就可以得到,本书就不一一列举。

3.2.3 动态收入分布方法

从方法论的角度看,以条件 β 趋同作为代表的经典经济趋同分析方法随着现实经济问题的复杂化开始饱受各界的质疑和批判,学者们对此类经典趋同方法的批判主要集中在以下两个方面:一是经典趋同分析方法到底是不是真正的趋同检验方法?学者们认为对经济趋同理论而言,重要的应该是经济体之间的趋同,而条件 β 趋同的检验方法则是每个单位体与自身稳定状态的比较,违背了趋同的本意,甚至在一定条件下这类经济趋同意味着经济的趋异(安康等,2012)。Quah(1996)也对条件 β 收敛分析框架提出了批判,明确指出其偏离了研究经济增长和收敛的初衷。因为从本质上讲,收敛研究的重点是经济之间经济水平的比较,而不是如同条件 β 收敛研究所强调的每个经济体与自身的稳态的比较。因此收敛研究真正应该关注的是整个经济体的增长分布是如何演进的。Quah(1993,1996)认为,真正意义上的考查经济体之间人均收入水平是否存在收敛,应该从整个经济系统依据经济发展水平划分后的一段时间内,各类经济体人均收入概率分布的动态演进过程来判断。基于此,Quah(1993,1996)和 Jones(1997)提出采用动态收入分布方法(dynamic income distribution approach)来检验经济体之间人均收入的收敛性。

动态收入分布法是对各国或各地区经济发展水平进行更为一般性的分析,它通过刻画不同时点上各样本经济发展水平指标的具体分布状况来判断其差距的变化情况,确定各国或各地区的经济收敛趋势(Quah,1993,1996)。如果以某种方式度量的发展水平向某一个水平集中,那么这些经济体就存在着绝对收敛;如果发展水平向多个不同水平集中,那么这些经济体就存在俱乐部收敛。动态收入分布方法既能描述整个经济系统的宏观敛散性情况,又能追踪每一个经济体的增长动态。具体的动态收入分布方法包括 Markov 链方法和核密度(kernel density)估计方法。

Quah(1993)运用核密度函数进行估计,发现在收入分布演变的过程中,世界各经济体的人均收入向不同的峰值集聚,他称之为极化(polarization)现象。如果最终各国的人均收入水平趋向收敛于高收入水平或者低收入水平,而中等收入水平消失,此时收入分布的状况就会出现双峰(twin-peak),故称为双峰分布。然而,由于不知道所绘制的核密度分布图是否是稳态的,Quah(1996)又用 Markov 转移矩阵进行了更正式的分析,研究了全球收入分布的变化趋势,他将各国或各地区收入水平分布格局近似看作某种概率分布,通过研究这一概率分布的一阶 Markov 过程确定收入分布的动态演进过程。得到的结论主要有两个方面:第一是持久性(persistence),一个年份的 Markov 转移矩阵的对角线元素的值基本在 0.9 附近,表明大多数国家收入水平在整体中的位置基本保持不变;第二是双峰分布,收入分布的中部越来越稀疏,而两个尾部越来越密集,表现为落后和发达两大俱乐部或双峰收敛趋势。这是 Quah 关于增长双峰或分布双重模式的结论。分布的持久性和双峰模式的发现极有价值地扩大了对跨国经济增长规律典型事实的认知。

动态收入分布方法对收敛的研究最初仅停留在描述所有经济系统的收入分布形状及动态上。由于目前这种方法还没有建立与这种经济理论的直接联系,难以设定各种收敛的条件,因此一般难以进行条件收敛判断。不过随着经济水平核算和动态收入分布等方法的发展,最近人们逐步建立起这种收敛概念与经济增长收敛理论特别是收敛原因分析的联系,动态收入分布方法成为进行收敛因素分析的有效方法(Kumar,Russell,2002)。近年来,一些研究者已经尝试构建跨国或地区的收入分布,并在传统收敛回归方程分析的基础上构建反事实(counter factual)收入分布,从而揭示各种增长因素对经济增长和收敛的影响程度。这种研究策略的步骤一般是:首先进行传统的条件 β 收敛回归;然后根据回归结果,按不同影响因素构建反事实收入及其分布;最后通过比较实际收入分布和反事实收入分布的差距来考察经济政策、不同生产要素投入等对收入分布的影响。因此如果将收入动态分布研究与基于回归分析的反事实收入分布分析相结合,将是一种很有前景的研究思路。

动态收入分布方法包括 Markov 链方法和核密度估计方法,有关这两种方法的实现原理和步骤,我们将在 7.1 节详细说明。

除了以上三大类检验方法以外,还有随机收敛的检验方法。随机收敛的检验方法主要包括单位根检验方法、协整检验方法和面板单位根检验方法。单位根检验方法和协整检验方法关注经济体系中每对经济的长期收入差距,面板单位根方法则着重研究整个经济体系的长期收入差距。由于随机检验方法在实践中应用得比较少,本书就不做介绍了。

3.3 R&D 活动驱动区域经济收敛的实证指标及检验方法

3.3.1 R&D 活动驱动经济收敛的微观机制和实证指标

1. R&D 活动驱动经济收敛的微观机制

经济增长收敛假说问世后,得到了学术界和政策制定者的广泛关注。De Long(1988)指出,经济增长收敛研究应主要解决 3 个核心问题:其一,是否存在收敛(收敛的存在性);其二,为什么收敛(收敛机制);其三,怎样收敛(促进收敛的政策措施)。围绕着上述3个核心问题,大量的经济学文献从理论和实证两个层面展开了深入研究,并取得了丰硕的研究成果。特别是20世纪80年代后期,有关经济增长收敛的理论探讨和实证研究达到了顶峰,曾一度取代经济周期理论,占据了宏观经济学研究的热点和核心。

正如1.1.2小节中大量文献证明的那样,R&D活动是促进经济增长的内在推动力,新经济增长理论也从理论视角证明了R&D活动驱动着经济收敛。R&D活动通过促进知识积累和推动技术创新来驱动经济增长,它是经济增长质量和实现经济增长的必要的、决定性的因素,是推动经济增长方式由粗放型转变为集约型的最根本动力;同时R&D活动效率递减和技术的扩散推动着经济收敛。新经济增长理论的技术扩散模型虽然很精致,也证明了技术趋同会导致经济收敛,然而却没有说明R&D活动导致技术趋同而最终导致经济收敛的微观机制。本书就从微观层次来说明R&D活动是如何趋同从而导致经济收敛的,并研究R&D活动的趋同是否与区域经济收敛存在相关性。

联合国教科文组织(UNESCO)将R&D活动定义为:为了增加包括人、文化和社会知识在内的知识总量,并且为利用这些知识总量去创造新的应用而进行的系统的、创造性的工作。经济合作与发展组织(OECD)则将R&D活动定义为:在一个系统基础上的创造性的工作,目的在于丰富有关人类、文化和社会的知识库,并利用这一知识进行新的发明。国家科技部和统计局发布的《第二次全国科学研究与试验发展(R&D)资源清查主要数据公报》指出,科学研究与试验发展即R&D活动,指在科学技术领域,为增加知识总量,运用这些知识去创造新的应用而进行的系统的、创造性的活动,包括基础研究、应用研究、试验发展三类活动。基础研究是指为了获得关于现象和可观察事实的基本原理的新知识而进行的试验性或理论性研究,它不以任何专门或特定的应用或使用为目的。应用研究也指为获得新知识而进行的创造性研究,主要针对某一特定的目的或目标。应用研究是为了确定基础研究成果可能的用途,或是为达到预定的目标探索应采取的新方法(原理性)或新途径。试验发展指利用从基础研究、应用研究和实际经验所获得的现有知识,为产生新的产品、材料和装置,建立新的工艺、系统和服务,以及对已产生和建立的上述各项内容做实质性的改进而进行的系统性工作。

因此根据R&D活动的定义和其三类活动,R&D活动可以被划分为三大连续的阶段(图3.1):首先需要进行一定的R&D投入(R&D经费和R&D相关人员);然后将这些投入用于R&D生产过程;最后得到R&D产出,这些产出最终要对经济增长和经济收敛产生一定的促进作用。

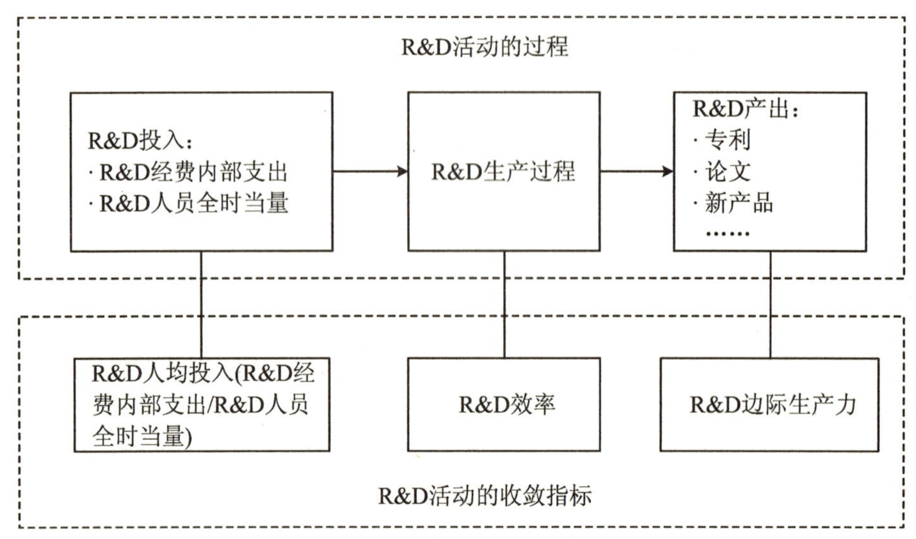

图 3.1　R&D 活动的过程及测度指标

根据 2.4 节 R&D 模型的收敛机制和 R&D 活动的过程，我们建立 R&D 活动驱动区域经济收敛的微观机制：R&D 活动会趋同（收敛），且最终导致区域经济收敛；R&D 活动的收敛和区域经济的收敛存在很强的相关性；R&D 活动的收敛对区域经济收敛有显著的驱动效应。从图 3.1 可以看出，R&D 活动可以细分为 3 个阶段：R&D 投入、R&D 生产过程、R&D 产出。本书对 R&D 活动对中国区域经济收敛的驱动效应的研究就从这 3 个阶段出发：首先研究这 3 个阶段 R&D 活动是否都存在收敛；其次研究这 3 个阶段的收敛是否与区域经济收敛存在相关性；最后研究这 3 个阶段的收敛对区域经济收敛是否存在驱动性。

2. R&D 活动的测度指标

为了进行实证研究，我们需要 R&D 活动 3 个阶段的相关测度指标。又由于研究 R&D 活动是否能驱动区域经济收敛，不仅要判断 R&D 活动的测度指标是否收敛，而且要求这些指标最好还能和区域经济收敛有直接的相关性。

R&D 活动的测度指标可以分为 R&D 投入指标、R&D 产出指标和 R&D 生产过程指标，针对每个阶段我们选择一种指标加以测度。

① R&D 投入指标：R&D 人均投入。R&D 投入指标由 R&D 经费投入和 R&D 人员投入两个部分组成。根据《中国科技统计年鉴》的规定，R&D 经费内部支出和 R&D 人员全时当量是 R&D 投入的两个理想指标。为了研究方便，在本书中我们把这两个指标合并成一个指标——R&D 人均投入（R&D 经

费内部支出/R&D 人员全时当量)，这样还可以消除异常值的影响。

② R&D 生产过程指标：R&D 效率。在考察一个国家的 R&D 活动时，不仅要看 R&D 的投入和产出的绝对数量，还要评估 R&D 效率，分析 R&D 资源的投入是否实现了产出的最大化，也就是说分析 R&D 产出是否为技术有效，因为 R&D 资源的配置效率更能代表一国的研发实力和创新潜力(张永凯，2010)。

③ R&D 产出指标：R&D 边际生产力(增加 1 单位 R&D 资本存量带来的 GDP 增加量，具体的定义和推导过程参见 4.2 节)。R&D 活动的产出形式主要有发明专利、科技论文、新产品等。大多数研究者(Jaffe，1986，1989；Kelly，1998；Bottazzi，Peri，2003)把专利申请数量作为 R&D 产出的度量指标。由于专利比较接近创新的商业应用，且专利数量从一定程度上能反映区域发明与创新信息(Archibugi，1998)，所以专利数量通常被作为衡量区域创新能力和 R&D 产出的重要指标(Liu，White，2001)。但是把专利数量作为测算 R&D 产出的指标存在一定的局限性(Griliches，1990；Trajtenberg，2001；Cameron et al.，2005)，正如 Pakes 和 Griliches(1980)指出的那样，专利数量是一个有缺陷的衡量创新的指标，因为并不是所有的创新都注册为专利，而且不同专利在经济价值上有很大差别。并非所有的研发成果都能得到有效技术转化，因此专利只是 R&D 活动过程中的一个中间产品，它不是 R&D 活动的终极目标。R&D 活动最关注的是把专利成果转化为现实的生产力，通过研发创新最终带来商业回报(张永凯，2010)。因此本书提出将 R&D 边际生产力作为衡量 R&D 活动产出的指标，它是将 R&D 活动与经济活动直接联系起来的一个指标，可以直接衡量 R&D 活动对经济收敛的影响。

本书将在后面的章节中探讨对 R&D 活动的 3 个指标的收敛性的衡量。

3.3.2　区域经济的收敛指标

宏观经济学中常用的 GDP 概念是：一定时期内一国生产的最终产品和提供劳务的市场价值的总值。GDP 可以衡量一个区域的经济总量，但是经济发展的终极目标是实现全人类的福利增长，经济收敛因此成为现代经济增长理论一个不可回避的主题。国内外大量的文献在进行经济收敛分析时都采用人均 GDP 和劳均 GDP 这两个指标。我们认为不同的国家(地区)在不存在失业或存在失业但失业率很低的情况下，这两个指标几乎没有什么区别。如果存在大量失业，那么这两个指标肯定是有所不同的。但是我们要充分认识到，随着经济的发展，失业率最终会走向一致，从而人均 GDP 和劳均 GDP 这两个指标会趋同，在这种情况下，人均 GDP 的收敛会滞后于劳均 GDP 一定的时间。

在对 2.3.2 小节中 Solow-Swan 模型包含的收敛机制做分析时，我们就得出了结论：Solow-Swan 模型得到的是劳均 GDP 的收敛，而不是人均 GDP 的收敛。

总结以上分析，本书中，我们在研究区域经济收敛时采用劳均 GDP，而不是人均 GDP，这样更加符合新古典经济增长理论和新经济增长理论所蕴含的经济收敛指标。

3.3.3 收敛检验方法的选择

本书主要研究 R&D 活动驱动区域经济收敛的机制，因此我们的研究目标就是判断我国整体区域经济收入水平能否收敛（研究我国 30 个省市能否共同富裕，判断的是绝对 β 收敛）而不是单个省市是否向其自身的稳态收敛（条件 β 收敛），以及 R&D 活动的各个主要指标是否收敛。然而从 3.3 节中可以看出，在我国区域经济收入水平收敛的实证研究中，目前所具备的方法论基本都有涉及。那么根据本书的研究目标，到底哪种收敛检验的方法是最佳的呢？

Quah(1993,1996)指出：截面回归方法仅能检验经济体向自身均衡稳态水平逼近的平均情况，而不能刻画截面人均产出分布的动态特征。面板数据模型方法虽然较好地解决了被解释变量内生性问题，并加强了对经济体之间异质性的刻画，但其在描述区域经济增长整体的分布形态方面仍不能令人满意。并且截面回归和面板数据模型在样本有限的情况下得出的结果可能存在偏误。

Friedman(1992)和 Quah(1993)认为，β 收敛检验会受向均值回归的Galton谬误的困扰。

Friedman(1992)强调，β 收敛是关于截面收入（或增长率）分布离散程度的一个概念，并且，来自增长率和初始水平回归中的负 β 并不一定意味着这种离散程度的下降。他认为，不应该通过 β 的符号来判断收敛假说，并且这种判断或许是错误的；而应该通过观察国家间收入水平和/或增长率的分布动态来进行直接判断。

Bernard 和 Durlauf(1995)指出，考虑到经济体在长时间内可能存在多重均衡，横截面检验只是趋向于"'可疑地拒绝'没有收敛性"的原假设。Bernard 和 Durlauf(1996)则强调，因为面板数据单位根检验假设数据的样本矩非常接近数据的极限矩，这种方法就要求研究的经济体与其长期的稳态比较接近。因此关于随机性收敛的实证研究比较少。

而动态收入分布方法直观地刻画了各国或各地区经济收入水平的分布，β 收敛回归和 σ 收敛判断实际上都是对这一分布某些统计特征的描述，因此他们不如收入动态分布那么具体和全面（吴利学，2010）。具体来说，动态收入分布

方法关注的是 σ 趋同和截面收入分布作为一个整体的变化过程。从动态收入分布方法本质来看，动态收入分布方法沿着两条线来进行：第一条保持了和 β 趋同的关系，并试图确定 β 和 σ 之间的精确关系，即随时间流逝 β 收敛出现的变化；第二条强调 β 趋同的限制性并关注整体分布的形状。

相对于条件 β 收敛，Quah 提出动态收入分布方法的目的很清楚，即对经济长期增长不施加任何假设限制来观测其收敛的规律性，是一种数据直接驱动的检验方法。而条件 β 收敛却需通过施加不同的控制变量来观察收敛的规律性及其影响因子，这样做虽然有明显的政策意义，但同时也会带来问题：施加不同的控制变量会得到不同的收敛结果，甚至会得到收敛和发散相互矛盾的结论。

动态收入分布方法包含了核密度估计方法和 Markov 链方法，与 Markov 链方法相比，随机核密度估计方法能更准确地拟合相对人均产出的动态变化趋势和特征，然而却不能判断所绘制的核密度分布图是否是稳态的（Quah，1996）。因此在实证中，如果这两种方法可以结合使用，则能得出更多的收敛内部信息。

综上所述，对于收敛指标的检验，本书采用如下步骤：

首先，采用 σ 收敛的统计指标标准差对收入水平差距的收敛性进行初步判断。这主要是因为 β 收敛是 σ 收敛的必要而非充分条件（Sala-i-Martin，1996），即在一定研究时期内，若存在 σ 收敛则一定存在 β 收敛。因此如果存在 σ 收敛，我们就没有必要再去判断是否存在 β 收敛了。

其次，我们采用核密度分布来进行收敛检验。这主要是因为虽然 σ 收敛能判断收入水平差距是否缩小或扩大，但是它不能判断整体中每个经济体在收敛中的位置变动。即如果出现俱乐部收敛，那么要判断哪些经济体在“高收入俱乐部”，哪些经济体在“低收入俱乐部”，σ 收敛对此无能为力，而核密度分布方法可以直观地显示出来。

最后，我们采用 Markov 链来进行收敛检验。这主要是因为核密度方法不能判断所绘制的核密度分布图是否是稳态的（Quah，1996）及核密度图的最终发展趋势，而 Markov 链正好能解决这样的问题。

因此本书将采用这 3 种方法来检验收敛指标的收敛性。这里需要说明的一点是，本书对 R&D 活动的 3 个指标进行了 β 收敛回归，其真实的目的不是判断 R&D 人均投入、R&D 效率和 R&D 边际生产力是否存在 β 绝对收敛，而是要根据收敛回归方程测量出区域间 R&D 活动的溢出效应，β 绝对收敛的判断只是一个附带产品。

3.4 收敛检验的实证研究

3.4.1 跨国经济收敛的实证研究

最早进行经济增长收敛实证研究的是 Baumol(1986)，他检验了 16 个 OECD 工业化国家 1870～1979 年的经济增长率与初始人均收入的关系，结论是：增长率与初始人均收入水平之间有较高的负相关性，即存在落后国家经济向发达国家经济的收敛。

De Long(1988)对 Baumol(1986)的研究提出了质疑。De Long 认为，由于 Baumol 使用的是事后样本，因此存在样本选择偏误的问题。De Long 指出，由于 Baumol 选取的都是富裕的工业化国家，这样，样本选择实际上就已经保证了收敛性的存在。而新古典经济增长理论事实上要求的是选取事前样本。据此，De Long 选取了 1870 年的人均收入高于当时芬兰人均收入的国家，共由 22 个国家组成，其中包括那些在 1870 年有经济收敛可能的国家，回归结果表明不存在 β 收敛；同时，利用收入分布的离差对收入进行 σ 收敛检验，结果同样表明 Baumol(1986)所采用的 Maddison 数据中的 16 个国家的经济趋于收敛，而 De Long 样本中的 22 个国家的经济同样不存在收敛。

Baumol 和 Edward(1988)针对 De Long 提出的质疑，使用 Bairoch(1976)和 Summers(1984)的数据(包括了工业化以外的更多国家)，保证了样本选择的无偏性，得到的结论是：高收入国家间存在经济收敛，而低收入国家间不存在经济收敛。

Barro(1990)对 98 个国家 1960～1985 年的数据进行条件 β 收敛实证分析，以实际人均 GDP 增长率对期初实际人均 GDP 和以入学率代表的期初人力资本进行回归分析，结果表明实际人均 GDP 增长率与期初人均 GDP 呈现负相关，而与期初人力资本呈现正相关。说明这 98 个国家的经济存在条件 β 收敛。

Mankiw，Romer 和 Weil(1992)对 Solow 模型进行扩展(扩展后的模型成为经典的 MRW 分析框架)，在 Solow 模型中加入人力资本变量，利用 1960～1985 年的数据，分别检验了 98 个非石油生产国、76 个发展中国家和 22 个 OECD 国家，结果同样发现经济增长存在条件 β 收敛。条件收敛的控制变量包括储蓄率、人口增长率和人力资本，但其收敛速度较传统的新古典经济增长模型的慢。

Sachset 等(1995)考察了117个国家1970～1989年的数据,按照产权保护程度和贸易开放程度将这117个国家分为合格国家和不合格国家两类,分别对其进行经济收敛检验。结果发现,合格国家之间存在俱乐部收敛,而不合格国家之间不存在俱乐部收敛。

Barro(1997)在Barro(1990)的研究基础上,将条件收敛控制变量扩大为10多个,包括期初人力资本、人口增长率、储蓄率、预期寿命、政府支出占GDP的比例、贸易条件、投资率、通货膨胀率、对产权的保护程度、政局的稳定程度、民主化程度、地区虚拟变量等,并先后采用一阶差分方法、横截面数据分析方法和面板数据分析方法对80多个国家1960～1990年的数据进行了条件收敛分析。3种分析方法的结果相近,均证实了存在条件收敛,即人均GDP增长率和期初实际人均GDP间存在明显的负相关关系。

Bernard和Durlauf(1995)对经济体做了选择性的短时间序列分析,这标志着时间序列检验方法已经出现,这是对收敛性实证研究的一个重要转向。Quah(1996)从国际收入分布的动态变化来研究经济增长的收敛性,利用概率的极限分布描述收入变化的长期趋势,结果显示:国际收入水平分布格局已经不再呈现出正态分布的形式,而是呈现出双峰收敛的分布形态,从收入分布的角度将世界经济体分为高收入和低收入两个俱乐部,认为世界经济正呈现出这样的俱乐部收敛。后续如Jones(1997)、Ben-David和Prescott(1998)的研究,也得出了与Quah(1996)基本一致的结论,认为国际收入分布表现出俱乐部收敛的特征。

总的来看,大多跨国经济收敛实证研究发现,在世界范围内,不存在绝对β收敛,但确实存在条件β收敛和俱乐部收敛。

3.4.2　区域经济收敛的实证研究

由于在跨国研究中,国家之间的经济结构特征差异较大,数据统计口径差异也较大,这些客观因素增加了经济计量分析的难度。而一国内区域间的经济结构特征差异相对较小,数据的统计口径也较为一致,因此有关学者开始对一国内区域经济的收敛性进行了实证研究。

1. 国外区域经济收敛研究

Barro和Sala-i-Martin(1990,1992a)以美国48个州1840～1988年的数据为基础,对美国的区域经济收敛性进行了研究,结果表明各州间存在显著的绝对β收敛,收敛速度约为2%。Barro和Sala-i-Martin(1991)对美国48个州(1840～1988年的收入数据和1963～1986年的GDP数据)和西欧73个地区

(1950～1985 年的 GDP 数据)采用相同的分析框架进行了收敛性研究,结果发现西欧的区域经济收敛特征与美国各州的经济收敛特征相类似,都存在绝对 β 收敛,收敛速度也大约为 2%。Barro 和 Sala-i-Martin(1992b)采用类似的方法,对美国 48 个州和日本 47 个县的区域收敛性进行了研究和比较,结果表明日本各县的收敛特征也与美国各州相似,存在绝对 β 收敛,收敛速度也很近似,为 2%～3%。

Higgins 等(2006,2009)对美国 32 个州的 3 058 个县进行了条件 β 收敛研究,收敛模型中的控制变量多达 41 个,采用三阶段最小二乘工具变量法(3SLS-IV)估计模型,结果表明美国 32 个州的 3 058 个县存在条件 β 收敛,且收敛速度均大于 2%,平均收敛速度高达 8. 1%。Young 等(2009)采用美国 3 000 多个县 1970～1998 年的横截面数据,通过比较绝对 β 收敛和 σ 收敛,发现美国各县存在绝对 β 收敛,但不存在 σ 收敛,进一步证实了 β 收敛是 σ 收敛的必要而充分条件。

一些学者也对东南亚国家进行了区域经济收敛研究,如 Dixon(1999)对泰国各地区 1960～1993 年的经济收敛性进行了研究,研究结果表明泰国各地区间不存在绝对 β 收敛。Hosono 和 Toya(2000)研究了菲律宾 1975～1997 年的区域收敛性,研究结果表明在整个研究期内不存在绝对 β 收敛;分段来看,在 1975～1986 年存在阶段性绝对 β 收敛,而在 1986～1997 年不存在绝对 β 收敛。

与跨国经济相比,区域经济更容易收敛。发达国家的区域收敛性比发展中国家的区域收敛性表现得更明显。这是因为,发达国家的各区域具有更为相似的经济结构特征,而发展中国家由于基础条件比较差,各地区发展极不平衡,技术也很难扩散,区域间存在较为明显的结构性差异,收敛也自热而然表现得不如发达国家明显。

2. 中国区域经济收敛研究

改革开放以来,我国经济在保持高速增长的同时,区域之间经济发展的差距也在不断扩大,区域之间发展不平衡、不协调的现象愈发突出,这引起了学者们对我国区域经济发展的关注。从 20 世纪 90 年代后期开始,以经济收敛研究的方法论成果为研究工具,国内外学者对我国区域经济收敛问题展开了大量的实证研究。为了便于阅读,我们将按照收敛类型进行梳理。

(1) β 收敛

Jian,Sachs 和 Warner(1996)较早采用 β 收敛检验了中国 1952～1993 年人均收入增长的收敛问题。研究分成 3 个时段进行并得出了不同的收敛结论:1952～1965 年,由于实行高度集中的中央计划经济,人均收入没有明显的收敛或发散趋势；1965～1978 年，由于“文化大革命”的冲击，区域经济差距扩大，经济呈现出发散趋势；1978～1993 年，由于实行改革开放，经济体制转轨，市场经济逐渐替代计划经济，农业生产率提高，沿海地区开放，区域经济表现出 β 收敛的趋势。

宋学明(1996)研究了我国 1978～1992 年区域人均收入的收敛性，发现整体上我国人均收入增长存在绝对 β 收敛。

魏后凯(1997)从人均国内生产总值、人均国民收入和城乡居民人均收入 3 个维度，系统地研究了我国经济增长的绝对 β 收敛和条件 β 收敛。他认为，自新中国成立以来，我国区域经济增长大体上可分为 3 个阶段：1952～1965 年，区域人均国民收入差距出现一定程度的缩小，其原因在于我国的工业化由沿海地区逐步向内地推进，使落后地区出现了相对更快的经济增长；1965～1978 年，由于受这一时期的政治环境影响，国家资金的大规模投入并没有减缓区域间经济差距的扩大；1978 年以后，随着改革开放的逐步深入，落后地区与发达地区间人均 GDP 及人均国民收入差距每年约以 2％的速度缩小，但各区域居民人均收入增长的不平衡格局进一步加剧。

蔡昉和都阳(2000)对我国 1978～1998 年人均国内生产总值的收敛性进行了研究，结果表明：改革开放以来，中国的区域经济发展不存在绝对 β 收敛，但存在条件 β 收敛性，其收敛速度约为 2.5％。

刘强(2001)研究了我国 1981～1998 年的区域经济的收敛性，他将研究分为 1981～1989 年和 1989～1998 年 2 个时段，发现：我国的区域经济增长的收敛性是存在的，但表现出明显的阶段性和区域性，且这种收敛性随着经济发展的进程而存在整体减弱、局部加强的特征。

王铮和葛昭攀(2002)的研究发现：在 1985～1999 年我国不存在绝对收敛，但是存在条件收敛，投资比例和人口增长率对收敛分别有正向作用和反向作用。

王志刚(2004)采用 Islam(1995)的面板回归模型分析框架，对我国 1978～1999 年的产出增长率进行了收敛性分析，引入包括储蓄率、劳动力增长率、技术进步率、资本折旧率和人力资本等在内的控制变量，研究发现：我国经济总体上不存在条件收敛，区域收入差距在不断扩大，但不排除区域内部存在条件收敛性。

吴玉鸣(2006)采用 1978～2002 年的截面数据，利用空间计量模型，研究了我国 31 个省市经济增长的条件 β 收敛及其成因，发现：我国区域经济增长存在条件 β 收敛，收敛速度约为 2％；而地理因素和空间效应一起对经济增长和收入差距产生重要影响。

刘生龙和张捷(2009)运用空间计量模型对我国28个省市的经济增长收敛性分阶段进行了检验,发现:从长期来看,我国区域经济增长存在着绝对β收敛,短期内不存在绝对β收敛;但不论长期还是短期,我国区域经济增长均存在条件β收敛。

还有些学者对我国个别区域进行了β收敛研究,如张学良(2010)运用空间计量模型,对1993～2006年长三角地区的132个县市区的经济增长进行了收敛性研究,发现这些县市的经济存在绝对β收敛。

(2) σ收敛

杨伟民(1992)最先采用基尼系数对我国区域经济发展差距及其变动进行了研究,发现我国在1978～1989年整体上经济差距呈现出缩小的趋势。林毅夫和刘培林(2003)计算了1970～1997年我国28个省市的农村人均消费对数、城市人均消费对数、人均GDP及人均工业GDP的标准差,用以检验σ收敛的存在性。结果显示:农村和城市居民人均消费在研究期间均呈现显著发散趋势;而人均GDP和人均工业GDP则以1990年为界,表现为先收敛后发散的趋势,且人均GDP的收敛趋势比较微弱。进一步将人均GDP分为东、中、西3个区域后,分别计算3个区域的标准差。结果显示:东部经济收敛明显,中部地区经济收敛较弱,而西部地区经济则处于发散状态。

林光平,龙志和和吴梅(2006)采用空间计量方法,研究了1978～2002年我国28个省市人均GDP的空间σ收敛情况。结果表明考虑到省市间的相关性特别是经济间的相关性后,可显著纠正采用传统方法进行σ收敛研究产生的误差。修正的σ收敛表明随着我国经济发展,近几年省市间经济σ收敛的趋势表现得尤其明显。

(3) 俱乐部收敛

蔡防和都阳(2000)通过引入东、中、西3个区域虚拟变量的方式,对人均国内生产总值增长率进行俱乐部收敛研究。结果表明:3个区域虚拟变量均显著,且中部地区和西部地区明显有增长劣势(虚拟变量为负),表明我国事实上形成了东、中、西3个增长俱乐部。西部地区处于“贫困陷阱”之中,要打破区域差距,破除俱乐部的束缚,必须借助于政策力量,加大区域政策的扶持力度,促使其实现跳跃式发展,摆脱困境。

刘强(2001)的研究表明:我国经济增长的收敛表现为整体减弱、局部加强的特征,东、中、西3大区域内经济增长的收敛在各个时段内始终存在,而南北地区的收敛基本不存在,不同地区的产出差距与宏观经济的波动状态存在着正相关关系。

王铮和葛昭攀(2002)的研究发现:中国东、中、西3大区域呈现出俱乐部收敛，西部地区落后于中部，中部地区保持在全国发展平均水平附近，东部地区明显高于全国平均水平。

沈坤荣和马俊(2002)认为，改革开放以来，我国东、中、西 3 大区域各自内部出现了较为显著的俱乐部收敛现象，收敛速度约为 2%。

张焕明(2004)模拟的结果表明：我国 3 个经济带之间的经济增长收敛表现得不是很明显，而经济带内存在显著的俱乐部收敛现象，促进西部地区经济的快速增长主要在于增加人力资本投入，而非仅仅单纯地着眼于物质资本的投入。

(4) 其他类型的收敛

陈安平和李国平(2004)采用时间序列分析法，对中国东、中、西 3 大地区内和地区间人均产出序列进行协整关系检验。结果表明：东部和西部地区内的经济增长具有收敛性，而中部地区内和 3 大地区间的经济增长却不存在收敛趋势。滕建州和梁琪(2006)也采用时间序列方法，检验了我国 1952～2003 年东、中、西 3 个地区和 27 个省市的人均产出增长的随机收敛，得出了不同结构断点的设置对随机收敛有重要影响的结论。但总体上东部地区支持随机收敛，而中部和西地区则拒绝随机收敛。

徐现祥和舒元(2005)采用核密度图估计法研究了我国省区经济增长分布的动态演进。结果表明：进入 20 世纪 90 年代，我国省区经济增长分布逐渐呈双峰分布，即为双峰收敛或两俱乐部收敛。

综上所述，在这几种类型的收敛中，由 σ 收敛得出的结论基本相同，即 1978～1990 年我国区域经济增长存在 σ 收敛格局，而 1990 年以后不存在 σ 收敛。然而，这些用以研究的数据基本集中在 2000 年之前。俱乐部收敛也被一致证实确实存在。然而由条件 β 收敛得出的结论却存在大量不一致的地方，不仅仅体现在收敛速度的差距上，也体现在同一时段收敛或发散的性质上，这可能是不同的学者选择了不同的控制变量和不同的计量方法导致的结果。这也正是本书没有把 β 收敛作为主要的检验工具的一个重要原因。

3.4.3　技术收敛的实证研究

对于我国区域经济收敛的问题，国内外学者给出了大量的解答。然而对于我国区域经济收敛到底是新古典收敛机制还是新增长收敛机制起作用，还是两者共同起作用，却没有给予很好的解答。目前，有关我国区域经济收敛机制方面的文献极少。

徐现祥和李郇(2004)对我国 216 个地级及以上城市 1989～2000 年的人均 GDP 进行收敛性研究，发现存在 σ 收敛，也存在绝对 β 收敛，并且收敛速度为

2%。他们还把全国 216 个城市分为沿海开放城市、东部城市、省会城市和其他城市等 4 种类型，发现城市间存在绝对 β 收敛，但每类城市的收敛速度并不相同。从城市间绝对收敛速度上看，东部城市、沿海城市、省会城市和其他城市的收敛速度依次递增，分别为 2.86%、3.01%、3.09%和 3.77%。进一步，他们以 Dowrick-Rogers 模型为分析框架，发现城市趋同中同时存在新古典经济增长的收敛机制和新经济增长理论的趋同机制。新古典经济增长理论的趋同机制所产生的趋同速度达到 4.77%，接近于 Dowrick 和 Rogers(2002)的 5%的资本趋同速度；沿海开放城市、东部城市、省会城市和其他城市的技术扩散收敛速度依次递增，分别为 1.57%、1.69%、1.76%和 2.01%。作为发展中国家，我国是先进技术的积极接纳者，技术进步来自于对先进国家的学习与模仿。在经济全球化的背景下，城市作为人力资本的高度集中地(Lucas，1988，2002)，成为学习技术的主体。李郇(2003)认为，在我国实施梯度发展战略的过程中，城市存在不同的技术学习模式，沿海城市等通过不断“试错”寻求适合我国国情的技术、制度等，是“干中学”的模式；其他地区城市可以直接学习沿海城市已经探索成功的经验，是“看中学”的模式。因此在技术扩散所贡献的收敛速度上，沿海城市应该低于其他城市。

赵伟和马瑞永(2005)探讨了我国经济收敛的资本、技术和劳动生产率的收敛机制。结果表明：1978～2002 年，唯有技术收敛机制较好地发挥了作用，表现出了显著的收敛；劳动生产率机制与资本收敛机制只在 1978～1989 年发挥了收敛作用；而在 1989～2002 年起了发散的作用，但资本收敛机制在统计检验上不太显著。同时，资本和劳动生产率收敛机制均表现出了俱乐部收敛特征。尽管我国经济局部阶段出现了发散性，但总体仍表现出了一定的收敛性，收敛中主要是区域间的贸易和投资以及技术交流促使技术收敛的机制充分发挥了作用。

夏万军和纪宏(2007)、夏万军(2009)提出了一个修正的 Dowrick-Rogers 模型，同时分析了新古典收敛机制和新增长收敛机制。实证结果表明：改革开放以来特别是 1981～2005 年，我国区域经济增长收敛性既有新古典收敛机制的作用，同时也有新增长收敛机制的作用。但是在不同时期，不同的收敛机制发挥作用。1990 年以前，资本积累对收敛的作用显著，新古典收敛机制存在；但 1990 年以后，新古典收敛机制的作用并不明显。1986～1995 年及 2001～2005 年，技术扩散对收敛的影响显著，新增长收敛机制存在；但在其他时段，新增长收敛机制不存在。

吴利学(2010)比较了全要素生产率、有效劳均物质资本、劳均人力资本和制度效率四大收敛机制，认为巨大的制度效率差距才是导致东部地区和中西部地区之间经济差距的最主要机制。

洪国志等(2010)研究了 240 个地级及以上城市 1990～2007 年经济增长的收敛机制,得出了我国城市间同时存在新古典主义和新经济增长收敛机制,地理距离仍是技术扩散的限制因素。

赵立雨(2010)采用随机前沿分析(stochastic frontier analysis,SFA)计算了我国 30 个省市 1999～2008 年的 R&D 效率,发现 R&D 效率呈现出 σ 收敛趋势。同时,建立了空间滞后 β 收敛模型、空间误差 β 收敛模型和空间 Durbin β 收敛模型,发现:我国区域 R&D 效率存在明显的绝对收敛趋势,也存在明显的 R&D 溢出效应。然而,赵立雨只是单纯地进行了 R&D 效率收敛性研究,没有把 R&D 效率的收敛性和区域经济增长的收敛性联系起来进行分析。

第4章 R&D活动的测量模型和收敛趋势分析

R&D活动是指在科学技术领域，为增加知识的总量以及运用这些知识去创造新的应用而进行的系统的、创造性的活动。这意味着R&D活动首先需要一定的投入，R&D人员利用这些投入发明创造出新知识，再将这些新知识应用到社会生产生活实践当中。因此对R&D活动的测量可以从R&D活动的投入、效率和结果3个方面去考虑。本章的3个测量指标(R&D人均投入、R&D效率和R&D边际生产力)正好与这3个方面相对应。

4.1 R&D效率及其测量模型

4.1.1 R&D效率

1957年，Farrell首先提出了效率评价，该效率评价主要包括技术效率、配置效率两个方面。其中，他对技术效率的定义是：在给定一组要素投入不变的条件下，一个企业的实际产出同一个同样投入情况下假设的最大产出之比。如果实际产出和最大产出之间存在差距，则说明企业是非技术有效的或技术无效的。技术效率说明了给定投入下企业获得最大产出的能力。

关于这个假设的最大产出，Farrell指出有两种可能：一种是由理论生产函数给出，这个理论生产函数是根据精通企业每台机器性能、熟悉每个员工能力和企业运作方式的一位工程师计算出来的；另外一种是在实际的观察样本中选取生产效率最高的企业作为百分之百技术有效的理想最大产出。但是，由于实际生产过程涉及的具体因素繁多，不可能有哪一位工程师能够计算出准确的生产函数，因而理论上的最大产出很难找到。Farrell认为比较可行的方法是第二种。目前流行的DEA(数据包络分析)方法实际上绕开了生产函数，直接根据观察样本的数据确定各决策单元的技术效率，因此它所确定的技术效率是一种相对效率。

Farrell 详细阐述了技术效率评价的基本原理：假定一个生产系统中有 N 个相互独立的决策单元 $\mathrm{DMU}_j(j=1,2,\cdots,n)$，每个决策单元有 m 种资源投入和 s 种产品。为了测量效率，Farrell 引入了生产前沿面的概念——生产可能集中所有的有效生产点(X,Y)构成的超曲面，它表示每一种要素投入组合所能获得的最大产出，能反映一个行业当前的技术水平。为了评价决策单元的效率，只需要测量各个生产点与生产前沿面上的距离即可，离生产前沿面的距离越远，被测量的决策单元生产点无效性就越高，效率则越低；反之，则效率越高。当生产点与生产前沿面的距离为 0，即生产点位于生产前沿面上时，该生产点是技术有效的。

下面使用图 4.1 来说明技术有效性问题。如图 4.1 所示，有 5 个决策单元 $A\sim E$，每个决策单元投入两种资源 X_1 和 X_2 进行生产活动，相应的输出为一种产品 Y。由 Farrell 的技术效率评价的基本原理可知，D 是技术无效的单元，其他的决策单元都是有效的，因为它们都处于生产前沿面包络面上。本例中，生产前沿面是由一系列分线段(经济学含义为等产量线)组成的包络线。

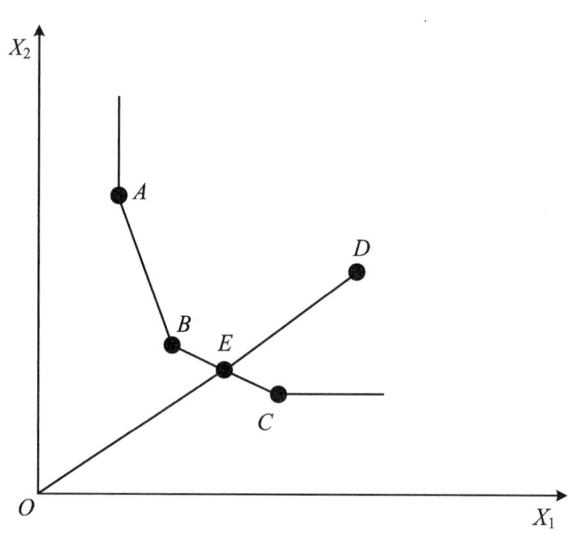

图 4.1　数据包络分析前沿面

无效的决策单元 D，在前沿面上对应的决策单元为 E(显然也可以表示为决策单元 B 和 C 的线性组合)，而用 E 单元的投入也可以生产出等于 D 单元的产出。这说明 D 单元使用了过多的资源，相对于 E 单元来说，D 单元是无效的，而 E 单元是技术有效的。此时 D 单元的效率为 OE/OD，当 $OE/OD=1$ 时，

DMU_D 是有效的。

DEA 方法正是基于这一思想，通过观测数据构造线性规划模型，求出各个决策单元的相对效率的。当决策单元处于包络面上时，技术有效，其效率值为 1。

4.1.2 DEA 模型

在 Farrell(1957)提出分段线性凸包的前沿估计方法之后的 20 多年里，只有为数不多的作者对该方法进行过研究，其中 Boles(1966)和 Afriat(1972)建议用数学规划方法解决这个问题。直到 1978 年，Charnes，Cooper 和 Rhodes 采用数学规划的方法解决了这个问题，并提出了 DEA 这个术语。此后，研究者发表了大量拓展和应用 DEA 方法的论文。

Charnes，Cooper 和 Rhodes(1978)提出的 DEA 模型是基于规模收益不变(CRS)的假设，也是目前使用较多的一种 DEA 模型，学术界称之为 CCR 模型。由于规模收益不变的假设过于严格，之后发表的研究论文考虑了不同的假设前提，Fare，Grosskopf 和 Logan(1983)以及 Banker，Charnes 和 Cooper(1984)提出规模收益可变(VRS)的 DEA 模型，学术界称之为 BCC 模型。CCR 和 BCC 这两个 DEA 模型都将决策单元分为有效和无效两类。无效的决策单元的效率值都小于 1，可以不相等，但有效决策单元的效率值都等于 1。这就产生了一个问题：对众多同时有效的决策单元无法做进一步的评价与比较。为了区别技术效率都是有效的决策单元的问题，Anersen 和 Petersen(1993)提出了一种 DEA 的拓展模型，即超效率 DEA(super-efficiency DEA)模型，该模型能够对 DEA 效率值都等于 1 的有效单元做进一步评价和排序。

本书主要介绍这 3 种 DEA 模型的原理和数学模型，其中超效率 DEA 模型的 Matlab 代码参见附录。以下先介绍了几个相关概念。

1. 决策单元(DMU)

一个经济系统、一个企业、一个生产部门、一个具体生产过程甚至一个区域都可以被看作一个决策单元，都能够进行投入一定数量的生产要素生产出一定数量的产品的活动。虽然这些生产活动的具体内容可以各不相同，但其最终目的都是尽可能地使这一生产活动取得最大的效益，即以最少的投入生产出最多的产品。这就产生了生产效率问题，在本书中就是效率评价问题。从投入到产出需要经过一系列决策才能实现，由于产出是决策的结果，所以这样的生产单位被统称为决策单元(decision making units，DMU)。在书中 R&D 效率计算过程中，每个省市就是一个决策单元。

2. 生产可能集

生产可能集(feasible production set)是指在一定的技术水平下,某决策单元以一定的投入组合,这些组合和这些组合的产出构成了该决策单元的生产可能性集。设某个决策单元的输入向量为 $\boldsymbol{X}=(x_{1j},x_{2j},\cdots,x_{ij},\cdots,x_{mj})^{\mathrm{T}}\geqslant 0$,$X_j\in\mathbf{R}^+$,输出向量为 $\boldsymbol{Y}=(y_{1j},y_{2j},\cdots,y_{ij},\cdots,y_{sj})^{\mathrm{T}}\geqslant 0$,$Y_j\in\mathbf{R}^+$。于是我们可以用生产可能集$(\boldsymbol{X},\boldsymbol{Y})$来表示这个 DMU 的整个生产活动。

在 DEA 模型中,一般假设生产可能集满足以下条件:

① 凸性:对于任意的$(x,y)\in T$、$(x',y')\in T$ 以及 $\mu\in(0,1)$,有 $\mu(x,y)+(1-\mu)(x',y')\in T$。即如果分别以 x 的 μ 倍和 x' 的 $1-\mu$ 倍的和作为新的输入,则可得到原产出相同比例之和的新的产出。凸性表明 T 是一个凸集。

② 锥性:若$(x,y)\in T$ 且 $k\geqslant 0$,则 $k(x,y)=(kx,ky)\in T$。这表明若以原输入 k 倍作为新的输入,则得到原输出 k 倍的输出是可能的。

③ 无效性:设$(x,y)\in T$,若 $x'>x$,则$(x',y)\in T$;若 $y'<y$,则$(x,y')\in T$。这说明在原来生产活动的基础上减少投入或增加产出进行生产是可能的。显然,生产函数是指在一定的技术条件下,一组投入量与其最大产出量之间的函数关系。由于生产可能集具有无效性特征,即允许生产中存在浪费现象,所以生产函数是 y 关于 x 的增函数。

3. 不变规模效益模型(CRS):CCR 模型

假设有 n 个具有可比性的决策单元,每个决策单元都有 m 种输入(表示该决策单元对资源的耗费,即生产要素的投入)和 s 种输出。决策单元进行生产时追求一个效率目标:尽可能使输入最小或输出最大,以使决策单元生产时技术最有效。可将各决策单元DMU_j 的投入数据和产出数据表示成式(4.1)和式(4.2)的矩阵形式。

$$\boldsymbol{X}=\begin{bmatrix} x_{11} & x_{12} & x_{13} & \cdots & x_{1j} & \cdots & x_{1n} \\ x_{21} & x_{22} & x_{23} & \cdots & x_{2j} & \cdots & x_{2n} \\ \vdots & \vdots & \vdots & & \vdots & & \vdots \\ x_{i1} & x_{i2} & x_{i3} & \cdots & x_{ij} & \cdots & x_{in} \\ \vdots & \vdots & \vdots & & \vdots & & \vdots \\ x_{m1} & x_{m2} & x_{m3} & \cdots & x_{mj} & \cdots & x_{mn} \end{bmatrix}_{m\times n} \tag{4.1}$$

$$\boldsymbol{Y}=\begin{bmatrix} y_{11} & y_{12} & y_{13} & \cdots & y_{1j} & \cdots & y_{1n} \\ y_{21} & y_{22} & y_{23} & \cdots & y_{2j} & \cdots & y_{2n} \\ \vdots & \vdots & \vdots & & \vdots & & \vdots \\ y_{r1} & y_{r2} & y_{r3} & \cdots & y_{rj} & \cdots & y_{rn} \\ \vdots & \vdots & \vdots & & \vdots & & \vdots \\ x_{s1} & x_{s2} & x_{s3} & \cdots & x_{sj} & \cdots & x_{sn} \end{bmatrix}_{s\times n} \tag{4.2}$$

其中,$\boldsymbol{X}$ 表示投入矩阵,$\boldsymbol{Y}$ 表示产出矩阵。

对于任何一个决策单元DMU$_j$($1\leqslant j\leqslant n$),效率评价为

$$h_j=\frac{\sum\limits_j u_r y_{rj}}{\sum\limits_i v_i x_{ij}} \quad (j=1,2,\cdots,n) \tag{4.3}$$

下面针对一个具体的决策单元构建 DEA 线性规划模型,如决策单元DMU$_0$,其效率评价为

$$h_0=\frac{\sum\limits_j u_r y_{r0}}{\sum\limits_i v_i x_{i0}} \tag{4.4}$$

下面以DMU$_0$ 为目标,以所有决策单元的效率指数

$$h_j=\frac{\sum\limits_j u_r y_{rj}}{\sum\limits_i v_i x_{ij}}\leqslant 1 \quad (j=1,2,\cdots,n) \tag{4.5}$$

为约束条件,构建如下的分式规划模型(CCR 模型):

$$\begin{cases} \max h_0=\dfrac{\sum\limits_r u_r y_{r0}}{\sum\limits_i v_i x_{i0}} \\ h_j=\dfrac{\sum\limits_r u_r y_{rj}}{\sum\limits_i v_i x_{ij}}\leqslant 1 \quad (j=1,2,\cdots,n) \\ u_r\geqslant \varepsilon \\ v_i\geqslant \varepsilon \end{cases} \tag{4.6}$$

从式(4.6)可以看出,CCR 模型就是效率值不大于 1 的条件下,使DMU$_0$ 的投入-产出 h_0 最大的权值 u_r,v_i。由于决策单元的有效性是相对于其他单元来说的,故其效率为相对效率。令式(4.6)中,$t=1/\left(\sum\limits_i v_i x_{i0}\right)$,$\upsilon_i=tv_i$,$\mu_r=tu_r$,利用 Charness-Cooper 变换,可转换为线性规划:

$$\begin{cases} \max \sum_r \mu_r y_{r0} \\ \text{s. t.} \\ \sum_i \upsilon_i x_{i0} = 1 \\ \sum_r \mu_r y_{rj} \leqslant \sum_i \upsilon_i x_{ij} \quad (j = 1, 2, \cdots, n) \\ u_r \geqslant \varepsilon \\ v_i \geqslant \varepsilon \end{cases} \tag{4.7}$$

其对偶形式为

$$\begin{cases} \min \theta \\ \text{s. t.} \\ \sum_{j=1}^{n} \lambda_j x_{ij} + s_i^- = \theta x_{i0} \\ \sum_{j=1}^{n} \lambda_j y_{rj} - s_r^+ = y_{r0} \\ \lambda_j \geqslant 0 \quad (j = 1, 2, \cdots, n) \\ s_r^+ \geqslant 0 \\ s_i^- \geqslant 0 \end{cases} \tag{4.8}$$

式中，$\theta(0 \leqslant \theta \leqslant 1)$为决策单元$\mathrm{DMU}_0$ 的相对效率值，即投入相对于产出的有效利用的程度。θ 反映了决策单元DMU_0 的资源配置的合理程度，θ 越大，资源配置越合理。s_r^-、s_i^+ 为松弛变量，分别表示资源的无效投入量和产出的不足量。根据的 θ、s_i^+、s_r^- 值，将决策单元分为三大类：

① 当 $\theta=1$ 且 $s_i^+=0$，$s_r^-=0$ 时，DMU_0 有效，即在这个决策单元组成的经济系统中，资源获得了充分利用，投入要素达到最佳组合，取得了最大的产出。

② 当 $\theta=1$ 且至少有某个 $s_i^->0$ 或者 $s_r^+>0$ 时，DMU_0 弱有效。在由这 n 个决策单元组成的经济系统中：若 $s_i^->0$，则表示第 i 种资源没有充分利用的数额为 s_i^-；若 $s_r^+>0$，则表示第 r 种产出与最大产出存在 s_r^+ 的不足。

③ 当 $\theta<1$ 时，DMU_0 为非 DEA 有效，即在由 n 个 DMU 组成的系统中，可通过组合将投入按 θ 比例降低而保持原产出不减。此时，将各有效单元连接起来形成一个效率边界，以此边界为衡量效率的基础，可以衡量各非有效单元的“投入冗余”和“产出不足”。通过分析可以提供各决策单元在当前情况下资源使用情况的信息。不但可以将其作为目标设定的标准，也可以通过它了解该决策单元尚有多少改善空间。

4. 可变规模效益模型(VRS):BCC模型

CCR模型是基于规模收益不变假设条件下的效率评价模型,而BCC模型是建立在可变规模效益基础之上的。类似于式(4.6),建立如下的分式规划模型:

$$\begin{cases} \max \dfrac{\sum\limits_r u_r y_{r0} - u_0}{\sum\limits_i v_i x_{i0}} \\ \text{s. t.} \\ \sum\limits_r u_r y_{rj} - \sum\limits_i v_i x_{ij} - u_0 \leqslant 0 \\ u_r \geqslant 0 \\ v_i \geqslant 0 \end{cases} \tag{4.9}$$

令 $t = 1/\sum\limits_r v_i x_{i0}, \upsilon_i = t v_i, \mu_r = t u_r$,则公式(4.9)变为线性形式为

$$\begin{cases} \max \sum\limits_r \mu_r y_{r0} - \mu_0 \\ \text{s. t.} \\ \sum \upsilon_i x_{i0} = 1 \\ \sum\limits_r \mu_r y_{rj} - \sum\limits_i \upsilon_i x_{ij} - \mu_0 \leqslant 0 \quad (j = 1, 2, \cdots, n) \\ \mu_r \geqslant 0 \\ \upsilon_i \geqslant 0 \end{cases} \tag{4.10}$$

则其对偶形式为

$$\begin{cases} \min \theta - \varepsilon \left(\sum\limits_i s_i^+ + s_i^- \right) \\ \text{s. t.} \\ \sum\limits_{j=1}^n \lambda_j x_{ij} + s_i^- = \theta x_{i0} \quad (i = 1, 2, \cdots, m) \\ \sum\limits_{j=1}^n \lambda_j y_{rj} - s_r^+ = y_{r0} \quad (r = 1, 2, \cdots, s) \\ \sum\limits_j \lambda_j = 1 \\ \lambda_j \geqslant 0 \\ s_r^+ \geqslant 0 \\ s_i^- \geqslant 0 \end{cases} \tag{4.11}$$

5. 超效率 DEA 模型

传统的 DEA 模型可以将所有 DMU 区分为效率有效和效率无效，但是对所有技术都有效的决策单元的排序问题表现出一定的局限性。而超效率 DEA 模型则可以解决上述问题。超效率模型的基本原理是，在进行评价时将要评价的决策单元排除在参考集之外。假设我们要评价DMU_0 的效率，则构建如下的规划模型：

$$\begin{cases} \min \theta \\ \text{s. t.} \\ \sum\limits_{\substack{j=1 \\ j\neq j_0}} \lambda_j x_j + s^- = \theta x_0 \\ \sum\limits_{\substack{j=1 \\ j\neq j_0}} \lambda_j y_j - s^+ = y_0 \\ \lambda_j \geqslant 0 \quad (j = 1,2,\cdots,n) \\ s^+ \geqslant 0 \\ s^- \geqslant 0 \end{cases} \tag{4.12}$$

在超效率模型中，对于非有效的决策单元，其效率值与 CCR 模型及 BCC 模型中的一致；而对于 CCR 模型及 BCC 模型中的有效决策单元，计算出来的效率值可能大于 1，这样可以对有效的决策单元进一步排序。由于本书要进行 R&D 效率的收敛性分析，对有效的省市也要加以区别，因此在计算 30 个省市 R&D 效率时采用超效率 DEA 模型。

4.1.3　R&D 投入和产出指标

1. 投入指标①

R&D 投入是指用于 R&D 活动的各种资源，包括人、财、物等多方面的投入，主要是指 R&D 经费投入以及 R&D 人员投入。由于经费投入决定了整个 R&D 的投入水平，所以是创新活动最为关键的基础性因素。

(1) R&D 人员

指调查单位内部参与基础研究、应用研究和试验发展三类活动的人员。包括直接参与上述三类活动的人员以及这三类活动的管理人员和直接服务人员。

① 本部分主要是来自 2012 年《中国科技统计年鉴》的“指标解释”部分。

为研发活动提供直接服务的人员包括直接为研发活动提供资料文献、材料供应、设备维护等服务的人员。

(2) R&D 人员中全时人员

在报告年度实际参与 R&D 活动的时间占制度工作时间 90%及以上的研究人员。

(3) R&D 人员全时当量

是国际上通用的用以比较科技人力投入的指标。指 R&D 全时人员工作量与非全时人员按实际工作时间折算的工作量之和。例如,有 2 个 R&D 全时人员(工作时间分别为 0.9 年和 1 年)和 3 个 R&D 非全时人员(工作时间分别为 0.2 年、0.3 年和 0.7 年),则 R&D 人员全时当量=1+1+0.2+0.3+0.7=3.2(人年)。

很明显,R&D 人员全时当量比 R&D 人员和 R&D 全时人员更能反映 R&D 人员的工作时间,所以这个指标是人员投入的优选指标。

(4) R&D 经费内部支出

指企业单位年度用于内部开展 R&D 活动的实际支出。包括用于 R&D 活动的直接支出以及间接用于 R&D 活动的管理费、服务费、与 R&D 有关的基本建设支出和外协加工费等。不包括生产性活动支出、归还贷款支出以及与外单位合作或委托外单位进行 R&D 活动而转拨给对方的经费。日常性支出指企业单位年度为开展 R&D 活动而发生的人员劳务费、各项管理费用以及购买非资产性的材料、物资费用等其他日常支出。资产性支出指企业单位年度为开展 R&D 活动而进行建造、购置、安装、改建、扩建固定资产以及进行设备技术改造和大修理等实际支出的费用。

(5) R&D 经费外部支出

指企业单位年度委托外单位或与外单位合作进行 R&D 活动而拨给对方的经费。

其中,计算 R&D 经费内部支出时,R&D 投入可以剔除从事 R&D 活动的单位间由于互相拨款而造成的重复计算,R&D 经费内部支出虽然能真实地反映每年的 R&D 投入金额,但它是一个流量。在创新过程中,产生作用的并不仅仅是当期 R&D 投入,前几期的 R&D 累计投入都产生了作用,因此 R&D 资本存量是更为准确的投入指标。所以在第 4.3 节,我们根据每年的 R&D 经费内部支出计算出各个省市每年的 R&D 资本存量,以此作为 R&D 的资金投入。因此本书选取 R&D 人员全时当量和 R&D 资本存量作为 R&D 活动的投入指标。

2. 产出指标

(1) 专利

R&D 活动与专利之间存在高度相关性，即使考虑滞后效应也是如此(Goto，Suzuki，1989)。专利是衡量创新活动的可靠指标(Anselin et al. ，2002)。专利是发明人的重要智力劳动成果，对开发新产品、有效仿制、技术改造和专利申请等可提供技术信息，较接近于创新的商业应用(任胜钢，彭建华，2006)。因此专利的数量能较全面地反映各地区的 R&D 活动信息，在衡量创新活动效率中被广泛使用。

(2) 论文

论文代表新知识的产生，是投入人力资源和财力资源进行 R&D 活动的结果，论文反映了一个地区创新主体的素质，是衡量创新能力和产出的主要指标(刘顺忠，官建成，2002；任胜钢，彭建华，2006)。由于国外三大系统 SCI(science citation index)、ISTP(index to science and technical proceeding)和 EI(engineering index)收录的科技论文是目前国内公认的测量科学研究的科学指标之一，因而将国外三大系统收录的科技论文作为一项区域创新科技产出指标。

(3) 高技术产业总产值和技术市场合同成交金额

高技术产业的 R&D 活动强度较高，相关 R&D 产业的研究如杨武、粟沛沛和康凯(2007)也将高技术产业作为衡量科学研究的一个指标，故本书用各省市的高技术产业总产值这一指标来衡量地区 R&D 产业发展情况。技术市场合同成交金额则在一定程度上可以反映出 R&D 产业的市场化和产业化水平(张仁开，杜德斌，2006)，还可以反映出一个地区的 R&D 产品的市场成功和创新成果商业化应用。

因此本书选取了 4 个 R&D 活动产出指标：专利申请授权数(件)、国外三大检索工具收录的科技论文数量(篇)、高技术产业总产值(亿元)和技术市场合同成交金额(亿元)。高技术产业总产值和技术市场合同成交金额都以 1998 年为基期采用工业品出厂价格指数进行了平减。

4.2　R&D 边际生产力及其测量模型

4.2.1　R&D 边际生产力

“边际生产力”这一术语是 19 世纪末美国经济学家 Clark 首创并进一步用于其分配论分析的，它指的是在其他条件不变的前提下每增加一个单位要素投入所带来的产出增加产量，即边际物质产品(marginal physical product)，有时被简称为边际产品(MP)、边际产量。边际生产力在经济学理论中占有重要的地位，是经济学中常用的一个概念。用边际生产力的理论可以确定一个企业的最佳要素投入量。我们用图 4.2 来分析。

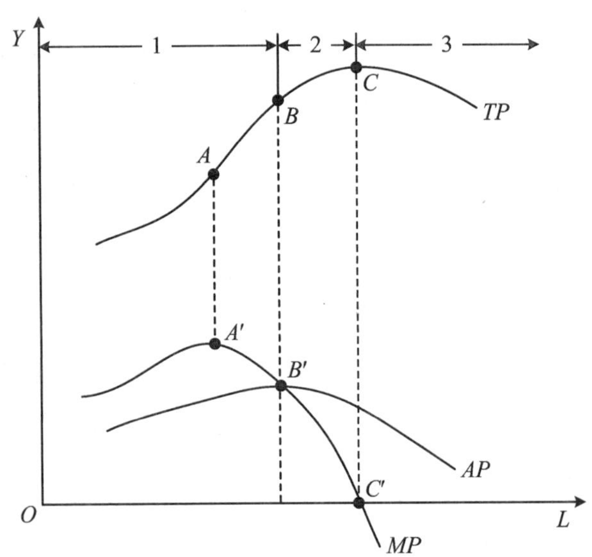

图 4.2　总产量、平均产量、边际产量 3 条曲线之间的关系

图 4.2 表示了某生产过程只用一种投入要素进行生产，其中 *TP*、*AP* 和 *MP* 分别表示总产量、平均产量和边际产量 3 个量。由此生产过程分为 3 个阶段：

第一阶段：当边际产量大于 0 且大于平均产量时，平均产量递增，总产量递增。

第二阶段：当边际产量大于 0 且小于平均产量时，平均产量递减，总产量递增。

第三阶段：当边际产量小于0时，总产量开始递减。

因此可以确定企业最佳的生产阶段是第二阶段，最佳生产点是C点。从要素投入来说，在当前的生产技术条件下，L_C是最佳劳动投入量。当边际产量小于0时，企业就不应再进行生产要素的投入了。如果企业继续投入生产要素，意味着不仅不能增加总产量，还减少了总产量。因此边际产量理论是确定生产活动最佳位置的最好方法，对经济生产有着重要的意义。

本书借用边际分析理论来确定R&D投入对经济产出的影响，以此来研究R&D活动对经济收敛的影响。本书用R&D边际生产力的概念来代替R&D边际产量的概念，为的是不与R&D自身的生产活动混淆。具体的定义和数学表达式参见4.2.2小节。

4.2.2 R&D边际生产力测量模型推导

我们借鉴张海洋(2005)对R&D两面性的研究来完成整个计量方程的推导。首先，我们考虑C-D生产函数：

$$Y_{it} = A_{it} L_{it}^{\alpha} K_{it}^{\beta} \tag{4.13}$$

其中，Y表示各省市总产值，A表示全要素生产率，L是劳动投入，K为资本投入，α、β分别表示劳动和资本的产出弹性，且$\alpha+\beta=1$，i和t分别表示省市和时间。假设各省市的R&D资本存量为X，我们可以构建式(4.14)的全要素生产率表达式。

$$A_{it} = B_0 \mathrm{e}^{\sigma T} X_{it}^{\rho} \tag{4.14}$$

式中，$B_0 \mathrm{e}^{\sigma T}$表示各个省市外生的技术进步(年增长率为$\sigma$)，$X_{it}$表示各省市的R&D资本存量，$\rho$表示各省市的R&D资本存量对各自经济产出的弹性，即$\rho=\frac{\partial Y}{\partial X}\cdot\frac{X}{Y}$。

将式(4.14)取时间差分，可得

$$\frac{\Delta A_{it}}{A_{it}} = \sigma + \rho \frac{\Delta X_{it}}{X_{it}} \tag{4.15}$$

t期的R&D资本存量X_t是过去所有时期的R&D支出的现值与$t-1$期的R&D资本存量现值之和(Griliches，1980)。用表示t期的R&D资本存量R_t表示t期的R&D实际支出，则

$$X_t = \sum_{k=1}^{t} \mu_k R_{t-k} + (1-\delta) X_{t-1} \tag{4.16}$$

其中，k为滞后期，μ_k为R&D支出滞后贴现系数，δ为R&D资本存量的折旧率。

取平均滞后期为 θ，$\mu_\theta = 1$，则有 $R_{t-\theta} = \sum_{k=1}^{t} \mu_k R_{t-k}$。因此式(4.16)可以简化为

$$X_t = R_{t-\theta} + (1-\delta)X_{t-1} \tag{4.17}$$

R&D资本折旧是知识存量老化直至过时的过程，δ 的估计通常有两种方法：一是通过计算专利各期收益贴现值总和与专利更新费用差额即专利的净收益估计(Bosworth，1978)；二是假定 δ 是专利产生收益的时间的反函数，如果专利的生命足够长，那么就可以简单地假定 δ 足够小。如果数据时间跨度短，可以假定平均滞后期足够小(Griliches，Mairesse，1984；Griffith et al.，2000)。由于缺乏专利的收益和更新费用数据，我们采用第二种简化方法，假定R&D资本存量的折旧率 δ 和 R_{t-k} 的平均滞后期 θ 足够小，即 $X_t = R_t + X_{t-1}$，得 $\Delta X_t = R_t$，两边同时除以 X_t 可得

$$\frac{\Delta X_t}{X_t} = \frac{R_t}{X_t} \tag{4.18}$$

代入式(4.15)，并由 $\rho = \frac{\partial Y}{\partial X} \cdot \frac{X}{Y}$ 可得

$$\frac{\Delta A_{it}}{A_{it}} = \sigma + \frac{\partial Y_{it}}{\partial X_{it}} \cdot \frac{X_{it}}{Y_{it}} \cdot \frac{R_{it}}{X_{it}} \tag{4.19}$$

令式中的 $\frac{\partial Y_{it}}{\partial X_{it}} = \eta$ 并将式代入时间差分方程(4.13)，再加上随机误差项 ε_{it}，可得到基本的计量方程：

$$\frac{\Delta Y_{it}}{Y_{it}} = \sigma + \alpha \frac{\Delta L_{it}}{L_{it}} + \beta \frac{\Delta K_{it}}{K_{it}} + \eta \frac{R_{it}}{Y_{it}} + \varepsilon_{it} \tag{4.20}$$

其中，$\alpha + \beta = 1$，η 表示各省市的R&D边际生产力。为了估计方便，我们将方程(4.20)改写为方程(4.21)的形式：

$$\left(\frac{\Delta Y_{it}}{Y_{it}} - \frac{\Delta K_{it}}{K_{it}}\right) = \sigma + \alpha\left(\frac{\Delta L_{it}}{L_{it}} - \frac{\Delta K_{it}}{K_{it}}\right) + \eta \frac{R_{it}}{Y_{it}} + \varepsilon_{it} \tag{4.21}$$

在后面的计量回归中，我们采用方程(4.21)，其中，系数 η 就是R&D边际生产力，X 为R&D资本存量，Y 为GDP，R&D边际生产力的大小为R&D资本存量增加一个单位带来的GDP增加的量。

4.3　数据来源和处理

本书所用到的数据全部来源于1998～2012年的《中国科技统计年鉴》和

《中国统计年鉴》。由于数据来源的限制，本书的研究不包括西藏、台湾、香港和澳门。

由于《中国科技统计年鉴》没有 R&D 资本存量数据，《中国统计年鉴》没有物质资本存量数据，所以我们要自己进行计算。

4.3.1 R&D 资本存量

本书采用如下永续盘存法核算我国 1998 年以来各省市 R&D 资本存量：

$$K_{i,t} = (1-\delta)K_{i,t-1} + \sum_{k=1}^{n} a_k R_{i,t-k} \tag{4.22}$$

式中，$K_{i,t}$表示第 t 期的 R&D 资本存量；$K_{i,t-1}$为第 $t-1$ 期的 R&D 资本存量；$R_{i,t-k}$表示第 $t-k$ 期的 R&D 支出，k 为滞后期；a_k 为 R&D 支出的滞后贴现系数；δ 表示 R&D 资本存量的折旧率。由于目前学术界对我国 R&D 支出的滞后结构没有一个明确的定论，这里沿用国际上对 R&D 资本存量的平均滞后假定，取 $k=1$，$a_k=1$，则式(4.22)可以转化为

$$K_{i,t} = (1-\delta)K_{i,t-1} + R_{i,t-1} \tag{4.23}$$

式中，$R_{i,t-1}$表示第 $t-1$ 期的实际 R&D 支出，需要用 R&D 价格指数(PI，以 1998 年为基期)进行平减。由于 R&D 支出主要由固定资产支出和 R&D 人员的消费构成，故 PI 由消费物价指数和固定资产投资价格指数加权合成，其中消费价格指数(PI_c)的权重为 55%，固定资产投资价格指数(PI_i)的权重为 45%(朱平芳，徐伟民，2003)，即 $PI=0.55PI_c+0.45PI_i$。根据吴延兵(2006)对 R&D 资本折旧率的估计，取 $\delta=15\%$。假定 R&D 资本存量的平均增长率等于 R&D 支出的平均增长率，可得 R&D 支出的平均增长率(g)和初期的 R&D 资本存量($K_{i,0}$)，计算公式为

$$g = \frac{K_{i,t} - K_{i,t-1}}{K_{i,t-1}} = \frac{R_{i,t} - R_{i,t-1}}{R_{i,t-1}} \tag{4.24}$$

$$K_{i,0} = \frac{R_{i,0}}{g+\delta} \tag{4.25}$$

根据公式(4.24)和公式(4.25)可以计算出 1998 年的 R&D 资本存量，根据公式(4.23)可以计算出以后各年的 R&D 资本存量。

4.3.2 物质资本存量

物质资本存量也根据永续盘存法来进行计算，具体过程和计算 R&D 资本存量类似。首先选择固定资产投资作为每年的物质资本投入，选择固定资产投资价格指数(PI_i)作为每年物质资本投入的平减指数，再根据公式(4.24)和公

式(4.25)计算初期的物质资本存量(为了和R&D资本存量的计算保持一致,对于物质资本存量,我们也以1998年为基期),最后根据公式(4.23)计算后期每年的物质资本存量。本书根据张军等(2004)的研究结果,取物质资本折旧率$\delta=9.6\%$。

公式(4.21)的估计还需要劳动投入量,本书采用各省市实际劳动就业人员数来代替劳动投入量。

4.4 R&D活动的测量结果及收敛趋势分析

4.4.1 R&D效率的测量结果及收敛趋势分析

按孙建(2012)等的做法,假定研发投入(R&D投入)与产出的滞后期为1年。在本书中由1998年的R&D投入得到1999年的R&D产出,以此类推。因此在本书中只会得到1999~2010年的R&D效率,没有1998年的R&D效率。我们使用自己编写的Matlab程序(程序参考附录)在Matlab R2010b软件环境中进行了计算,得到了我国1999~2010年30个省市的R&D效率,结果如表4.1所示。

表4.1 我国30个省市1999~2010年的R&D效率

地区	1999	2000	2001	2002	2003	2004	2005	2006	2007	2008	2009	2010	行平均
北京	1.227	1.117	1.436	1.226	1.035	1.240	0.977	1.052	1.259	1.372	1.501	1.536	1.248
天津	0.837	0.893	1.030	1.178	1.015	1.169	1.206	1.247	1.058	0.843	0.805	0.852	1.011
河北	0.478	0.417	0.355	0.407	0.387	0.302	0.377	0.367	0.472	0.393	0.388	0.586	0.411
山西	0.322	0.365	0.392	0.396	0.546	0.440	0.618	0.397	0.428	0.453	0.462	0.398	0.435
内蒙古	0.777	0.948	0.907	0.825	0.881	0.764	1.045	0.787	0.836	0.591	0.613	0.612	0.799
辽宁	0.434	0.484	0.483	0.625	0.547	0.592	0.614	0.614	0.698	0.583	0.575	0.778	0.586
吉林	1.191	0.981	0.923	1.071	1.134	1.015	1.048	1.036	0.943	0.945	0.989	1.066	1.029
黑龙江	0.402	0.533	0.523	0.623	0.682	0.884	0.908	0.986	1.038	0.673	0.692	1.102	0.754
上海	0.991	1.051	0.999	1.182	1.452	1.350	1.552	1.624	1.455	1.539	1.549	1.180	1.327
江苏	0.699	0.624	0.702	0.680	0.761	0.882	0.879	0.828	0.961	0.984	1.157	1.119	0.856
浙江	1.459	1.927	1.996	1.785	1.604	1.616	1.540	1.764	1.388	1.481	1.423	1.319	1.608

续表

地　区	1999	2000	2001	2002	2003	2004	2005	2006	2007	2008	2009	2010	行平均
安　徽	1.025	1.001	1.155	0.966	0.702	1.009	0.923	0.963	0.955	0.830	0.835	0.782	0.929
福　建	1.372	1.274	1.142	1.138	1.205	1.048	0.895	0.830	0.876	0.866	0.845	0.839	1.028
江　西	0.438	0.443	0.409	0.456	0.407	0.386	0.491	0.440	0.535	0.539	0.602	0.743	0.491
山　东	0.431	0.441	0.440	0.586	0.449	0.489	0.665	0.516	0.662	0.690	0.609	0.642	0.551
河　南	0.374	0.404	0.348	0.320	0.271	0.304	0.423	0.405	0.575	0.604	0.573	0.641	0.437
湖　北	0.598	0.615	0.597	0.652	0.697	0.780	0.898	0.896	1.004	0.868	0.866	0.960	0.786
湖　南	0.771	0.879	0.871	0.832	0.819	0.902	0.938	1.154	1.078	0.914	0.913	1.004	0.923
广　东	1.454	1.735	1.431	1.746	1.698	1.769	1.931	1.758	1.517	1.409	1.336	1.344	1.594
广　西	1.230	1.122	0.893	0.566	0.493	0.505	0.558	0.425	0.617	0.716	0.720	0.701	0.712
海　南	2.518	3.603	3.268	0.819	0.991	0.797	0.507	0.563	0.643	0.982	0.981	1.017	1.391
重　庆	0.750	0.791	0.855	1.583	1.662	1.631	1.310	1.565	1.079	1.179	0.980	1.255	1.220
四　川	0.311	0.287	0.293	0.331	0.324	0.419	0.410	0.486	0.598	0.643	0.703	0.870	0.473
贵　州	0.439	0.478	2.715	0.446	0.416	0.397	0.433	0.456	0.574	0.609	0.602	0.595	0.680
云　南	0.669	0.708	0.909	0.742	0.685	0.563	0.607	0.480	0.576	0.703	0.773	0.668	0.674
陕　西	0.507	0.452	0.478	0.531	0.485	0.561	1.339	0.714	0.784	0.568	0.671	0.991	0.673
甘　肃	0.702	0.794	0.635	0.798	0.782	0.955	1.104	0.904	0.980	1.352	1.369	0.986	0.947
青　海	0.236	0.206	0.172	0.285	0.173	0.215	0.245	0.355	0.796	0.945	0.982	0.930	0.462
宁　夏	0.265	0.372	0.359	0.310	0.409	0.388	0.353	0.261	0.320	0.497	0.482	0.416	0.369
新　疆	0.615	0.592	0.666	0.989	0.753	0.742	0.806	0.700	0.977	0.830	0.769	0.693	0.761
列平均	0.784	0.851	0.913	0.803	0.782	0.804	0.853	0.819	0.856	0.853	0.859	0.888	0.839

表 4.1 最底下一行表示每一年份 30 个省市 R&D 效率的平均值，最后一列表示各省市 1999～2010 年的 R&D 效率平均值。为了更清楚地观察我国 30 个省市 1999～2010 年 R&D 效率的平均值，我们将表 4.1 中每个省市 1999～2010 年的 R&D 效率平均值展示在图 4.3 中。可以发现 R&D 效率最高的是浙江，为 1.608；R&D 效率最低的是宁夏，为 0.369。两者相差 1.239，前者约为后者的 4.356 倍。R&D 效率平均值排在前 10 位的为：浙江、广东、海南、上海、北京、重庆、吉林、福建、天津、甘肃；排在最后 5 位的是：青海、河南、山西、河北、宁夏。排在前 10 位的省市中，甘肃为 R&D 效率无效省市，其他的都为 R&D 效率有效省市；排在最后 5 位的省市都是 R&D 效率无效省市。排在前 10 位的省市中，吉林是中部地区的，重庆和甘肃是西部地区的，其他的都是东部地区

的；排在最后5位的省市中，青海和宁夏是西部地区的，河南、山西、河北是中部地区的，没有东部地区的。吉林的R&D效率高，可能与它是老工业基地，研发基础比较好有关；重庆的R&D效率高，这与它是直辖市有关，有一定的政策优势。说明我国R&D效率东部地区最高，中部地区和西部地区不分伯仲。

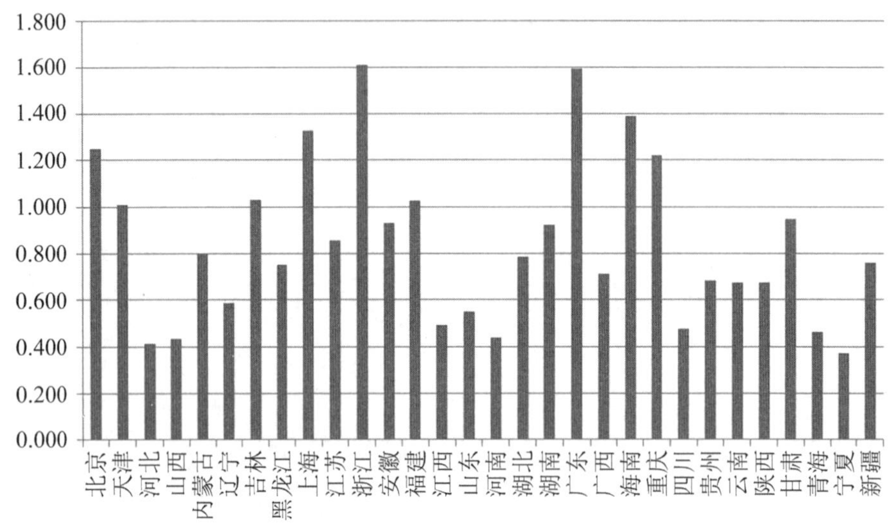

图4.3 各省市1999～2010年R&D效率平均值

本书主要是为了研究R&D活动对劳均GDP收敛的驱动效应，因此我们先要研究R&D活动是否收敛。在这里就是要判断R&D效率是否收敛，即是否趋同。我们可以画出每个省市R&D效率随年份变化的走势，如果R&D效率随着年份都趋同，则表示肯定收敛。但是30个省市都画出来是不可能的，因此我们选择三大经济地区的R&D效率平均值，观察三大经济地区R&D效率的走势，如图4.4所示。

图4.4展示了东部地区的R&D效率平均值从1999年到2000年是增加的，但是2000年之后开始降低，2003年之后就基本上保持了稳定状态。东部地区的R&D效率的变化正好印证了Jones(1995，1999)和Young(1998)提出的R&D收益先递增后递减的理论。中西部地区的R&D效率平均值总体上呈现上升趋势。中部和西部地区的R&D效率平均值呈现交错上升趋势，有3个年份西部地区R&D效率比中部地区的高。按照这种发展态势，中西部地区的R&D效率是有可能追赶上东部地区的，即我国30个省市的R&D效率会收敛。

为了更清楚地判断三大地区R&D效率是否会收敛，我们计算了两两地区之间R&D效率的差值绝对值，并将其展示在图4.5中。我们发现东部和中部地区之间、东部和西部地区之间R&D效率的差距的趋势从2000年之后整体上一直在缩小，而中部和西部地区之间 R&D 效率的差距基本上保持不变；从全国出发，R&D 效率肯定是降低了。

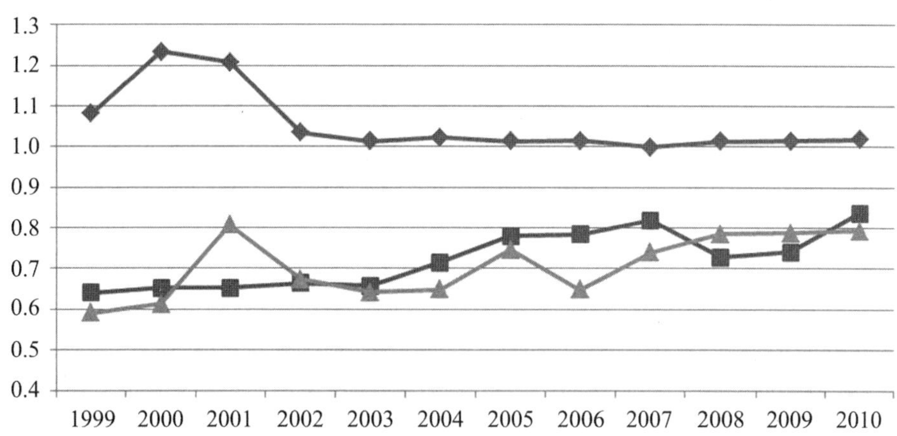

图 4.4　中国三大地区 R&D 效率平均值的走势

注：为了考虑西部大开发战略和中部崛起战略，本书东部地区包括：北京、天津、辽宁、河北、山东、江苏、浙江、福建、广东、海南；中部地区包括：黑龙江、吉林、山西、安徽、江西、河南、湖北、湖南；西部地区包括：新疆、四川、重庆、西藏、云南、青海、甘肃、宁夏、陕西、贵州、广西、内蒙古。但是在计算时，西部地区未包括西藏。

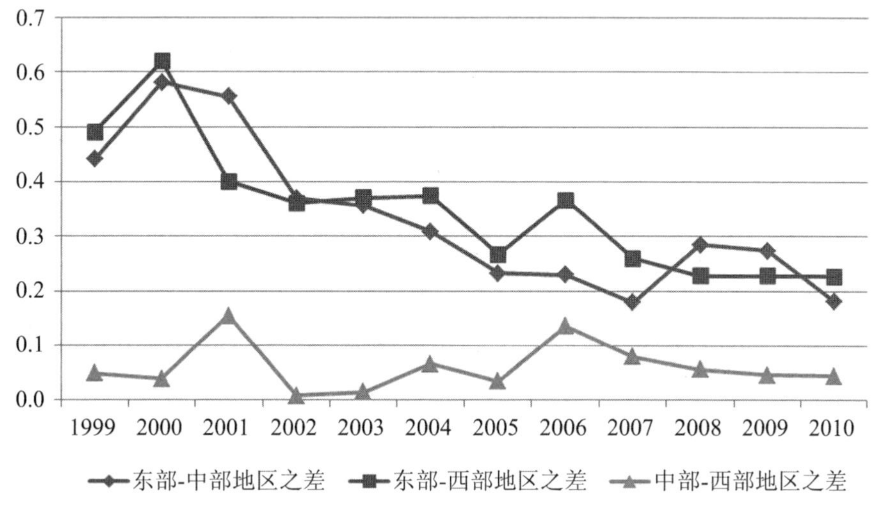

图 4.5　中国三大地区之间 R&D 效率平均值之差的走势

4.4.2　R&D 边际生产力的测量结果及收敛趋势分析

对方程(4.21)进行回归可以估计各省市 1999～2010 年的 R&D 边际生产

力 η。方程(4.21)可以作为多层线性模型(hierarchical liner modeling)来处理①,假定 R&D 边际生产力随时间和地区而不同,劳动弹性随时间而变化。用 STATA 12.0 软件进行回归,估计结果如表 4.2 和表 4.3 所示。

表 4.2 方程(4.21)的参数估计值

	系数	P 值
α	0.365***	0.000
η	0.809**	0.022
常量项	−0.076***	0.000

注:***表示 1%置信水平上显著,**表示 5%置信水平上显著。

表 4.3 方程(4.21)的随机效应参数

随机参数	估计值	标准差
年份:		
sd(α)	0.211	0.049
sd(η)	1.130	0.286
地区:		
sd(η)	0.852	0.213
sd(常量项)	0.042	0.007

表 4.2 的 P 值显示各个回归系数很显著,表 4.3 中的随机参数标准差的估计值至少是它们的标准误的 3 倍以上,说明各个估计参数的随机效应至少在 1%的置信水平上显著,即 R&D 边际生产力随年份和地区而显著变化,劳动的弹性随着年份也显著变化。模型的 $\chi^2(5)=190.000$,$P=0.000$,说明多层线性模型存在显著的背景变量效应,比固定系数模型的效果要好很多。各省市 1999～2010 年的 R&D 边际生产力的值如表 4.4 所示,表 4.4 最底下一行表示每一年份 30 个省市的 R&D 边际生产力平均值,最后一列表示各省市 1999～2010 年的 R&D 边际生产力平均值。

将表 4.4 中各省市 1999～2010 年 R&D 边际生产力的平均值展示在图 4.6 中。我们发现,1999～2010 年 R&D 边际生产力平均值最大的是安徽,为 1.320,其次是江西,为 1.317,这两个省都位于中部地区,以农业经济为主。从 R&D 边际生产力的定义来看,意味着 R&D 资本存量增加 1 个单位,那么这两个省的经济生产总值将至少增加 1.3 个单位。这可能与这两个省的产业结构有关,主要因为它们是农业大省,R&D 投入增加一点就可以带来农业产值的大幅增加。还可能与中部地区具备了一定的技术基础,技术吸收能力比较强,研发主要以模仿为主有关。在 30 个省市中,R&D 边际生产力最小的 5 个省市是青海、新疆、上海、广东和天津,它们的 R&D 边际生产力的值分别为0.422、0.454、0.471、0.498、0.575。其中,青海、新疆位于西部地区,上海、广东、

① 英国伦敦大学的 Goldstein 教授称该模型为 multilevel liner modeling;美国密歇根大学的 Raudenbush 教授称它为 hierarchical liner modeling。具体有关多层线性模型的内容,请参看“多层线性模型应用.张雷,雷雳,郭伯良.北京:教育科学出版社,2003”。

表 4.4　我国 30 个省市 1999～2010 年 R&D 边际生产力

地　区	1999	2000	2001	2002	2003	2004	2005	2006	2007	2008	2009	2010	行平均
北　京	0.834	0.921	4.647	0.152	0.346	0.456	−0.065	−0.178	0.133	0.069	−0.090	0.065	0.607
天　津	0.465	0.476	3.690	−0.374	−0.335	0.897	0.185	0.389	0.344	0.546	0.342	0.272	0.575
河　北	0.739	0.777	3.788	−0.279	−0.192	0.147	0.524	0.550	0.497	0.786	0.993	0.799	0.761
山　西	1.712	1.165	2.383	−0.156	−0.190	0.573	0.798	0.639	0.092	0.255	1.365	0.491	0.761
内蒙古	1.237	1.419	2.589	−0.868	2.756	1.409	0.722	−0.221	−0.172	−0.295	−0.207	1.186	0.796
辽　宁	0.725	1.063	4.874	0.266	1.284	2.413	0.981	0.848	0.752	0.811	0.265	1.079	1.280
吉　林	0.831	1.365	3.421	0.426	0.244	1.363	1.276	0.556	0.557	1.360	0.080	1.487	1.081
黑龙江	0.870	0.298	4.719	−1.946	1.833	0.636	0.527	0.585	0.869	0.706	0.860	1.117	0.923
上　海	0.074	−0.073	3.746	−1.079	−0.823	0.353	0.749	0.383	0.577	0.570	0.109	1.066	0.471
江　苏	0.493	0.470	4.007	−0.630	0.138	0.935	0.327	0.444	0.451	0.547	0.241	1.070	0.708
浙　江	0.467	0.621	3.608	−0.607	−0.313	1.028	1.066	0.385	0.327	0.500	0.256	0.986	0.694
安　徽	1.277	2.055	4.557	0.393	1.012	0.855	1.674	0.960	0.867	1.109	0.020	1.058	1.320
福　建	0.546	0.846	4.696	−0.399	0.214	0.993	1.045	0.401	0.323	0.952	−0.091	0.869	0.866
江　西	2.046	1.543	4.384	0.842	1.450	1.245	1.402	0.293	0.469	0.933	0.255	0.946	1.317
山　东	0.908	0.854	4.403	0.004	0.618	0.799	0.747	0.125	0.548	0.438	0.160	0.982	0.882
河　南	1.376	1.108	4.113	0.054	0.467	0.330	0.288	0.577	0.583	1.003	0.527	1.031	0.955
湖　北	0.979	0.616	7.245	−0.123	0.010	0.545	0.543	0.178	−0.087	0.311	0.104	0.951	0.939
湖　南	0.822	0.873	4.944	0.371	0.518	0.606	0.813	0.138	−0.080	0.279	−0.102	0.770	0.829

续表

地　区	1999	2000	2001	2002	2003	2004	2005	2006	2007	2008	2009	2010	行平均
广　东	0.700	0.449	2.574	−0.745	−0.418	0.726	0.585	0.140	0.270	0.464	0.273	0.953	0.498
广　西	1.480	1.795	3.613	−0.148	0.601	0.532	1.072	0.107	0.288	0.759	0.194	0.916	0.934
海　南	0.808	0.883	3.899	−0.579	0.086	0.773	0.883	0.045	−0.115	−0.074	0.279	0.302	0.599
重　庆	1.291	1.397	3.859	0.125	0.769	1.395	−0.255	0.975	0.562	0.216	−0.098	1.011	0.937
四　川	0.763	0.778	4.546	−0.590	−0.058	0.473	0.809	−0.010	0.073	0.348	0.051	0.881	0.672
贵　州	0.762	1.652	3.897	0.775	0.318	1.164	0.404	0.132	−0.233	−0.164	−0.001	0.854	0.797
云　南	1.118	1.391	3.775	−0.224	0.330	0.221	1.315	0.416	0.294	0.399	0.275	1.084	0.866
陕　西	0.961	1.330	4.026	−0.352	0.279	0.983	0.653	0.256	0.374	0.486	0.469	0.764	0.853
甘　肃	0.943	1.723	3.586	0.236	0.198	0.554	0.981	−0.156	0.270	0.752	0.455	0.837	0.865
青　海	0.927	0.939	3.629	−0.004	−0.023	0.558	0.443	−0.379	−0.445	−1.065	0.626	−0.137	0.422
宁　夏	1.490	1.464	2.254	0.314	0.301	1.060	1.189	−0.102	−0.630	−0.787	0.339	0.212	0.592
新　疆	0.710	−0.140	3.765	0.070	−0.492	0.701	0.267	−0.125	0.399	−0.108	0.987	−0.581	0.454
列平均	0.945	1.002	3.975	−0.169	0.364	0.824	0.732	0.278	0.272	0.403	0.298	0.777	0.808

数据来源：使用多层线性模型在 Stata 12.0 中实现而得。

天津位于东部地区，中部地区没有。青海和新疆位于西部地区，自然环境比较恶劣，农牧业主要是以粗放式经营为主，工业也不发达，尽管技术水平有所提高，但目前还不可能带来经济产值的快速增加，因此R&D边际生产力比较低。上海、广东、天津农业产值比重低，工业基础好，技术水平比较高，研发主要是以创新为主，所以R&D边际生产力比较低。R&D边际生产力平均值最高的10个省市依次是：安徽、江西、辽宁、吉林、河南、湖北、重庆、广西、黑龙江和山东。辽宁和山东是东部地区的，重庆和广西是西部地区的，剩下的黑龙江、吉林、安徽、江西、河南、湖北都位于中部地区（中部地区8个省份为黑龙江、吉林、山西、安徽、江西、河南、湖北、湖南）。在中部地区中，只有湖南省和山西省没有进入前10名，但是湖南省R&D边际生产力平均值(0.829)和排第10位的山东省的R&D边际生产力平均值(0.882)非常接近；山西是我国煤矿基地，我国的挖煤技术已经相当成熟，技术的提高也很难带来很高的经济产出，所以山西省的R&D边际生产力较低。总之，中部地区R&D边际生产力最大，东、西部地区R&D边际生产力不分上下。

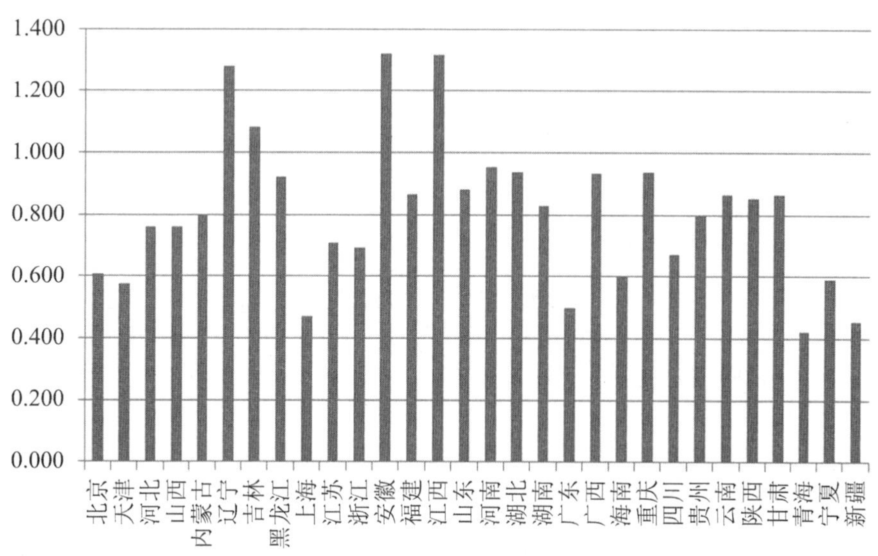

图4.6 各省市1999～2010年R&D边际生产力平均值

表4.4中，有些省市某些年份R&D边际生产力小于0，这是很正常的现象。在微观经济学中，当某要素的边际产力小于0时，意味着这种要素的投入过量，存在要素拥堵现象。本书R&D边际生产力出现负值，可能是因为对R&D活动投入的增多意味着对生产活动物质资本投入的减少，由于R&D活动存在边际收益递减现象，所以R&D投入的增多带来的技术进步可能抵消不

了生产投入的减少而带来的经济产出的减少，这就可能导致 R&D 边际生产力小于 0。

本书也要研究 R&D 边际生产力收敛的情况，如同 R&D 效率分析的模式，我们选择三大地区的 R&D 边际生产力的年平均值，分析三大经济地区 R&D 边际生产力平均值的走势，如图 4.7 所示。图 4.7 给出了三大地区 R&D 边际生产力平均值的走势图，三大地区都呈现出 R&D 边际生产力平均值先增大后减小的变化趋势。根据 Jones(1995，1999)和 Young(1998)提出的 R&D 收益先递增后递减的理论，随着 R&D 投资的逐渐增多 R&D 边际生产力会先增大后减小。从三大地区角度来看，1999～2010 年，中部地区 R&D 边际生产力平均值最大，其次是东部地区，最小的是西部地区。但是 2001 年之后，三大地区的 R&D 边际生产力平均值趋同的年份比较多，在 2003 年、2007 年和 2008 年有较大的差距，其他的年份基本接近。这也意味着三大地区的 R&D 边际生产力可能存在收敛现象。

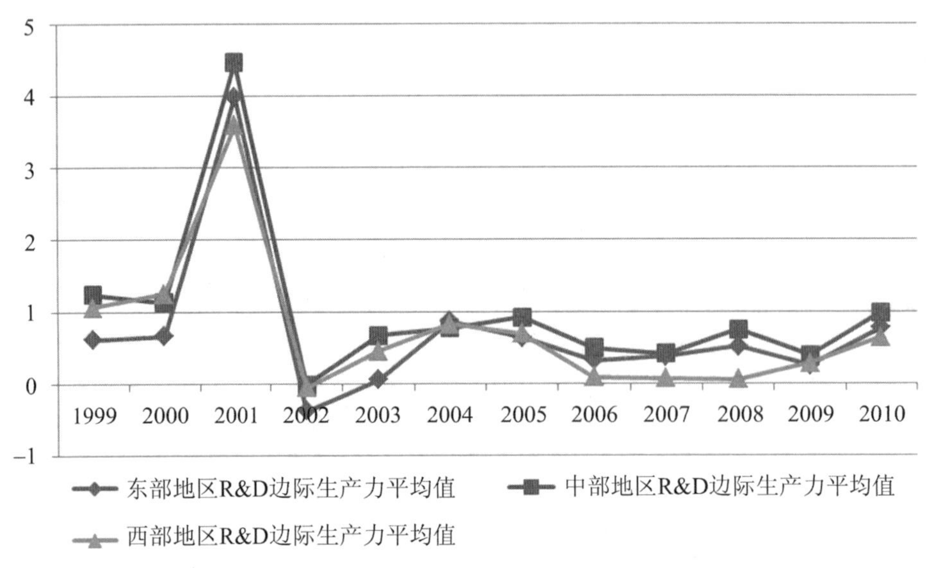

图 4.7 我国三大地区 R&D 边际生产力平均值的走势

由于图 4.7 数据比较接近，不方便观察，为了更清楚地观察三大地区 R&D 边际生产力是否会收敛，我们计算了两两地区之间 R&D 边际生产力的差值的绝对值，并将其展示在图 4.8 中。我们发现东部和中部地区之间 R&D 边际生产力差距基本是一直在缩小的；东部和西部地区之间 R&D 边际生产力差距在 2005 之前基本都在缩小，但是 2005 之后差距开始增大，2008 年差距又开始缩小；而中部和西部地区之间 R&D 边际生产力差距变化起伏比较大，没有明显的趋势。因此从全国出发，R&D 边际生产力应该有缩小的趋势。

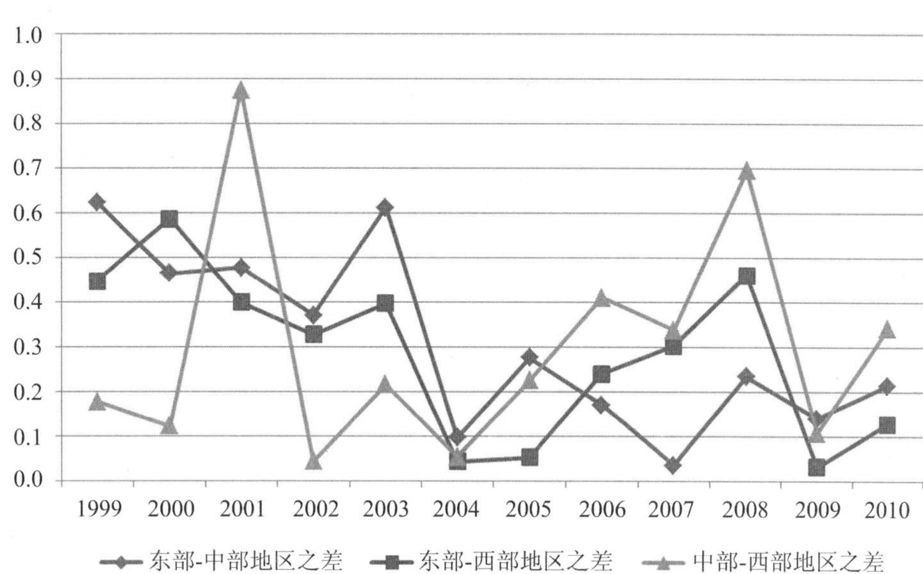

图 4.8　我国三大地区之间 R&D 边际生产力平均值之差的走势

4.4.3　R&D 人均投入的收敛趋势分析

前两小节完成了 R&D 效率和 R&D 边际生产力的收敛趋势分析，为了使对 R&D 活动的收敛趋势分析具有完整性，本小节将分析 R&D 人均投入的收敛趋势。表 4.5 是我国 30 个省市 1999～2010 年 R&D 人均投入。

表 4.5　我国 30 个省市 1999～2010 年 R&D 人均投入

地　区	1999	2000	2001	2002	2003	2004	2005	2006	2007	2008	2009	2010	行平均
北　京	14.35	15.76	17.97	19.10	23.31	20.94	22.34	25.71	26.94	29.03	34.86	42.42	24.40
天　津	6.82	10.63	10.53	11.72	14.03	18.19	21.70	25.63	25.57	32.21	34.30	39.06	20.86
河　北	7.36	9.11	9.12	10.21	11.05	12.59	14.13	17.53	19.86	23.64	23.86	24.95	15.28
山　西	5.61	6.90	6.70	8.39	8.56	12.62	9.58	9.37	13.36	14.22	16.93	19.42	10.97
内蒙古	2.54	3.95	4.86	5.56	7.36	6.83	8.66	11.18	15.74	18.56	24.02	25.73	11.25
辽　宁	6.92	8.59	10.21	11.06	14.81	17.83	18.87	19.67	21.44	24.79	28.71	33.96	18.07
吉　林	3.93	5.56	9.24	13.49	14.27	16.03	15.33	14.38	15.65	16.65	20.65	16.73	13.49
黑龙江	6.66	5.83	6.25	6.81	9.43	9.01	11.06	12.65	13.70	17.09	20.16	19.89	11.55

续表

地　区	1999	2000	2001	2002	2003	2004	2005	2006	2007	2008	2009	2010	行平均
上　海	12.93	12.40	16.95	20.14	22.93	28.96	31.08	32.27	34.11	37.36	31.87	35.69	26.39
江　苏	8.37	10.27	11.70	12.95	15.34	20.72	21.08	24.92	26.81	29.74	25.69	27.16	19.56
浙　江	8.40	13.35	11.53	13.58	16.15	18.31	33.68	21.80	21.76	21.59	21.55	22.11	18.65
安　徽	6.43	7.90	8.63	10.82	12.91	15.73	16.16	19.86	19.85	19.88	22.77	25.51	15.54
福　建	7.73	9.42	9.12	10.87	14.09	14.43	15.01	16.76	17.27	17.20	21.40	22.27	14.63
江　西	4.48	4.56	5.12	7.64	9.99	11.20	12.94	14.64	17.99	22.36	22.96	25.03	13.24
山　东	7.00	10.78	13.02	12.14	13.27	19.67	21.41	24.23	26.81	27.04	31.56	35.31	20.19
河　南	5.13	7.16	7.83	7.07	8.39	10.05	10.86	13.38	15.59	17.10	18.88	20.81	11.85
湖　北	8.76	7.82	8.34	8.63	10.56	11.25	12.24	15.21	16.52	20.48	23.41	26.97	14.18
湖　南	6.84	6.66	8.36	8.97	11.15	11.82	14.61	13.49	16.37	22.43	24.04	25.68	14.20
广　东	14.89	15.06	17.39	18.01	19.17	22.70	20.42	21.26	20.27	21.06	23.02	23.46	19.73
广　西	2.89	6.42	8.40	7.49	8.52	8.02	8.13	9.63	10.92	14.12	15.81	18.50	9.90
海　南	17.89	7.22	9.12	14.36	11.66	14.81	13.02	17.41	20.62	19.39	13.73	14.35	14.47
重　庆	5.23	6.26	6.06	7.18	9.83	11.40	12.98	13.76	14.89	17.48	22.70	27.04	12.90
四　川	7.08	7.45	11.93	10.10	13.72	12.98	14.55	15.72	17.65	18.48	24.96	31.54	15.51
贵　州	5.24	51.38	5.64	6.78	9.14	11.13	11.28	13.52	12.09	16.52	20.17	19.86	15.23
云　南	6.01	6.12	6.58	7.03	8.50	8.51	14.41	13.05	14.52	15.69	17.64	19.59	11.47
陕　西	6.36	7.71	9.03	10.03	12.54	43.89	17.23	17.05	18.70	22.13	27.85	29.71	18.52
甘　肃	5.04	3.94	4.85	7.46	7.56	9.98	11.68	14.35	13.70	15.81	17.61	19.36	10.94
青　海	5.50	5.95	5.86	10.22	10.63	11.46	11.41	12.80	13.07	15.63	16.50	20.47	11.62
宁　夏	6.12	6.35	5.44	6.56	8.77	8.68	7.83	11.28	13.43	14.65	15.09	18.05	10.19
新　疆	3.62	7.79	7.05	6.62	7.11	9.79	9.17	11.44	11.30	18.17	17.23	18.53	10.65
列平均	7.20	9.61	9.09	10.37	12.16	14.98	15.43	16.80	18.22	20.68	22.66	24.97	15.18

数据来源：R&D人均投入由1999～2010年《中国科技统计年鉴》中的R&D经费内部支出除以R&D人员全时当量得到，其中R&D经费内部支出采用的是当年价格，没有进行价格指数平减。

表4.5最底下一行表示每一年份30个省市R&D人均投入平均值，最后一列表示各省市1999～2010年R&D人均投入平均值。为了更清楚地分析我国30个省市1999～2010年R&D人均投入的平均值，我们将表4.5中各省市

1999～2010 年 R&D 人均投入平均值展示在图 4.9 中。可以发现 R&D 人均投入平均值最大的是上海，为 26.39 万元/全时当量；最小的为广西，为 9.90 万元/全时当量。两者相差16.49万元/全时当量，前者为后者的 2.67 倍。R&D 人均投入平均值排在前 10 位的省市为：上海、北京、天津、山东、广东、江苏、浙江、陕西、辽宁、安徽；排在后 5 位的为：山西、甘肃、新疆、宁夏、广西。前 10 位当中，陕西和安徽是中部地区的，其他都是东部地区的；后 5 位当中，只有山西是中部地区的，其他都是西部地区的。说明我国 R&D 人均投入平均值东部地区最大，中部地区其次，西部地区最小。

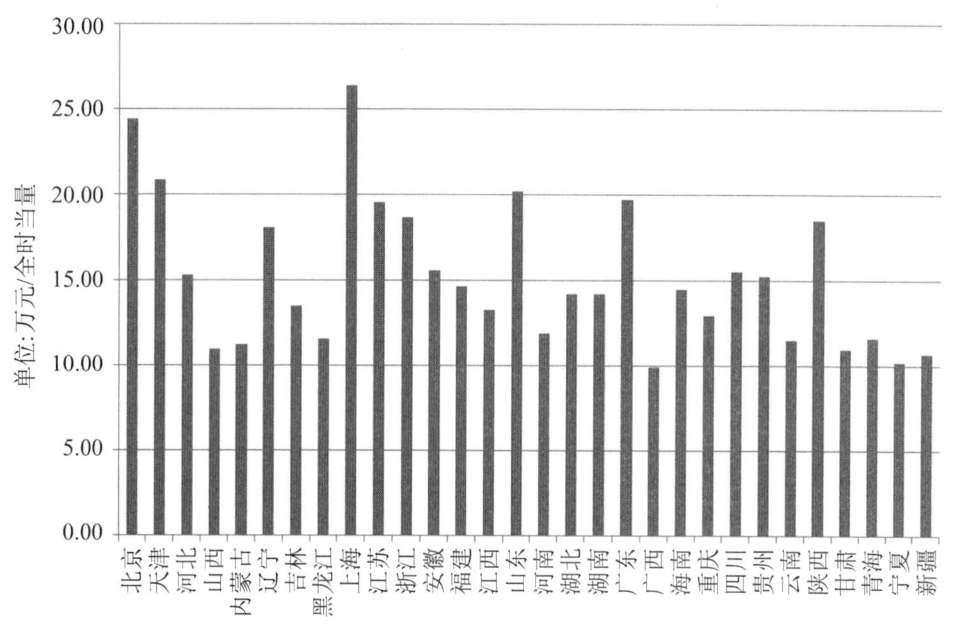

图 4.9　各省市 1999～2010 年 R&D 人均投入平均值

我们选择三大地区的 R&D 人均投入平均值，观察三大地区 R&D 人均投入平均值的走势，如图 4.10 所示。三大地区的 R&D 人均投入平均值都是一直在增加的，东部地区的 R&D 人均投入平均值比中西部地区要大很多；中部比西部地区的 R&D 人均投入平均值略大，西部在 2000 年和 2004 年 R&D 人均投入比中部地区大。从图 4.10 中可以粗略看出东部和中西部地区的 R&D 人均投入平均值的差距是先增大后减小的，但是中部和西部地区之间 R&D 人均投入平均值的差距没有办法观察出来。

为了更清楚地观察三大地区 R&D 人均投入是否会收敛，我们也计算了两两地区之间 R&D 人均投入平均值的差值绝对值，如图 4.11 所示。我们发现东部和中部地区之间、东部和西部地区之间 R&D 人均投入平均值的差距基本

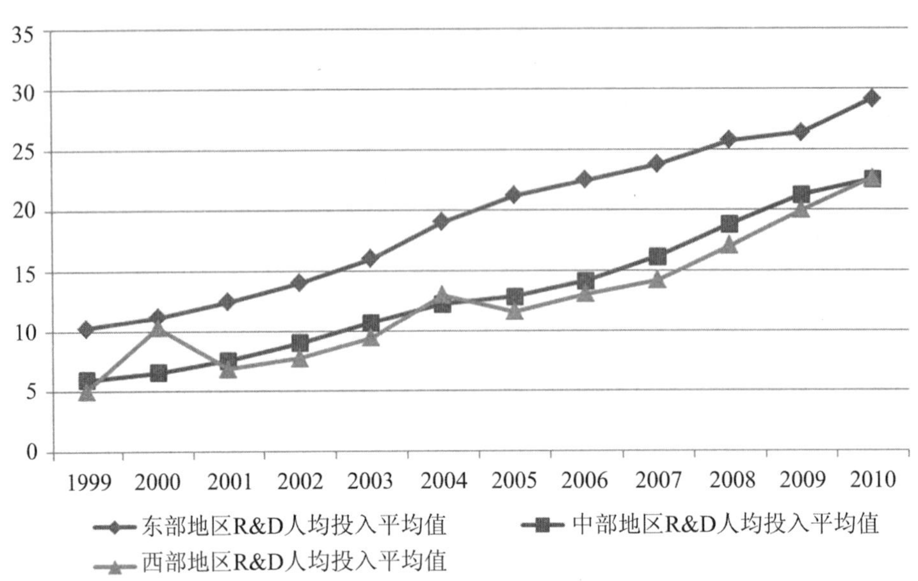

图 4.10 我国三大地区 R&D 人均投入平均值的走势

都是在 2005 年之前增大，2005 年之后缩小；中部和西部地区之间 R&D 人均投入平均值差距在 2007 之前基本保持不变，在 2007 年之后缩小。因此如果从全国出发，R&D 人均投入的差距应该是增大而后缩小。

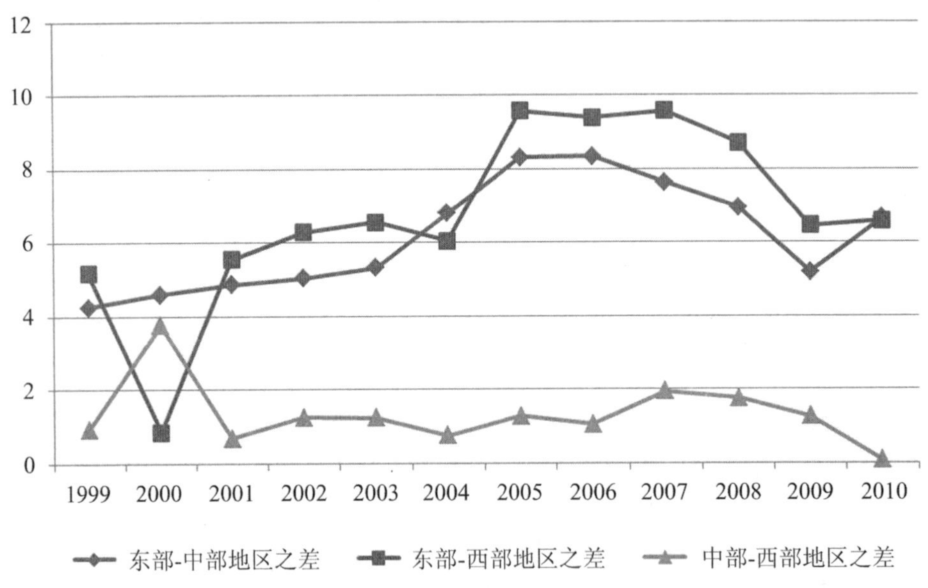

图 4.11 我国三大地区 R&D 人均投入平均值之差的走势

在 4.4 节和 4.5 节中，我们只是对 R&D 效率、R&D 边际生产力和 R&D

人均投入的收敛性做了初步分析，通过对三大地区 1999～2010 年 R&D 效率、R&D 边际生产力和 R&D 人均投入的平均值的走势进行对比分析，得知：R&D 效率、R&D 边际生产力和 R&D 人均投入是可能存在收敛的。但是我们仅仅只是对三大地区平均值的走势做了判断，而不是对 30 个省市的值走势做出的判断，所以得出的收敛结论还不是很科学。要得到是否收敛的更科学的结论，我们还需要用科学的收敛检验方法来进行分析。我们将在第 7 章和第 8 章完成这项工作。

4.5　R&D 效率和边际生产力的影响因素分析

4.5.1　R&D 效率的影响因素分析

R&D 活动的效率受很多因素的影响，这些因素既不是研发过程的投入指标也不是产出指标，但这些变量可能决定着 R&D 投入转化为产出的技术结构或效率。肖敏和谢富纪(2009)指出研究 R&D 活动效率的影响因素有助于提高 R&D 活动效率、节约 R&D 资源投入、促进经济增长和加快区域经济收敛。本书研究了 4 个主要的影响因素。

1. 研发规模

Jones(1995，1999)和 Young(1998)认为技术创新不存在长期的规模效应，技术创新收益存在先增加后减少的规律。Yang 和 Borland(1991)、Aghion 和 Howitt(1998)认为随着技术的复杂化和专业化水平不断提高，创新行为中的交易成本将大幅度提高。他们从技术的交易成本角度证明了技术创新发展到一定程度后会出现收益减小的现象。这种 R&D 效率先增大后减小的规律在我国区域经济研发中存不存在呢？以区域 R&D 人均资本存量来代表区域研发规模[①]，我们计算了 1999～2010 年我国 30 个省市 R&D 效率和 R&D 人均资本存量的平均值，如表 4.6 所示。

---

① 很多研究以 R&D 强度来代表区域研发规模，我们认为这是很不科学的。举个很简单的例子，城市的 R&D 强度肯定大于农村，那也就肯定大于由这个城市和农村组成的区域。而我们不能得出这个城市的研发规模大于这个区域的研发规模，如果我们以 R&D 强度来代表一个区域的研发规模，那么我们就可能得出这个城市的研发规模大于它所在的区域的研发规模的结论，这显然是错误的。

表 4.6　我国 30 个省市各年 R&D 效率和 R&D 人均资本存量的平均值

变　　量	1999	2000	2001	2002	2003	2004	2005	2006	2007	2008	2009	2010
R&D效率	0.78	0.85	0.91	0.80	0.78	0.80	0.85	0.82	0.86	0.85	0.86	0.89
R&D人均资本存量	0.20	0.21	0.19	0.20	0.22	0.25	0.23	0.26	0.27	0.29	0.28	0.39

资料来源：根据表 4.1 计算了 R&D 效率均值；根据《中国科技统计年鉴》和 4.3 节的方法计算了 R&D 人均资本存量。

注：R&D 人均资本存量的单位为：百万元/全时当量。

我们将表 4.6 中的数据展示在图 4.12 中①。很明显，30 个省市的 R&D 人均资本存量的平均值一直平稳增加，而 R&D 效率的平均值在 2001 年之前是增加的，在 2001 年之后下降，在 2003 年之后又出现缓慢增加的趋势。我们初步可以得出结论：整体上，30 个省市 R&D 效率平均值表现出先增加后减小的规律。至于 R&D 效率在 2003 年之后又出现缓慢增加的趋势是下面将要介绍的信息化水平这个因素引起的。

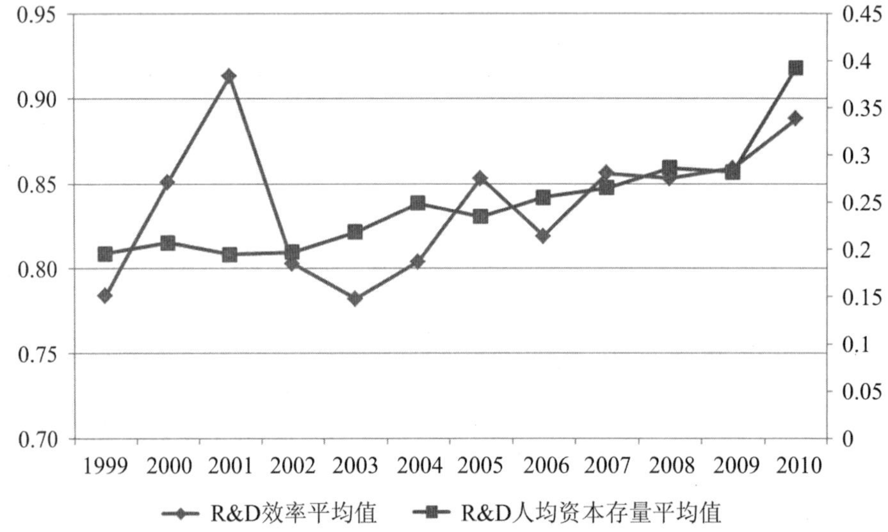

图 4.12　我国 30 个省市各年 R&D 效率和 R&D 人均资本存量的平均值

注：左纵坐标轴表示 R&D 效率平均值，右纵坐标轴表示 R&D 人均资本存量平均值。

① 由于《中国科技统计年鉴》的 R&D 经费统计口径在 1998 年之后是 R&D 经费内部支出，而之前的年鉴却没有这个统计指标，所以我们只研究了 1998 年以后的数据。如果数据足够长的话，R&D 效率随研发规模的增长先增加后减小的规律可能更明显。

2. 信息化水平

研发活动需要研发人员时刻进行信息交流，这种信息交流可以促进研发效率的提高。王铮等(2006)认为信息交流依赖信息化基础设施，信息化基础设施往往是具有高技术含量的产品，研发人员在使用中需要学习，这种学习可以提高技术进步率。信息化水平可以说是现代研发产业形成的基础，研发人员大量的信息交流及研发合作都离不开邮电和通信行业，都基本通过互联网通信方式解决①。因此可以说，信息化水平对 R&D 活动的影响无处不在。我们以邮电业就业人员数占某地区总就业人数的比重来表示该地区的信息化水平的高低。

3. FDI 活动

FDI(foreign direct investment，外商直接投资)具有明显的溢出效应，对东道国的经济和科技产生重要影响，这一点已经被许多理论研究文献所证实。FDI 主要通过国际技术扩散和知识溢出等途径对东道国的 R&D 资源配置效率产生重要影响，特别是在当今科技全球化的知识经济时代，一个国家的研发实力提高不仅要依靠自身的努力，更重要的是要寻求外部的研发资源，通过整合全球的研发资源，不断提高研发创新水平，而 FDI 恰好是推动研发资源整合的一股重要力量。FDI 对 R&D 资源配置效率的影响有别于国际贸易中的高新技术产品，由于溢出的往往是隐性知识(tacit knowledge)，而隐性知识又较多地附于人的认知和技能之中，所以需要借助人的展现、互动和咨询来取得。FDI 的资金流入，一方面带来大量的资本，另一方面还可产生示范和竞争效应，对东道国的经济发展和科技进步产生深远影响(Findlay，1978)。特别是跨国公司在东道国的 R&D 投资，将对地方创新网络产生重要作用，促使内资企业和外资企业人员的频繁流动，知识溢出和技术扩散效应更为明显，并直接影响 R&D 资源的配置效率。

在已有的国内相关文献中，外商投资活动都用外资企业的资产合计或者固定资产比例来表示。由于外资企业的核心技术对内资企业的扩散主要体现在人员的流动上，外资企业的固定资产净值并不能很好地反映外资企业的技术活动。这里，我们用区域内外资企业就业人数占区域就业人数的比例来衡量外资活动外部性对区域 R&D 效率的综合影响(张海洋，2005)。本书以外资企业就业人数占各省市就业人数的比例来表示 FDI 活动。

① 王铮，等. 信息化与区域经济发展研究. 2006.

4. 政府支持强度

政府部门不仅通过法律法规和产业政策等手段来促进创新活动的顺利展开，而且通过科技经费拨款或研发资助的方式对创新活动提供直接的资金支持，引导不同技术领域、行业或地区间的创新资源配置，对国家的创新活动有深远的影响。现有文献都将此作为影响创新效率的重要因素。Guellec 和 Pottelsberghe(2003)、Czarnitzki 和 Licht(2006)等学者发现政府资助降低了企业的研发成本和风险，激发了企业的研究积极性，对专利产生了积极的影响。但也有学者发现政府资助一定程度上挤出了企业的研发投资，降低了研发创新的产出水平(Lichtenberg，1989；Wallsten，2000)。我们以 R&D 强度(R&D 经费内部支出占该省市 GDP 的比重)表示政府支持强度。

5. R&D 效率影响因素的计量分析

为了得到研发规模、信息化水平、FDI 活动和政府支持强度与 R&D 效率的定量关系，我们建立以下 4 个方程：

$$xl = rjzbcl + rjzbcl^2 + \varepsilon \tag{4.25}$$

$$xl = rjzbcl + rjzbcl^2 + xxhsp + \varepsilon \tag{4.26}$$

$$xl = rjzbcl + rjzbcl^2 + fdi + \varepsilon \tag{4.27}$$

$$xl = rjzbcl + rjzbcl^2 + zfzcqd + \varepsilon \tag{4.28}$$

其中，xl 代表 R&D 效率，$rjzbcl$ 代表 R&D 人均资本存量，$xxhsp$ 代表信息化水平，fdi 代表 FDI 活动，$zfzcqd$ 代表政府支持强度，ε 为残差项。

方程(4.25)～方程(4.28)中加入了 R&D 人均资本存量的平方项，主要用来检验 R&D 效率是否会随着研发规模的增大而先增大后减小。我们采用 Stata 12.0 软件对方程(4.25)～方程(4.28)进行了回归，结果如表 4.7 所示。

方程(4.25)是最基本的模型，我们仅仅考虑了研发规模对 R&D 效率的影响，方程各项系数的置信水平都相当高，通过了显著性检验。很明显，R&D 人均资本存量的一次项为正、平方项为负，说明 R&D 效率随着 R&D 人均资本存量的增加先增大后减小，R&D 效率在我国确实随着研发规模的增加出现了先增大后减小的规律。这里需要说明一点，方程(4.25)中的 R^2 值为0.079 4，有点偏小。国内一些学者对 R^2 值存在一些误解，正如 Wooldridge 所说："经典线性模型假定中没有要求 R^2 必须大于某个特定值，R^2 表达的意思无非就是因变量 y 的变异能用总体中的自变量 $x_1, x_2, x_3, \cdots, x_k$ 解释的程度。我们已经看到

了几个 R^2 相对小的回归①，这仅仅意味着我们没有对影响 y 的因素进行解释，但并不意味着残差中的因素与自变量相关。但是要记住，R^2 的相对变化是十分有用的。”②因此只需解释变量和误差项不相关，R^2 值偏小对方程是没有影响的。

表 4.7　方程(4.25)～方程(4.28)的回归结果

	方程(4.25)	方程(4.26)	方程(4.27)	方程(4.28)
rjzbcl	2.201***	1.791***	0.886*	1.646***
	(0.000)	(0.000)	(0.067)	(0.005)
$rjzbcl^2$	−1.678***	−1.427***	−0.804	−1.341**
	(0.001)	(0.006)	(0.116)	(0.017)
xxhsp		45.067***		
		(0.006)		
fdi			4.804***	
			(0.000)	
zfzcqd				2.673
				(0.119)
常数项	0.420***	0.389***	0.582***	0.4802***
	(0.000)	(0.000)	(0.000)	(0.000)
R^2	0.079 4	0.098 6	0.170 4	0.085 7
R^2 修正值	0.074 3	0.091 1	0.163 4	0.078 0

注：***表示 1%置信水平上显著，**表示 5%置信水平上显著，*表示 10%置信水平上显著。括号内为回归系数的 P 值。

方程(4.26)在方程(4.25)的基础上增加了信息化水平变量，信息化水平系数为 45.067，在 1%置信水平上显著；R&D 人均资本存量及其平方项系数没有太大的变化，且很显著；R^2 值也由 0.079 4 增加到 0.098 6。由此可见，在加入了信息化水平后，方程依然稳健，拟合度也增加。这说明信息化水平对 R&D 效率存在明显的影响，从系数值来看，影响程度显著。

方程(4.27)在方程(4.25)的基础上增加了 FDI 活动，FDI 活动的系数为 4.804，在 1%置信水平上显著，说明 FDI 活动对我国区域 R&D 效率起到了促

---

① 例如，在 Wooldridge 关于“婴儿出生体重与孕妇吸烟量和家庭收入”的例子中，R^2 值仅仅只有 0.029 8。

② Wooldridge. 计量经济学导论：现代观点. 费剑平，等，译. 中国人民大学出版社，2003：184.

进作用，起到了示范和竞争作用。然而R&D人均资本存量的平方项系数变动不显著了，这意味着，存在很强FDI活动的情况下，R&D效率可能不存在随着研发规模的增加出现先增加后减小的规律。这进一步说明，FDI活动可以抵消我国区域R&D效率规模收益递减的效应。方程的R^2值也从0.079 4增加到0.170 4，这也说明FDI是一个重要的解释变量。我国2002年加入WTO，2003年基本全面实行对外开放。正如图4.12所示，2003年之后，R&D效率平均值整体上呈现稳步上升趋势。

方程(4.28)在方程(4.25)的基础上增加了政府支持强度，然而其系数没有通过检验，方程的R^2值(0.085 7)增加也很小，说明政府支持强度对R&D效率不是一个重要的解释变量。总之，政府支持强度对我国R&D效率没有显著影响。

除了以上5个影响因素外，还有其他大量的因素对R&D效率有着重要影响。方程(4.25)～方程(4.28)的R^2值都较小，这也说明确实存在其他某些因素对R&D效率有很大影响。比如，金融支持机构对创新活动的支持(Schumpeter，1996；Perez，2002)、区域内三大创新主体(企业、高校和科研机构)之间的知识交流和学习(Lundvall，2002；余冬筠，2010)、产权制度和市场结构(Jefferson et al.，2004；吴延兵，2006，2008)、地区企业间的知识溢出水平(余冬筠，2010)、高新技术产业份额(余冬筠，2010)等都对R&D效率有重要影响。但是出于数据可获得性和文章研究的目的性的考虑，我们没有考虑这些影响因素。

4.5.2　R&D边际生产力的影响因素分析

从4.2.2小节可知，R&D边际生产力$\eta=\partial Y_{it}/\partial X_{it}$，其中$X$为R&D资本存量，$Y$为GDP，R&D边际生产力的大小为每增加一单位R&D资本存量带来的GDP增加量。R&D边际生产力定义的表达式就意味着，其大小受到两个方面因素的影响：影响GDP产出大小的因素和影响R&D资本存量的因素。结合这两个方面的因素，我们提出3个具体的影响因子。

1. R&D投入

R&D投入是形成R&D人均资本存量的基础，其对R&D边际生产力的影响比较复杂。由于R&D投入本质上是一种投资，这种投资带有二重性。我们可以这样理解，社会分为两个部门：R&D部门和生产部门。社会总投资是固定的，对R&D部门投资的增多意味着对生产部门投资的减少；对R&D部门的投资会促进技术进步，从而带来经济增长，但是生产部门投资的减少意味着经济产出的减少。因此R&D投入量的增加到底是增加了经济产出还是减少了经济产出是一个复杂的问题,也就是对 R&D 投入量的增加到底是提高还是降低了 R&D 边际生产力很难做出判断。

2. R&D 效率

R&D 效率是 R&D 活动有效性的一种度量,其值的大小可以反映技术水平的高低:R&D 效率高的地区,其单位 R&D 投入带来的 R&D 产出高,技术进步就快,经济增长也随之加快。因此 R&D 效率可被看作是 R&D 边际生产力的一个重要影响因素,因为其可以代表技术水平。表 4.8 反映了各年 R&D 效率和 R&D 边际生产力的平均值。

表 4.8　我国 30 个省市各年 R&D 效率和 R&D 边际生产力的平均值

变　量	1999	2000	2001	2002	2003	2004	2005	2006	2007	2008	2009	2010
R&D 效率	0.78	0.85	0.91	0.80	0.78	0.80	0.85	0.82	0.86	0.85	0.86	0.89
R&D 边际生产力	0.95	1.00	3.97	−0.17	0.36	0.82	0.73	0.28	0.27	0.40	0.30	0.78

资料来源:根据表 4.1 和表 4.4 计算而得。

为了更清楚地看出 R&D 效率和 R&D 边际生产力的关系,将表 4.8 的数据展示在图 4.13 中。图 4.13 很清楚地显示出 R&D 边际生产力平均值的走势和 R&D 效率平均值的走势非常接近,也呈现出先增大后减小的规律,这证明 R&D 效率是 R&D 边际生产力的一个重要的影响变量。R&D 效率的变化趋势会导致 R&D 边际生产力也呈现出相近的变化趋势。

3. 固定资产投资

第二次世界大战期间,Keynes 连续出版了《货币改革论》(1923 年)、《货币论》(1930 年)、《就业、利息和货币通论》(1936 年)3 本书。其中就提出了投资是经济增长的一种有效的和必要的手段。近 10 年来,我国固定资产投资大幅度增加,如图 4.14 所示。因此在考虑 R&D 边际生产力时,有必要考虑这个因素。考虑到本书的研究目的,固定资产投资在本书中仅仅作为控制变量,我们考察在控制固定资产投资这个变量后,R&D 效率和 R&D 人均资本量对 R&D 边际生产力是否有影响。

4. R&D 边际生产力影响因素的计量分析

为了得到 R&D 投入、R&D 效率和固定资产投资作为控制变量对 R&D 边际生产力的定量关系,我们建立了计量方程(4.29)～方程(4.32):

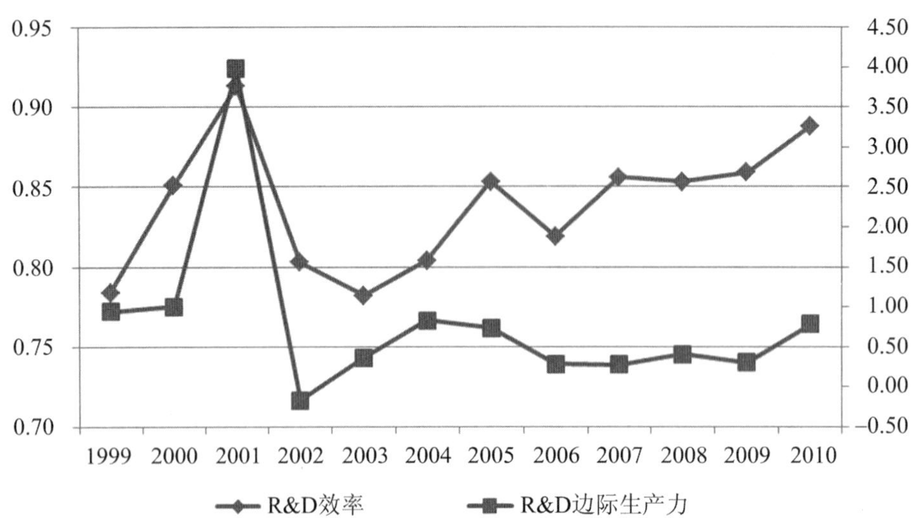

图 4.13　我国 30 个省市各年 R&D 效率和 R&D 边际生产力的平均值

注:左纵坐标轴表示 R&D 效率,右纵坐标轴表示 R&D 边际生产力。

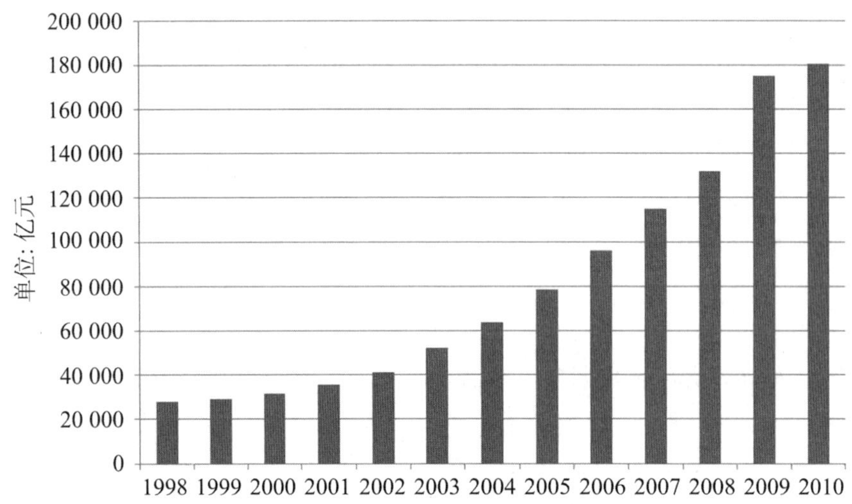

图 4.14　我国各年固定资产投资

注:固定资产投资以 1998 年为基期进行了价格指数平减。

$$bjscl = tr + tr^2 + \varepsilon \tag{4.29}$$

$$bjscl = tr + tr^2 + xl + \varepsilon \tag{4.30}$$

$$bjscl = tr + tr^2 + gdzctz + \varepsilon \tag{4.31}$$

$$bjscl = tr + tr^2 + xl + gdzctz + \varepsilon \tag{4.32}$$

其中,$bjscl$ 代表 R&D 边际生产力,tr 代表 R&D 投入,xl 代表 R&D 效率,

gdzctz 代表固定资产投资，ε 为残差项。方程(4.29)～方程(4.32)中加入了 R&D 人均资本流量的平方项，主要是用来检验对 R&D 投资的增加到底对 R&D 边际生产力(经济产出)有何影响。我们用 R&D 人均投入(R&D 经费内部支出/全时当量)表示 R&D 投入。我们采用 Stata 12.0 软件对方程(4.29)～方程(4.32)进行了回归，结果如表 4.9 所示。

方程(4.29)是最基本的模型，我们仅仅考虑了 R&D 人均投入对 R&D 边际生产力的影响，方程各项系数的置信水平都相当高，通过了显著性检验。R&D 人均投入的一次项为负、二次项为正，这意味着 R&D 人均投入对 R&D 边际生产力的影响是先减小后增大的。因此在 R&D 人均投入比较小的情况下，产生的技术对经济增长的促进作用抵消不了对生产部门投资减少带来的副作用；但是当 R&D 人均投入增加到一定程度的时候，产生的技术对经济增长的促进作用将大于对生产部门投资减少带来的副作用了，这时，经济产出增加，R&D 边际生产力增加。

表 4.9　方程(4.29)～方程(4.32)的回归结果

	方程(4.29)	方程(4.30)	方程(4.31)	方程(4.32)
tr	−1.313***	−1.383***	−1.548***	−1.653***
	(0.000)	(0.000)	(0.000)	(0.000)
tr^2	0.252***	0.261***	0.284***	0.299***
	(0.000)	(0.000)	(0.000)	(0.000)
xl		0.236*		0.263**
		(0.078)		(0.050)
gdzctz			0.004 46*	0.004 98**
			(0.083)	(0.053)
常数项	2.067***	1.946***	2.197***	1.946***
	(0.000)	(0.000)	(0.000)	(0.000)
R^2	0.098 6	0.106 4	0.106 2	0.115 7
R^2 修正值	0.093 5	0.098 8	0.098 6	0.105 8

注：***表示 1%置信水平上显著，**表示 5%置信水平上显著，*表示 10%置信水平上显著。括号内为回归系数的 *P* 值。R&D 投入采用的是 R&D 人均投入。

方程(4.30)在方程(4.29)的基础上增加了 R&D 效率，即考察技术进步对 R&D 边际生产力的影响。R&D 效率的系数为 0.236，在 10%的置信水平下通过显著性检验，说明技术进步对 R&D 边际生产力有着比较显著的影响。

方程(4.31)在方程(4.29)的基础上增加了固定资产投资,这是一个控制变量。固定资产投资的系数为0.004 46,在10%的置信水平下显著,方程的R^2值也由0.098 6增加到0.106 2,说明控制变量对R&D边际生产力的影响很大。在增加了控制变量固定资产投资后,R&D人均资本流量一次项系数降低,R&D人均资本流量二次项系数有所提高,进一步说明了固定资产投资对R&D边际生产力有着重要影响。

方程(4.32)在方程(4.30)的基础上增加了控制变量固定资产投资。方程(4.32)相对于方程(4.30)和方程(4.31):R^2值都有所增加;R&D效率和固定资产投资的系数的显著性水平都有很大程度的提高;R&D人均资本流量一次项系数更加低,R&D人均资本流量二次项系数更加高。这说明R&D人均资本流量、R&D效率、固定资产投资同时对R&D边际生产力起到了不可替代的重要作用。

R&D边际生产力的影响因子比较复杂,既要考虑影响技术进步的影响因子,还要考虑能拉动经济产出的影响因子。除了R&D投入、R&D效率、固定资产投资对R&D边际生产力有影响之外,有没有其他的因素对它也有着显著影响呢?在方程(4.29)~方程(4.32)中,方程(4.32)的R^2值最大,但也只有0.115 7,这意味着除了这些解释变量之外还有其他的变量能够对R&D边际生产力的变异起到解释作用,即还有其他的因素对R&D边际生产力有重要影响。

第5章　R&D活动的溢出效应及β收敛

Grossman和Helpman(1991)提出,知识溢出(R&D溢出)[①]对区域的经济共同增长具有重要意义,区域间知识溢出是区域相互作用的重要形式。Jones(1995)、Rey和Montouri(1999)认为技术溢出效应已经被证明是导致区域经济收敛的关键驱动力。王铮、葛昭攀和廖悲雨(2007)认为知识溢出在多区域经济发展中具有重要的作用,使经济收敛体现出一定的复杂性。De Long和Summers(1991)开创了在空间视角下研究经济事物的收敛性问题,理论界开始重视从空间视角对经济收敛性的研究,克服了以往收敛性分析的缺陷。其中的空间视角意味着经济现象可能存在溢出效应。因此在考虑R&D活动驱动经济收敛时有必要考虑R&D活动的溢出效应的影响。

5.1　R&D活动的溢出效应概述

5.1.1　R&D活动的外部性

对外部性的认识最早源于马歇尔的思想,他认为外部性可以通过3个方面来表现:非贸易的地方投入、活跃的劳动力市场和信息外溢。Scitovsky(1954)考虑了两种外部性:技术外部性和货币外部性。技术外部性反映的是非市场交互作用的影响,这种交互作用是通过直接影响某一个人的效用或某一个企业的生产函数的过程来实现的;货币外部性是市场交互作用的副产品,仅当它们参与到由价格机制所导致的交换中时,才能够对企业、消费者和工人产生影响。最初人们认为这两种外部性仅仅体现在微观经济主体之间,后期的研究表明,

① 由于R&D活动产生了知识、创造了技术,所以本书将R&D溢出效应、技术溢出效应和知识溢出效作为同一个概念。

宏观经济体边界同样会存在外部性或空间溢出效应(Coe,Helpman,1995)。

R&D溢出的根源就是知识(技术)的外部性,知识的外部性体现在非竞争性和部分排他性方面。从本质上来讲,知识是非竞争性的或只有部分排他性。非竞争性的特性使得增加知识使用者时导致的边际成本基本可以忽略;公共领域的一般性知识不具有排他性,即使是受知识产权保护的私有领域的专业化知识,也不能完全拒绝其他人学习他们的思想。Arrow(1962)在定义知识时认为,科学技术知识就其本质来讲是不排他的,但就其产权而言是部分排他的。公共领域的一般知识则具有强外部性,使全社会都能获得规模经济;私有领域的专业化知识的部分排他性则可以给个别厂商带来垄断利润。Romer(1986,1990)在提出他的内生增长模型时,明确指出知识是非竞争性的,知识具有递增的边际回报,且一种知识并不排斥在其他地方使用。

5.1.2　R&D活动的溢出效应

Arrow(1962)正式明确提出了溢出效应,将"干中学"引入新经济增长理论,提出私人物质资本的积累会导致公共知识资本的增加,通过"干中学"带来生产率的提高,知识成为私人资本投入的"副产品"。

在经济学中,溢出效应特指经济活动的外部性,用于描述一个经济主体行为对另一个经济主体的福利产生的影响,而对于这种影响,既不付报酬又得不到补偿,不通过货币或市场交易反映出来。因此R&D的溢出效应可以从两个层次上理解:第一个层次是,一个企业可以不通过市场交易付费获得其他企业通过R&D研发出来的新创意、新技术;第二个层次是,在现行的法律体系下,如果其他企业非法使用某个企业所开发或拥有的信息,该企业无法有效地实施追索权。

Verspagen(1997)对R&D溢出效应进行了两种不同的定义。第一种溢出效应称为价格溢出效应(rent-spillover)。这种溢出效应与不同企业之间的商品货物的流动直接相关。在一个生产过程中,如果一个企业生产的某种产品同时是另外一个企业生产的投入品,那么后者实际上就获得了前者产品创新的溢出效应。第二种溢出效应被定义为纯溢出效应(pure-spillover)。这种溢出效应与产品在生产过程中的流动没有关系,而是通过其他的一些渠道实现,如专利信息、逆向工程或者不同企业之间研究人员的流动等。纯溢出效应一般被认为提升了获得溢出的企业自身的R&D活动产出效率。然而在R&D溢出效应的实际核算中,一个部门不从事R&D活动,其价格溢出效应可能十分显著,但是纯溢出效应却未必如此。因此价格溢出效应表面上更容易形成一条产业链上不同部门知识的均衡,它对R&D活动在不同部门之间的均衡效应将远远大于纯溢出效应。针对这个问题，Verspagen(1999)指出，在大多数R&D溢出效应的测度中，对纯溢出效应的测度基本没有涉及。相比价格溢出效应，纯溢出效应与R&D活动生产过程关系更为紧密。

ACS(American Chemical Society)(2002)也对R&D溢出进行了定义，突出了知识溢出的两个截然不同的方面：第一，R&D活动的投入可以以不完全支付价格从其他产业购买获得，这样可享受到附着在产品之上的知识；第二，从其他企业的研发成果中“借用”的知识，实际上是通过确定其他R&D活动成果是被应用到产品生产还是知识生产而对R&D溢出加以区分，后者代表了纯知识溢出效应。

Verspagen(1997)和ACS(2002)对R&D溢出效应的定义大同小异，他们都将R&D溢出效应分为两类：一是隐含在产品中的技术外溢，通过产品交换使得购买者生产的新产品质量得以提升、效益得以增加，这类R&D溢出是产生经济溢出的一个主要原因；二是纯R&D溢出效应，这种R&D溢出与R&D活动本身有关，具体说与生产R&D产品的企业和部门有关。纯R&D溢出效应一般被认为提升了获得溢出效应的企业自身的R&D活动产出效率。

技术溢出有很多种途径，通过研究使用新技术生产出来的新产品或者观察技术所有者将新技术应用于生产的过程，就可以获得某些新技术的信息，如我们常说的逆向工程就是一个常见的途径。当然还包括区域之间的贸易、技术合作、跨国贸易、外商直接投资以及技术人员的流动等途径。赵立雨(2010)认为考察R&D活动在不同国家之间的溢出效应，主要是考察某国国内的技术水平、经济增长、就业的增加等方面受国外R&D活动影响的情况。这种类型的溢出效应一般通过以下两种途径来实现：第一，进口的产品或服务中包含由R&D活动所带来的创新元素；第二，FDI中包含由R&D活动带来的新知识和新技术，目前国内对R&D溢出效应的实证研究大多集中在这一层面。由此可见FDI活动对我国的R&D活动影响深刻。

5.1.3 区域间R&D活动的溢出效应

Grossman和Helpman(1991)提出知识溢出对区域经济的共同增长具有重要意义，从而使人们认识到区域间知识溢出是区域相互作用的重要形式。技术外部性或技术溢出在经济体之间的交互作用已经受到广泛关注，发生在国家内部的区域经济体之间的技术溢出远远强于发生在国家经济体之间的技术溢出。而且，在地理位置临近的经济体之间的技术溢出更显著。刘丽等(2003)认为知识溢出是1990年以来认识到的重要溢出，一个区域的知识发展会带来另一个区域的知识发展，从而产生经济效益。王铮等(2003)认为区域间的知识溢出是指区域之间通过信息交流而获取R&D成果，区域间相互学习，最后会促进经济增长。由此可见，区域间不仅存在R&D溢出，而且这种R&D溢出会带来经济的增长和经济的溢出。

随着对R&D溢出对区域经济增长的效应的研究不断深入，相关的实证研究也不断出现。Giulio、Riccardo和Montini(2003)对空间知识溢出模型中的指标、可采用的R&D投入数据、专利数据等进行了相关研究，并对1980～1992年欧洲89个区域的9个制造行业进行了实证分析，得出：区域间或区域内部的经济增长受空间知识溢出的影响。Eckhardt(2004)考虑了地理距离增大导致的运输成本上升以及区域临近等因素，对德国区域的R&D溢出效应进行了实证研究，得出：区域经济增长与空间知识溢出的关系是由于区域间的人员流动以及隐性知识流引起的。Jaffe(1986，1993，2000)、Bernstein(1988)、Levin和Reiss(1988)、Henderson等(1998)等人的研究表明：某一产业的R&D活动不仅促进本产业技术进步，而且有助于其他产业劳动生产率的提高，从而整体上提升一个经济体的生产率水平。许多学者如Grilliches(1990)、Adams(2002)、Keller(2002)等的研究结论还表明：区域R&D溢出效应受到地理距离的影响，技术外溢效应随着地理距离的增加而递减。Moreno等(2005)指出欧盟内部地区之间的知识外部性溢出明显受到国家的地理边界的限制。Bernardi和Guadalupe(2007)对西班牙各省之间的知识溢出效应进行了研究，发现不仅是地理空间邻接性，地理距离也决定了这种效应的大小。

国内近几年关于区域间R&D溢出效应的研究也有不少，目前主要围绕着省级地区之间的R&D溢出效应展开。尹静和平新乔(2006)分析了我国30个省市的技术溢出特点，发现地区间的技术溢出与该地区的发展阶段存在紧密联系，地区间的技术溢出会使该地区的研发投入上升，且专利申请数量也上升。苏方林(2006)运用空间计量经济学方法对我国省市R&D溢出效应的空间模式进行了实证分析，发现省市R&D知识生产存在空间依赖性，R&D知识溢出是有界的。黄苹(2008)在MRW(1992)的模型基础上加入空间变量，利用1997～2004年我国31个省市的数据，就研发投入对地区经济增长的影响进行了估计，实证结果显示：省市R&D投入存在空间依赖性，邻近地区的研发活动对本地区经济增长起到了一定的作用。符淼(2009)对我国30个省市1990～2006年的面板数据研究发现：R&D溢出效应随地理距离快速下降，并且以800千米为下降速度变化的阈值。邓明和钱争鸣(2009)也采用了省级空间面板，研究了我国2000～2007年的数据，构造了Cobb-Douglas形式的知识生产函数，SAR模型和SEM模型的回归结果都发现我国省市之间的R&D溢出效应很显著。孙建和齐建国(2011)以我国1998～2008年区域专利数据扩展了知识生产函数，实证结果表明：我国区域创新空间集聚特征已经形成，并且这种集聚特征有逐年增强趋势，并且我国区域创新存在着明显的正负向知识溢出现象，正负向知识溢出位于不同圆环区域。

5.2　R&D 活动溢出效应的测度方法

5.2.1　R&D 活动溢出效应的传统测度方法

研究 R&D 溢出效应更为有效的测度方法是学者们一直努力的方向，在已有的研究中，传统的测度 R&D 溢出效应主要有两个方向：第一条路径是单纯地从 R&D 活动的角度出发——知识是如何生产出来的——来研究 R&D 溢出效应；另外一条路径则是从 R&D 活动对经济增长的角度出发，通过对全要素生产率分解来研究 R&D 活动溢出效应的测度。

对于第一种测度方法，必须给出一个确定的知识生产函数。Griliches (1979)在研究农业生产中的 R&D 溢出效应时提出了一个知识产品生产函数(Cobb-Douglas 生产函数形式)，用以描述 R&D 活动的过程。之后，Jaffe (1986)对其进行了进一步完善，得到了 Griliches-Jaffe 知识生产函数模型。

他们的建模思路概括如下：如果一个市场上有 n 个企业，每一个企业的 R&D 资本存量为 K_i，则用 $K_i = \sum \omega_{ij} K_i$ 来表示企业 i 从其他企业"借来"的 R&D 资本存量。这里 K_i 表示所有能够"借来"的 R&D 资本存量资源，ω_{ij} 则用于表示企业 i 能够从其他企业"借来"的 R&D 资本存量的有效比重。这里并没明确定义 ω_{ij}。在此基础上，提出了一个知识生产函数：

$$I_{it} = A_{it} H_{it}^{\alpha} K_{it}^{\beta} e^{\varepsilon_{it}} \tag{5.1}$$

式中，I_{it} 表示 R&D 活动产出，H_{it} 表示 R&D 活动人员数，K_{it} 表示 R&D 资本存量，A_{it} 表示一些其他影响因素。这个函数是典型的 Cobb-Douglas 函数，描述了 R&D 投入与产出之间的关系，但是这个知识生产函数无法体现 R&D 溢出效应。

因此 Jaffe(1986)提出了一个基于式(5.1)的改进模型，通过这个模型可以度量企业或者行业之间的 R&D 溢出效应。对式(5.1)取对数，并引入一个溢出效应变量 IRD_{it}，并将式(5.1)对数化，可以得到

$$\ln I_{it} = \beta_0 + \beta_1 \ln H_{it} + \beta_2 \ln RD_{it} + \beta_3 \ln IRD_{it} + \varepsilon_{it} \tag{5.2}$$

式中,IRD_{it} 表示其他行业对第 i 个行业的 R&D 活动投入的外部资本存量。按照 Jaffe(1986)的方法,如果行业之间确实存在 R&D 溢出效应,β_3 应该是显著的。对于 IRD_{it} 的大小,Jaffe(1986)提出可以通过技术距离加权外部 R&D 资本存量而得到,即

$$IRD_{it} = \sum \omega_j RD_j \tag{5.3}$$

其中,ω_j 是定义的加权比重,RD_j 表示其他地区或行业的 R&D 资本存量。在此之后的关于 R&D 溢出效应的研究模型基本都基于式(5.2)或在此基础上展开,所不同的仅仅是对 IRD_{it} 的定义进行不同的拓展。

大量的实证研究表明,Griliches-Jaffe 知识生产函数是测量知识溢出的一个很好的统计模型(Bode,2004;Anselin et al.,1997;王立平,2008)。这个模型一直被从事 R&D 活动研究的学者们广为应用,而且无论知识生产函数形式做何种变化,或者是更为先进的计量经济学工具,我们都认为其是在基于 Griliches-Jaffe 知识生产函数模型上的进一步研究,可见这个模型在 R&D 溢出效应测度中的重要性。

第二种方法则是基于全要素生产率的估计对 R&D 活动进行分析。这类研究方法目前并不为学者们所常用。最主要的原因在于全要素生产率的内涵很不明确,很多研究者直接认为全要素生产率代表着技术进步的贡献。但实际上经济增长中所有不能够由纯物质资本投入和纯劳动力投入解释的部分都被归纳在全要素生产率之中,包括技术因素、制度因素和文化因素等。因此全要素生产率根本不能代表技术进步。

对比两种测度方法不难发现,第二种方法更多的是从经济增长的角度来研究 R&D 溢出效应对经济增长的作用,不是一种直接的方法,测度的结果也极为不准确。而第一种方法直接针对 R&D 活动的生产过程来测度,是一种更有效、更准确的方法,可以测度出 R&D 溢出效应的大小、方向和特征。因此在一般的实证研究中,第一种方法更常用。

5.2.2　空间计量经济学方法

早在 20 世纪 70 年代,欧洲就展开了空间计量经济学研究,并将它作为了一个确定的研究领域。Paelinck 和 Klaassen(1979)首次对这个领域的研究内容做了概括:空间相互依赖在空间模型中的任务;空间关系不对称性;位于其他空间的解释因素的重要性;过去的和将来的相互作用之间的区别;明确的空间模拟。Anselin(1988)将空间计量经济学定义为:在区域经济模型中处理由空间因素导致的特殊性质的一系列方法;具体来说就是,在基于对空间效应恰当

设定(存在空间自相关和空间不均匀性)的基础上,对区域经济模型进行一系列的模型设定、估计、检验与预测的计量经济学方法。

随着空间计量经济学的发展,Griliches-Jaffe知识生产函数提出以后,在应用过程中得到了众多学者的不断改进和发展,最有影响的发展要数Anselin等(1997)、Anselin和Bera(1998)的研究。Anselin在1997年和1998年利用空间计量经济模型扩充了Griliches-Jaffe的知识生产函数,通过构造空间滞后项来捕捉知识溢出,使得知识溢出的实证研究得到了进一步发展。自Anselin(1998)的研究以后,利用空间计量经济模型来研究知识溢出,成为知识溢出研究过程中的一个重要方向,得到了广泛认可和应用,如Anselin等(2000)、Moreno等(2005)、Bernardi和Guadalupe(2007)、苏方林(2009)、韩剑(2009)、陈继勇和雷欣(2010)。

任何一个空间单位都会受到邻近区域的积极和消极影响(Isard,1960),这种邻近区域的积极和消极影响就是空间关联的表现。Tobler(1970)将空间关联的普遍性上升为地理学第一定律(first law of geography),认为任何事物在空间上都是关联的,距离越近,关联程度就越强,距离越远,关联程度就越弱。几乎所有空间数据都具有空间依赖或空间自相关特性(Goodchild et al.,1992)。王铮和邓峰(1991)、王铮和丁金宏(1994)认为空间相互作用是一个经典的主题,它反映了区域之间的相互作用。知识溢出往往是知识空间扩散的结果(藤丽,2005)。空间相关性可以用来测度区域间空间相互作用的强度。因此空间相关检验也是判断是否存在技术溢出的重要手段(符森,2008)。空间相关性可使用独立的空间统计方法检验,也可结合在空间计量模型中进行检验,常用的独立空间统计检验方法有Moran's I统计量以及它的散点图。项歌德(2011)认为,因为R&D溢出效应本身就是其他地区、行业或单元的R&D活动对本地区、行业或单元产生的外部性,一旦将不同地区、行业或单元之间的空间邻接关系进行准确的定义,就可以应用空间计量经济学方法对这种溢出效应进行更为准确的度量。

下面就来具体介绍判断R&D活动是否存在空间相关性的统计量——Moran's I指数和测度R&D溢出效应的空间计量模型。

1. Moran's I指数

判断测量区域是否存在空间相互作用(空间相关性)的最佳指标就是Moran's I指数。Moran's I指数用来识别某一个变量显著的区域模式是否存在非随机排列的空间相关性,以此来考察区域与其相邻区域之间的空间相互作用(Anselin,1996)。Anselin(1988)认为,一个地区空间单元上的同一现象或属性与邻近地区空间单元上的同一现象或属性是相关的。经济活动中的要素流动、创新扩散等经济现象往往存在地理空间上的相互影响、相互作用，呈现出空间集聚或空间发散现象。因此空间相关性可以这样定义：当某个变量的相似性在空间上集聚在一起的时候，表现为正的空间相关性；相反，当某个变量的差距性在空间上集聚在一起的时候，就表现为负的空间相关性。

Moran's I 指数分为全局 Moran's I 指数（Moran，1948，1950）和局部 Moran's I 指数（Anselin，1995）。

全局 Moran's I 指数计算公式：

$$\text{Moran's } I = \frac{\sum_{i=1}^{n}\sum_{j\neq i}^{m} W_{ij}(x_i - \bar{x})(x_j - \bar{x})}{S^2 \sum_{i=1}^{n}\sum_{j=1}^{m} W_{ij}} \tag{5.4}$$

局部 Moran's I 指数计算公式：

$$I_i = \frac{x_i - \bar{x}}{S^2}\sum_{j\neq i} w_{ij}(x_j - \bar{x})$$

$$(i = 1,2,\cdots,n; j = 1,2,\cdots,m; n = m \text{ 或 } n \neq m) \tag{5.5}$$

式中，n 是研究区域内地区总数（本书为 30）；x_i 和 x_j 分别是区域 i 和区域 j 的属性值；$\bar{x} = \frac{1}{n}\sum_{j\neq i}^{n} x_i$，是属性的平均值；$S^2 = \frac{1}{n}\sum_{i}(x_i - \bar{x})$ 是属性的方差；W_{ij} 为二进制的空间权重矩阵中的任一元素，采用邻接标准或距离标准，其目的是定义空间对象的相互邻接关系，便于把地理信息系统（geographic information system，GIS）数据库中的有关属性放到所研究的地理空间上来对比。一般邻接标准的 W_{ij} 为

$$W_{ij} = \begin{cases} 1 & \text{区域 } i \text{ 和区域 } j \text{ 相邻} \\ 0 & \text{区域 } i \text{ 和区域 } j \text{ 不相邻} \end{cases}$$

习惯上，令 W_{ij} 的所有对角线元素 $W_{it} = 0$。由于本书研究的是我国各省市的 R&D 活动对经济收敛的驱动效应，如果以距离来衡量邻近关系，很难判断门槛距离是多少。又鉴于我国行政区划边界比较明确，本书采用一阶 Rook 邻接标准的空间权重矩阵。

全局 Moran's I 指数描述整体的空间相关性。全局 Moran's I 指数大于 0 表示正相关，值接近于 1 表明具有相似的属性集聚在一起（即高值与高值相邻、低值与低值相邻）；小于 0 表示负相关，值接近于 −1 表示具有相异的属性集聚在一起（即高值与低值相邻、低值与高值相邻）；接近于 0 表示属性是随机分布的，不存在空间相关性。

局部 Moran's I 指数描述区域 i 和它相邻区域之间的关联程度。I_i 大于 0，

表示一个高值被高值所包围(高-高型),或者一个低值被低值所包围(低-低型);小于 0,表示一个高值被低值所包围(高-低型),或者一个低值被高值所包围(低-高型)。

根据 Moran's I 指数的计算结果,我们还可采用正态分布假设检验 n 个区域是否存在空间自相关的显著性,检验统计量的标准化形式为

$$Z(d)=\frac{\text{Moran's } I-E(I)}{\sqrt{VAR(I)}} \tag{5.6}$$

根据空间数据的分布可以计算正态分布 Moran's I 指数的期望值 $E_n(I)$ 及方差 $VAR_n(I)$:

$$E_n(I)=-\frac{1}{n-1} \tag{5.7}$$

$$VAR_n(I)=\frac{n^2w_1+nw_2+3w_0^2}{w_0^2(n^2-1)}-E_n^2(I) \tag{5.8}$$

式中,$w_0=\sum_{i=1}^{n}\sum_{j=1}^{n}w_{ij}$,$w_1=\frac{1}{2}\sum_{i=1}^{n}\sum_{j=1}^{n}(w_{ij}+w_{ji})^2$,$w_2=\sum_{i=1}^{n}(w_{i\cdot}+w_{j\cdot})^2$,$w_{i\cdot}$ 和 $w_{j\cdot}$ 分别为空间权重矩阵中 i 行和 j 列之和。

如果 Moran's I 指数的正态统计量的 z 值大于(小于)正态分布函数临界值 1.96(−1.96),表明空间相关性在 0.05 置信水平下显著;z 值大于(小于)正态分布函数临界值 1.65(−1.65),表明空间相关性在 0.1 置信水平下显著;z 值大于(小于)正态分布函数临界值 2.58(−2.58),表明空间相关性在 0.01 置信水平下显著。

进行全局 Moran's I 指数显著性检验的目的是确定在理论和实践中是否应该考虑空间相关性。如果全局 Moran's I 指数是显著的,即空间效应在发挥作用,则需要将空间效应纳入模型分析框架之中,并采用适合于空间计量经济模型估计的方法进行估计;如果全局 Moran's I 指数是不显著的,即没有表现出空间效应,则可直接采用一般估计方法(如 OLS)估计模型参数。

首先,全局 Moran's I 指数只能判断是否存在着空间相关性,却无法判断空间相关性的具体形式,全局 Moran's I 指数的缺点由此凸显出来。其次,全局 Moran's I 指数只能描述整体空间相关程度,但不能反映各具体区域的局部相关性差距(李国平,王春杨,2012)。这是因为全局 Moran's I 值是局部 Moran's I 值的平均值,如果这些局部 Moran's I 值的分布高度不均匀,或被少数很大的值所控制,那么全局 Moran's I 值会具有一定的欺骗性,就不能真实反映情况。因此就算全局 Moran's I 值很显著,也不一定就能得出存在空间溢出效应的结论。

各具体区域的的空间相关性可以借助每个区域的局部Moran's I指数来判断，也可以借助空间计量模型来判断。空间计量模型不仅可以判断空间相关性的具体形式，还可以判断R&D溢出效应的大小（Lesage，1999；Lesage，Pace，2009）。

2. 空间滞后模型

空间滞后模型（spatial lag model，SLM）主要探讨因变量在一个区域是否有扩散现象，利用空间滞后性可以捕捉溢出效应的大小，其表达式为

$$\begin{aligned} \boldsymbol{y} &= \rho \boldsymbol{W}\boldsymbol{y} + \boldsymbol{X}\beta + \boldsymbol{\varepsilon} \\ \boldsymbol{\varepsilon} &\sim N(0,\sigma^2 I_n) \end{aligned} \tag{5.9}$$

式中，$\boldsymbol{y}$为因变量；$\boldsymbol{X}$为$n\times k$的外生解释变量矩阵；β为参数；ρ是空间滞后因变量$\boldsymbol{Wy}$的系数，反映了样本观测值中的空间依赖作用，即相邻区域的观测值$\boldsymbol{Wy}$对本地区观察值y的影响方向和程度；$\boldsymbol{W}$为$n\times n$阶的空间权重矩阵；$\boldsymbol{\varepsilon}$为随机误差项向量。参数β反映了自变量$\boldsymbol{X}$对因变量$\boldsymbol{y}$的影响，空间滞后因变量$\boldsymbol{Wy}$是一内生变量，反映了空间邻接关系（或地理距离）对区域经济行为的作用。区域经济行为受到文化环境及与空间距离有关的迁移成本的影响，具有很强的地域性（Anselin et al.，1996）。SLM模型与时间序列中的自回归模型类似，因此SLM也被称作空间自回归模型（spatial autoregressive model，SAR）。

3. 空间误差模型

空间误差模型（spatial error model，SEM）在大多数研究中往往假定误差项是相互独立的，即$E(\varepsilon_t\varepsilon_t')=\sigma_t^2 I$。然而，当横截面观测值有一定的空间组织性时，尤其是当各个区域具有空间相关性时，这一假设就不再正确。有些区域的误差表现出空间协方差特征，这时误差项就变为自相关。

空间误差模型的数学表达式为

$$\begin{aligned} \boldsymbol{y} &= \boldsymbol{X}\beta + \boldsymbol{\varepsilon} \\ \boldsymbol{\varepsilon} &= \lambda \boldsymbol{W}\boldsymbol{\varepsilon} + \boldsymbol{\mu} \\ \boldsymbol{\mu} &\sim N(0,\sigma^2 I_n) \end{aligned} \tag{5.10}$$

式中，$\boldsymbol{X}$为$n\times k$的外生解释变量矩阵；$\boldsymbol{\varepsilon}$为随机误差项向量，$\boldsymbol{\mu}$为正态分布的随机误差向量；λ为$n\times 1$的截面因变量向量的空间误差系数，衡量了样本观察值中的空间依赖作用，即相邻地区的观察值$\boldsymbol{y}$对本地区观察值$\boldsymbol{y}$的影响方向和程度；参数β反映了自变量$\boldsymbol{X}$对因变量$\boldsymbol{y}$的影响。SEM的空间依赖作用存在于扰动误差项之中，度量了邻接地区因变量的误差冲击对本地区观察值的影响程度。由于SEM模型与时间序列中的序列相关问题类似，所以它也被称为空间

自相关模型(spatial autocorrelation model,SAM)。由于空间误差模型没有因变量的滞后项,所以不能捕捉溢出效应的大小。

4. 空间通用模型

空间相关性既可能是真实的经济行为之间的相关性,也可能是测量误差带来的相关性,我们可以把 SAM 和 SEM 结合起来度量两类相关,由此我们得到空间通用模型(general spatial model,GSM)。空间通用模型的数学表达式如下:

$$\begin{aligned} \boldsymbol{y} &= \rho \boldsymbol{W}_1 \boldsymbol{y} + \boldsymbol{X}\beta + \boldsymbol{\varepsilon} \\ \boldsymbol{\varepsilon} &= \lambda \boldsymbol{W}_2 \boldsymbol{\varepsilon} + \boldsymbol{\mu} \\ \boldsymbol{\mu} &\sim N(0, \sigma^2 I_n) \end{aligned} \tag{5.11}$$

式中,$\boldsymbol{X}$ 为 $n\times k$ 的外生解释变量矩阵;$\boldsymbol{\varepsilon}$ 为随机误差项向量;μ 为正态分布的随机误差向量;$\boldsymbol{W}_1$ 和 $\boldsymbol{W}_2$ 是空间权重矩阵,可以相同,也可以不相同;$\boldsymbol{W}_1\boldsymbol{y}$ 为空间滞后因变量;ρ 是空间滞后因变量 $\boldsymbol{W}_1\boldsymbol{y}$ 的系数;λ 是空间相关误差的参数;参数 β 反映了自变量 $\boldsymbol{X}$ 对因变量 $\boldsymbol{y}$ 的影响。使用空间通用模型既能解决误差项的自相关问题,又能解决因变量的溢出效应大小的问题。

5. 参数估计问题

空间自相关的存在对回归系数的估计和检验产生显著的影响。当存在实质性的空间影响时,空间滞后项与随机干扰项相关,甚至当随机干扰项是独立同分布的时候依然如此,此时使用 OLS 是有偏的和不一致的(Anselin,1986)。因此空间滞后项一定要被当作内生变量来处理,并且考虑适当的估计方法。因此标准计量经济技术不再适用,不能将具有滞后因变量的模型或系列误差相关模型的 OLS 估计特性直接移植到空间情形。

20 世纪 60～80 年代,计量经济学对空间计量经济学研究的焦点是模型估计,开始寻求合适的非线性优化程序来估计空间滞后模型和空间误差模型的回归系数,从而将空间相关性正式地合并到观测值的联合概率密度中。Anselin(1986,1988)提出了空间计量模型的极大似然法(ML)估计,该方法已经成为主流的估计方法。因此对于空间计量模型,一般使用 ML 进行估计。

但是,当空间权重矩阵的维数很大时,矩阵特征值就很难准确估计,即使使用 ML 估计仍然存在一定的问题。目前一个可以利用的解决方法是,用 Monte Carlo 方法近似模拟极大似然函数中 Jacobian 行列式的自然对数,以解决估计问题(Barry,Pace,1999)。

我们从R&D溢出效应的机制和空间计量经济学方法的介绍中可以看出，空间计量经济学方法是检验R&D溢出效应是否存在和捕捉R&D溢出效应大小的有效工具。因为R&D溢出效应本身就是其他地区、行业或单元的R&D活动对本地区、行业或单元产生的外部性，一旦将不同地区、行业或单元之间的空间邻接关系进行准确的定义，就可以应用空间计量经济学方法，对这种溢出效应进行更为准确的度量(项歌德，2011)。

根据空间计量经济学方法原理，本书将R&D溢出效应测度空间计量分析思路的过程分为两个步骤：第一步，采用全局Moran's I指数检验R&D活动是否存在空间自相关性；第二步，采用空间滞后模型和空间通用模型对R&D活动的3个指标进行分析，以进一步判断是否存在空间相关性，并捕捉R&D活动的溢出效应的大小。

除了以上这些方法之外，还有一些其他测度空间溢出效应的好方法，如Caniels和Verspagen(2001)提出了以知识缺口来定义知识溢出的强度，可以计算出一个区域接受的其他区域的知识溢出量。王铮等(2003)认为知识溢出不仅仅与区域间知识缺口有关，还与地理特征决定的区域需求有关，区域需求驱动下的知识是主动的，而不仅仅是贸易等的衍生物，并且知识溢出的强度是呈空间指数衰减的。在此基础上，他们完善了Caniels和Verspagen(2001)的模型，补充了需求缺口。

5.3 R&D活动的空间相关性

Verspagen(1997)和ACS(2002)都给出了大同小异的R&D溢出效应的定义，他们都将R&D溢出效应分为两类：一是隐含在产品中的技术外溢，通过产品交换使购买者生产的新产品质量得以提升、效益得以增加，这种R&D溢出效应是产生经济溢出效应的一个主要原因，称之为R&D价格溢出效应；二是纯R&D溢出效应，这种R&D溢出与R&D活动本身有关，具体来说，与生产R&D产品的企业和部门有关。

根据3.4节可知，度量R&D活动的指标有：R&D人均投入、R&D效率和R&D边际生产力。这3个指标都反映了纯R&D溢出效应，下面就用Moran's I指数对这3个指标是否存在空间相关性进行度量。

5.3.1　R&D 人均投入的空间相关性

2012 年《中国科技统计年鉴》的统计指标，R&D 经费内部支出是指单位年度报告中用于内部开展 R&D 活动的实际支出。包括用于 R&D 项目(课题)活动的直接支出以及间接用于 R&D 活动的管理费、服务费、与 R&D 有关的基本建设支出及外协加工费等。不包括生产性活动支出、归还贷款支出以及与外单位合作或委托外单位进行 R&D 活动而转拨给对方的经费支出。因此 R&D 经费内部支出都用于 R&D 活动，没有投资属性，所以其测度的是纯 R&D 溢出效应。根据 4.1.3 小节对 R&D 人员全时当量的介绍，很容易知道这也是对纯 R&D 溢出效应的测度。因此本书中的 R&D 人均投入的相关性测度的是纯 R&D 溢出效应。

本书采用公式(5.4)计算出的 Moran's I 指数来说明是否存在空间相关性。表 5.1 是我国 30 个省市 1999～2010 年 R&D 人均投入的 Moran's I 指数及其 P 值。从表 5.1 中我们发现 R&D 人均投入存在一定的空间相关性，但不是非常显著，其中有 4 个年份在 5% 置信水平下是不显著的；2007 年 Moran's I 指数最大(Moran's I 指数值介于 −1 和 1 之间)，但也只有 0.509，比较小。

表 5.1　我国 30 个省市 1999～2010 年 R&D 人均投入的 Moran's I 指数及 P 值

年份	1999	2000	2001	2002	2003	2004
Moran's I	0.086	0.061	0.230**	0.254***	0.304***	0.086
P 值	0.154	0.175	0.018	0.007	0.004	0.141
年份	2005	2006	2007	2008	2009	2010
Moran's I	0.369***	0.453***	0.509***	0.414***	0.232**	0.177*
P 值	0.002	0.001	0.001	0.001	0.021	0.061

资料来源：使用 GeoDa 1.3.26 软件计算而得。

注：Moran's I 指数右上方标注 * 表示 10% 置信水平下显著，* * 表示 5% 置信水平下显著，* * * 表示 1% 置信水平下显著。

5.3.2　R&D 效率的空间相关性

表 5.2 是我国 30 个省市 1999～2010 年 R&D 效率的 Moran's I 指数及其 P 值。从表 5.2 中我们发现 R&D 效率基本不存在空间相关性，在 10% 置信水平下只有 6 个年份是显著的，在 5% 置信水平下没有一个年份是显著的。2009 年 Moran's I 指数最大，仅仅只有 0.151。R&D 效率的这种几乎不相关性说明，我国 R&D 投入的效益依赖于区域的产业技术水平，区域之间技术和管理

水平差距大，导致了同样的投入在不同地区的效果不一样。它揭示我国区域差距的改善要在技术水平和管理水平方面下工夫。

表 5.2　我国 30 个省市 1999～2010 年 R&D 效率的 Moran's I 指数及 P 值

年份	1999	2000	2001	2002	2003	2004
Moran's I	0.129*	0.103*	0.069	0.069	0.116	0.105
P 值	0.092	0.096	0.146	0.179	0.115	0.133
年份	2005	2006	2007	2008	2009	2010
Moran's I	0.005	0.122*	0.135*	0.135*	0.151*	0.076
P 值	0.370	0.081	0.069	0.063	0.065	0.168

资料来源：使用 GeoDa 1.3.26 软件计算而得。

注：Moran's I 指数右上方标注 * 表示 10%置信水平下显著，* * 表示 5%置信水平下显著，* * * 表示 1%置信水平下显著。

5.3.3　R&D 边际生产力的空间相关性

表 5.3 是我国 30 个省市 1999～2010 年 R&D 边际生产力的 Moran's I 指数及其 P 值。表 5.3 显示 R&D 边际生产力基本不存在空间相关性，在 10%置信水平下只有 4 个年份是显著的，在 5%置信水平下所有年份都不显著。2010 年 Moran's I 指数最大，仅仅只有 0.388。

表 5.3　我国 30 个省市 1999～2010 年 R&D 边际生产力的 Moran's I 指数及 P 值

年份	1999	2000	2001	2002	2003	2004
Moran's I	0.108	0.026	0.065	0.010	0.146*	0.114
P 值	0.102	0.295	0.181	0.342	0.067	0.102
年份	2005	2006	2007	2008	2009	2010
Moran's I	0.150*	0.172*	0.065	0.094	0.077	0.388***
P 值	0.073	0.058	0.185	0.126	0.169	0.003

资料来源：使用 GeoDa 1.3.26 软件计算而得。

注：Moran's I 指数右上方标注 * 表示 10%置信水平下显著，* * 表示 5%置信水平下显著，* * * 表示 1%置信水平下显著。

5.3.4　空间相关性差异解释

总结 R&D 人均投入、R&D 效率和 R&D 边际生产力的 Moran's I 指数，我们发现：R&D 人均投入的空间相关性比较大，R&D 效率和 R&D 边际生产力的空间相关性不存在。这暗示了我国省市间的经济发展可能存在技术路径依赖现象，即虽然相邻省市的 R&D 人均投入呈现空间相关性，然而由于相邻省市的技术基础和主导产业互不相同，它们的技术很难互相促进，于是各自发展自己的技术，技术水平存在缺口，所以 R&D 效率和 R&D 边际生产力在空间上的相关性可能都不高。

5.4　R&D 活动的溢出效应及 β 收敛分析

5.4.1　R&D 活动的 β 收敛检验方程及溢出效应

从 5.3 节 R&D 活动的空间相关性分析可知，R&D 人均投入空间相关性比较大。R&D 效率和 R&D 边际生产力的空间相关性基本不存在，所有年份在 5%置信水平下统计不显著。因此从全局 Moran's I 指数基本可以判断我国区域 R&D 活动空间溢出效应非常微弱，从统计上可以认为是不存在溢出效应的。

正如 5.2.2 小节所述，利用空间计量方程不仅可以判断是否存在空间相关性，还可以判断空间相关性的形式，也可以捕捉空间溢出效应的大小。然而本书的目的是研究 R&D 活动对区域经济收敛的驱动效应，R&D 活动 3 个测度指标的收敛驱动着区域经济的收敛，所以 R&D 活动的溢出效应就应该建立在 R&D 活动的收敛基础之上。换句话来说就是，要研究 R&D 溢出效应对 R&D 活动 3 个测度指标的收敛到底有何影响，而并不是纯粹判断是否存在溢出效应。因此本书首先建立 R&D 活动 3 个测度指标的 β 收敛方程，在此基础之上加入空间效应，以判断 R&D 的溢出效应。本书将 3.2 节的 β 收敛计量方程和 5.2.2 小节的空间计量方程结合起来构建出新的空间 β 收敛计量方程，以判断 R&D 溢出效应对 R&D 活动的 3 个测度指标收敛的影响。其中，我们没有选择空间误差模型，这是因为其不能捕捉空间溢出效应的大小（Lesage，1999；Lesage，Pace，2009）。结合以后，形成如下新的空间收敛模型：

空间滞后收敛模型：

$$\begin{aligned} &\ln(Y_t/Y_0) = \rho W \ln(Y_t/Y_0) + \beta_0 + \beta_1 \ln Y_0 + \varepsilon \\ &\varepsilon \sim N(0, \sigma^2 I_n) \end{aligned} \tag{5.12}$$

空间通用收敛模型：

$$\ln(Y_t/Y_0) = \rho W_1 \ln(Y_t/Y_0) + \beta_0 + \beta_1 \ln Y_0 + \xi$$

$$\xi = \lambda W_2 \xi + \varepsilon$$
$$\varepsilon \sim N(0, \sigma^2 I_n) \tag{5.13}$$

式中，Y_t 是期末 R&D 活动指标，Y_0 是期初 R&D 活动指标，ρ 是空间滞后变量 $W\ln(Y_t/Y_0)$ 的系数，λ 是空间相关误差的参数。为了对比空间溢出效应对 R&D 活动收敛的影响，我们还在不考虑空间溢出效应的情况下对 R&D 活动指标进行了回归：

$$\ln(Y_t/Y_0) = \beta_0 + \beta_1 \ln Y_0 + \varepsilon$$
$$\varepsilon \sim N(0, \sigma^2 I_n) \tag{5.14}$$

在空间样本中，往往存在由飞地效应（enclave effect）带来的异常值或其他的偏差，因此样本不再服从正态分布。在我国，样本存在异常值是很正常的。因此针对模型(5.12)～模型(5.14)的回归，我们没有采用极大似然估计法，而采用 Lesage(1999)提供的 Gibbs 工具箱中 Bayesian 异方差估计法，这个估计法可以克服异方差和尖峰分布带来的估计上的偏差，也可以克服异常值的问题。

在第 6 章中，我们用 σ 收敛对 R&D 活动的 3 个指标进行了收敛分析，得出了 3 个指标在不同时段存在发散和收敛现象的结论。基于 σ 收敛的结论，我们考虑 3 个时段的 β 收敛分析[①]。

R&D 人均投入的 σ 收敛检验显示：在 1999～2000 年发散，2000 年之后整体上收敛；因此我们检验 3 个时段的 β 收敛：1999～2005 年，2005～2010 年，2000～2010 年。对于最后一个时段，我们把初期设置为 2000 年，因为 1999～2000 年 σ 收敛检验显示是发散的；且 1999～2000 年时段太短，不适合做 β 收敛分析。

R&D 效率的 σ 收敛检验显示：在 1999～2001 年发散，2001 年之后整体上收敛；因此我们检验 3 个时段的 β 收敛：1999～2005 年，2005～2010 年，2001～2010 年。最后一个时段我们把初期设置为 2001 年，因为 1999～2001 年 σ 收敛检验显示是发散的，且 1999～2001 年时段太短，不适合做 β 收敛分析。

R&D 边际生产力的 σ 收敛检验显示：在 1999～2001 年发散，2001 年之后整体上收敛；因此我们检验 3 个时段的 β 收敛：1999～2005 年，2005～2010 年，2001～2010 年。最后一个时段我们把初期设置为 2001 年，因为 1999～2001 年 σ 收敛检验显示是发散的，且 1999～2001 年时段太短，不适合做 β 收敛分析。

---

① 正如前文所述：β 收敛是 σ 收敛的必要而非充分条件（Sala-i-Martin，1996），即在一定研究时期内，若存在 σ 收敛则一定存在 β 收敛，若存在 β 收敛却不一定存在 σ 收敛。

5.4.2　R&D人均投入的溢出效应及β收敛分析

我们使用空间收敛计量模型(5.12)～模型(5.14)对R&D人均投入进行β收敛回归，结果如表5.4所示。

表5.4　我国30个省市R&D人均投入β收敛的估计结果

估计量	1999～2005年			2005～2010年			2000～2010年		
	OLS	SLM	GSM	OLS	SLM	GSM	OLS	SLM	GSM
β_0	1.615	1.559	1.803	1.866	1.653	1.806	2.813	2.922	2.946
	(0.000)	(0.000)	(0.037)	(0.000)	(0.000)	(0.127)	(0.000)	(0.000)	(0.001)
β_1	−0.439	−0.458	−0.439	−0.500	−0.445	−0.431	−0.825	−0.821	−0.829
	(0.000)	(0.328)	(0.129)	(0.000)	(0.001)	(0.241)	(0.000)	(0.000)	(0.032)
ρ		0.104	−0.274		0.136	−0.220		−0.099	−0.112
		(0.175)	(0.251)		(0.211)	(0.254)		(0.284)	(0.291)
λ			0.474			0.415			0.255
			(0.059)			(0.173)			(0.179)
溢出效应		−0.098	0.061		−0.081	0.057		0.064	0.069
R^2	0.351	0.340	0.445	0.483	0.471	0.529	0.738	0.735	0.750
收敛速度	9.64%	10.22%	9.65%	13.86%	11.79%	11.27%	17.42%	17.22%	17.65%

资料来源：使用Matlab R2010b对空间收敛计量模型(5.12)～模型(5.14)回归而得。

注：OLS是最小二乘回归，SLM是空间滞后模型，GSM是空间通用模型，SDM是空间Durbin模型。括号内是回归系数的P值，Bayesian估计结果比较稳健，但是R^2值往往较小(Lesage，1999)。收敛速度根据Barro和Sala-i-Martin(2004)提供的公式计算而得，其中β为收敛速度，T为所跨的时期。

在1999～2005年这个时段中，所有模型β_1系数都为负，且其中SLM和GSM模型β_1系数在10%置信水平下都没有通过显著性检验，说明R&D人均投入存在收敛性。从模型有效性来看，OLS模型可以接受。两个空间收敛模型ρ和λ都没有通过显著性检验，空间收敛模型不可接受，也就意味着不存在溢出效应。

在2005～2010年这个时段中，所有模型的β_1系数都为负，且只有GSM模型的β_1系数在10%置信水平下没有通过显著性检验，说明R&D人均投入存在收敛性。从模型有效性来看，OLS模型有效，各个系数均显著。两个空间收敛模型的ρ和λ都没有通过显著性检验，空间收敛模型不可接受，也就意味着不存在溢出效应。

从整个时段(2000～2010年)来看，所有模型的β_1系数都为负，在5%置信水平下都通过了显著性检验，说明R&D人均投入存在收敛。然而，两个空间收敛模型的ρ和λ也都没有通过显著性检验，空间收敛模型不可接受，也就意味着不存在溢出效应。

总之，R&D人均投入无论在哪个时段都存在区域收敛，但是都不存在空间溢出效应。

5.4.3 R&D效率的溢出效应及β收敛分析

我们使用空间收敛计量模型(5.12)～模型(5.14)对R&D效率进行了β收敛回归，结果如表5.5所示。

表5.5 我国30个省市R&D效率β收敛的估计结果

估计量	1999～2005年			2005～2010年			2001～2010年		
	OLS	SLM	GSM	OLS	SLM	GSM	OLS	SLM	GSM
β_0	0.043	0.054	0.015	−0.047	−0.014	0.011	−0.085	−0.082	−0.095
	(0.327)	(0.296)	(0.501)	(0.151)	(0.399)	(0.490)	(0.112)	(0.138)	(0.327)
β_1	−0.308	−0.325	−0.337	−0.550	−0.510	−0.496	−0.818	−0.828	−0.827
	(0.014)	(0.011)	(0.142)	(0.000)	(0.000)	(0.093)	(0.000)	(0.000)	(0.003)
ρ		−0.101	−0.011		−0.281	−0.582		−0.075	−0.090
		(0.323)	(0.537)		(0.070)	(0.008)		(0.341)	(0.361)
λ			−0.183			0.366			0.083
			(0.319)			(0.007)			(0.400)
溢出效应		0.021	−0.033		0.115	0.219		0.037	0.051
R^2	0.297	0.270	0.353	0.574	0.592	0.620	0.762	0.763	0.765
收敛速度	6.14%	6.54%	6.84%	15.96%	14.25%	13.71%	18.91%	19.57%	19.51%

资料来源：使用Matlab R2010b对空间收敛计量模型(5.12)～模型(5.14)回归而得。

注：P值、R^2值和收敛速度的计算方式同表5.4。

在1999～2005年这个时段中，所有模型的β_1系数都为负，且只有GSM模型的β_1系数在10%置信水平下不显著，说明R&D效率存在收敛。从模型有效性来看，OLS模型可以接受。对于两个空间收敛模型，ρ和λ都没有通过显著性检验，空间收敛模型不可接受，意味着不存在溢出效应。

在2005～2010年这个时段中，所有模型的β_1系数都为负，且GSM模型在10%置信水平下也通过了显著检验，说明R&D效率存在绝对收敛。从模型有效性来看，OLS模型、SLM模型和GSM模型有效，各个系数均通过显著性检验；SLM 模型中平均溢出效应为 0.115，GSM 模型中平均溢出效应为 0.219，两个模型反映出来的溢出效应都非常小。从收敛速度来看，OLS 模型为 15.96%，SLM 模型为 14.25%，GSM 模型为 13.71%，说明 R&D 效率的空间溢出效应不仅没有促进 R&D 效率的区域收敛，反而阻碍了它的收敛。

从整个时段（2001～2010 年）来看，所有模型的 β_1 系数都为负，且所有模型都在 1%置信水平下通过了显著检验，说明 R&D 效率存在收敛。对于两个空间收敛模型，ρ 和 λ 都没有通过显著性检验，空间收敛模型不可接受，也就意味着不存在溢出效应。

总之，R&D 效率在 1999～2005 年收敛，但不存在空间溢出效应；在 2005～2010 年存在收敛，存在很小的溢出效应，但是溢出效应阻碍了 R&D 效率的区域收敛；在整个时段（2001～2010 年）存在收敛，但是不存在溢出效应。

5.4.4　R&D 边际生产力的溢出效应及 β 收敛分析

我们同样使用空间收敛计量模型（5.12）～模型（5.14）对 R&D 边际生产力进行了 β 收敛回归，结果如表 5.6 所示。

在 1999～2005 年这个时段中，所有模型的 β_1 系数都为负，且所有模型的 β_1 系数在 5%置信水平下都通过了显著性检验，说明 R&D 边际生产力存在收敛性。从模型有效性来看，OLS 模型可以接受。对于两个空间收敛模型，ρ 和 λ 都没有通过显著性检验，空间收敛模型不可接受，也就意味着不存在溢出效应。

在 2005～2010 年这个时段中，所有模型的 β_1 系数都为负，且所有模型 β_1 系数在 5%置信水平下都通过了显著性检验，说明 R&D 边际生产力存在收敛。从模型有效性来看，OLS 模型有效；SLM 模型的 ρ 和 λ 都没有通过显著性检验，所以无效；GSM 模型的 ρ 在 5%置信水平上通过了显著性检验，λ 在 10%置信水平下通过了显著性检验，说明存在微弱的空间溢出效应，平均溢出效应为 0.298。从收敛速度来看，OLS 模型为 48.03%，GSM 模型为 38.30%，说明 R&D 边际生产力的空间溢出效应不仅没有促进 R&D 效率的区域收敛，反而阻碍了它的收敛进程。

从整个时段（2001～2010 年）来看，所有模型的 β_1 系数都为负，且所有模型都在 1%置信水平下通过了显著检验，说明 R&D 边际生产力存在收敛。对于两个空间收敛模型，SLM 模型的 ρ 和 λ 都没有通过显著性检验；GSM 模型的 ρ 没有通过显著性检验，所以也不能接受。

表 5.6　我国 30 个省市 R&D 边际生产力 β 收敛的估计结果

估计量	1999～2005 年			2005～2010 年			2001～2010 年		
	GSM	OLS	SLM	GSM	OLS	SLM	GSM	OLS	SLM
β_0	−0.265	−0.251	−0.248	−0.058	−0.047	0.085	−0.107	−0.064	0.080
	(0.003)	(0.013)	(0.118)	(0.179)	(0.292)	(0.488)	(0.061)	(0.239)	(0.588)
β_1	−0.749	−0.749	−0.712	−0.909	−0.894	−0.853	−0.980	−0.988	−0.927
	(0.001)	(0.004)	(0.053)	(0.000)	(0.000)	(0.026)	(0.000)	(0.000)	(0.006)
ρ		0.085	0.112		−0.057	−0.456		0.247	−0.225
		(0.364)	(0.327)		(0.402)	(0.033)		(0.113)	(0.257)
λ			−0.077			0.499			0.597
			(0.427)			(0.061)			(0.012)
溢出效应		−0.132	−0.182		0.022	0.298		−0.414	0.127
R^2	0.441	0.444	0.452	0.421	0.452	0.576	0.226	0.181	0.503
收敛速度	23.03%	23.02%	20.75%	48.03%	44.81%	38.30%	43.36%	49.04%	29.02%

资料来源：使用 Matlab R2010b 对空间收敛计量模型(5.12)～模型(5.14)回归而得。

注：P 值、R^2 值和收敛速度的计算方式同表 5.4。由于某些年份某些省市的 R&D 边际生产力为负值，不能进行收敛回归，因此我们剔除了为负值的省市：对于 1999～2005 年的回归，剔除了北京和重庆；对于 2005～2010 年的回归，剔除了北京、重庆、青海和新疆；对于 2001～2010 的回归，剔除了青海和新疆。由于采用了 Gibbs 抽样，剔除某些值对回归结果不会造成太大的影响。

总之，R&D 边际生产力在 1999～2005 年时段收敛，但不存在空间溢出效应；在 2005～2010 年时段存在收敛，只有 GSM 模型显示存在很小的溢出效应，且溢出效应阻碍了 R&D 边际生产力的区域收敛；在整个时段(2001～2010 年)存在收敛，也不存在空间溢出效应。这种 R&D 边际生产力溢出效应的缺失，可能起因于三点：首先，区域技术差距大，邻区的技术提高，本区域学习不了；其次，各区域盲目学习国外技术，认为外来的和尚会念经，反而不注意邻区学习；最后，我国缺乏人口流动的政策，这也阻止了这种溢出。

第 6 章　R&D 活动驱动劳均 GDP 的 σ 收敛

σ 收敛是指不同国家或地区的经济差距随着时间的推移而趋于减小，各国之间的收入最终会趋于平均水平。σ 收敛一般用国家或地区间的对数人均收入或产出的标准差来衡量，最接近于我们对收敛的直观理解，所以在实践中被广泛应用，是判断收敛的最基本的方法。β 收敛是 σ 收敛的必要而充分条件(Sala-i-Martin，1996)，意味着在一定研究时期内，若存在 σ 收敛则一定存在 β 收敛。因此本书首先使用 σ 收敛对各个收敛指标进行研究，以此为基础，第 7 章用收入动态分布方法对各个收敛指标进行时空维度上的进一步分析。

6.1　R&D 人均投入和劳均 GDP 的 σ 收敛

R&D 投入包含 R&D 经费和 R&D 人员的投入。由于经济发展水平和人口数量不同，我国各省市 R&D 经费内部支出和 R&D 人员的绝对数量存在巨大差距，单独考虑 R&D 活动的这两个投入，会存在异常值的问题。在本书中，R&D 投入采用人均量，即用 R&D 经费内部支出除以 R&D 人员全时当量，得到 R&D 人均投入，这既消除了变量可能存在的异常值问题，又同时解决了 R&D 经费内部支出和 R&D 人员全时当量两个投入指标问题。

我们根据 σ 收敛检验方程(3.4)计算出劳均 GDP 和人均 R&D 投入的 σ 收敛指数(即标准差)，如表 6.1 所示。

表 6.1　劳均 GDP 和 R&D 人均投入的 σ 值

变　量	1999	2000	2001	2002	2003	2004	2005	2006	2007	2008	2009	2010
劳均 GDP	0.55	0.58	0.59	0.62	0.59	0.58	0.58	0.57	0.55	0.53	0.53	0.52
R&D 人均投入	0.44	0.49	0.37	0.34	0.32	0.41	0.37	0.31	0.28	0.25	0.24	0.27

为了可以对劳均 GDP 和 R&D 人均投入的标准差进行对比分析，我们将劳均 GDP 和 R&D 人均投入的标准差进行了标准化，见表 6.2。

表 6.2 标准化后劳均 GDP 和 R&D 人均投入的 σ 值

变　量	1999	2000	2001	2002	2003	2004	2005	2006	2007	2008	2009	2010
劳均 GDP	−0.35	0.47	1.01	1.74	0.73	0.39	0.37	0.05	−0.35	−1.12	−1.34	−1.61
R&D 人均投入	1.29	1.93	0.34	0.00	−0.31	0.88	0.35	−0.38	−0.74	−1.15	−1.25	−0.96

结果展示在图 6.1 中。

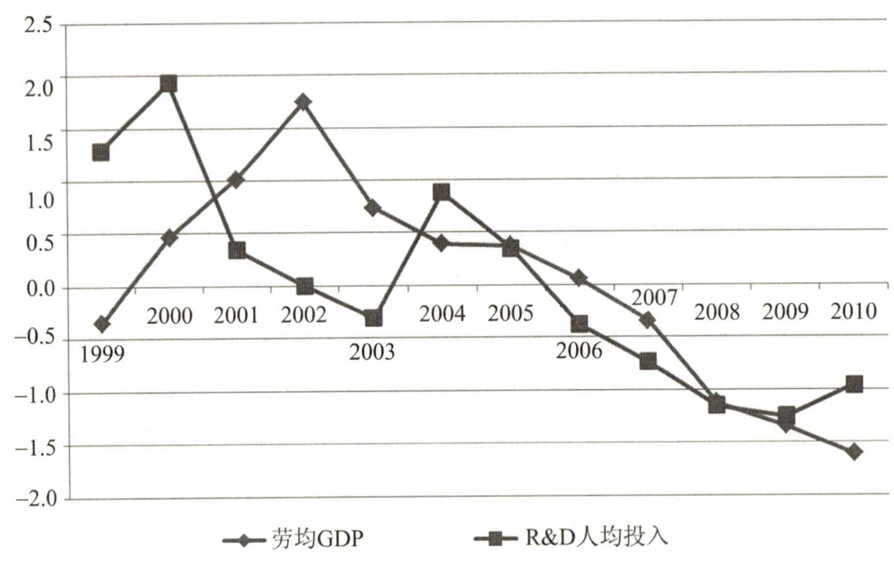

图 6.1 劳均 GDP 和 R&D 人均投入的 σ 收敛趋势

图 6.1 显示了 R&D 人均投入在 2000 年之前是发散的，在 2000 年之后总体上呈现了收敛趋势，在 2004 年和 2010 年呈现轻微发散现象。劳均 GDP 在 2002 年之前是发散的，在 2002 之后呈现了收敛趋势，并且相对于 R&D 人均投入的收敛滞后了 2 期。根据表 6.2 的数据，我们计算出两条曲线的同期 Pearson 相关系数为 0.527 1(P=0.078)，在 10%置信水平下是显著的。考虑劳均 GDP 收敛滞后于 R&D 人均投入收敛 2 期的情况下，两条曲线的 Pearson 相关系数为 0.867 9(P=0.001)，Pearson 相关系数值提高了 64.66%，显著性也从 10%的置信水平上升到 1%。很明显，在考虑滞后 2 期的情况下，它们的相关性大大增强，而且也更加显著。说明 R&D 人均投入收敛和劳均 GDP 收敛存在显著的正相关；R&D 人均投入收敛驱动劳均 GDP 收敛滞后 2 期在统计上是显著的。

6.2　R&D 效率和劳均 GDP 的 σ 收敛

我们根据 σ 收敛检验方程(3.4)计算出劳均 GDP 和 R&D 效率的 σ 收敛指数,结果如表 6.3 所示。

表 6.3　劳均 GDP 和 R&D 效率的 σ 值

变　量	1999	2000	2001	2002	2003	2004	2005	2006	2007	2008	2009	2010
劳均 GDP	0.55	0.58	0.59	0.62	0.59	0.58	0.58	0.57	0.55	0.53	0.53	0.52
R&D 效率	0.58	0.61	0.66	0.52	0.56	0.55	0.50	0.52	0.38	0.36	0.36	0.37

为了得到可比较的 σ 收敛对比图,我们将劳均 GDP 和 R&D 效率的 σ 收敛指数进行了标准化,见表 6.4。

表 6.4　标准化后劳均 GDP 和 R&D 效率的 σ 值

变　量	1999	2000	2001	2002	2003	2004	2005	2006	2007	2008	2009	2010
劳均 GDP	−0.35	0.47	1.01	1.74	0.73	0.39	0.37	0.05	−0.35	−1.12	−1.34	−1.61
R&D 效率	0.75	1.05	1.59	0.21	0.57	0.48	0.05	0.24	−1.16	−1.28	−1.31	−1.21

结果展示在图 6.2 中。

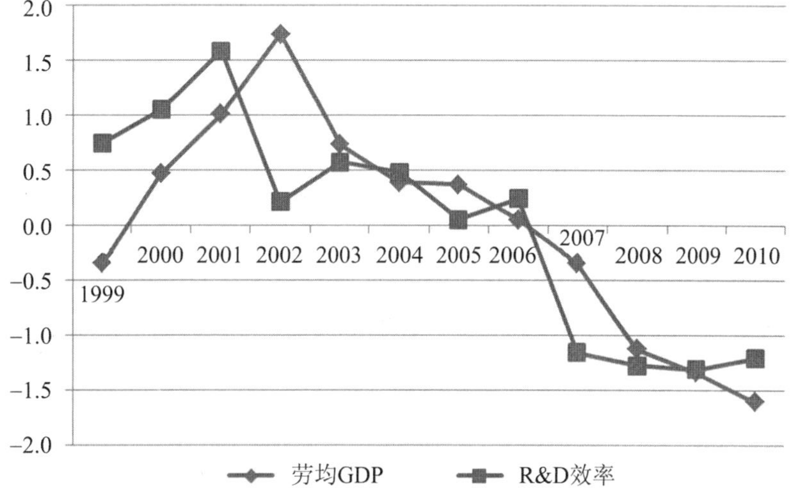

图 6.2　劳均 GDP 和 R&D 效率的 σ 收敛趋势

图6.2显示了R&D效率在2001年之前是发散的，在2001年之后总体上呈现了收敛趋势，在2003和2006年呈现轻微发散现象。劳均GDP在2002年之前是发散的，在2002之后呈现了收敛趋势，并且相对于R&D效率的收敛滞后了1期。根据表6.4的数据，我们计算出两条曲线的同期Pearson相关系数为0.761 9(P=0.004)，在1%置信水平下显著。但是考虑劳均GDP收敛滞后R&D效率收敛1期的条件下，则两条曲线的Pearson相关系数为0.963 1(P=0.000)，Pearson相关系数值提高了26.41%，变成了几乎完全正相关，显著性水平也变成完全显著。很明显，在考虑滞后1期的情况下，它们的相关性大大增强，而且变得完全显著。这说明R&D效率收敛和劳均GDP收敛存在显著的正相关；R&D效率驱动劳均GDP收敛滞后1期在统计上是显著的。

6.3　R&D边际生产力和劳均GDP的σ收敛

我们根据σ收敛检验方程(3.3)计算出劳均GDP和R&D边际生产力的σ收敛指数，如表6.5所示。

表6.5　劳均GDP和R&D边际生产力的σ值

变　量	1999	2000	2001	2002	2003	2004	2005	2006	2007	2008	2009	2010
劳均GDP	0.55	0.58	0.59	0.62	0.59	0.58	0.58	0.57	0.55	0.53	0.53	0.52
R&D边际生产力	0.41	0.53	0.94	0.57	0.73	0.45	0.44	0.35	0.36	0.53	0.37	0.44

为了得到可比较的σ收敛对比图，我们将劳均GDP和R&D边际生产力的标准差进行了标准化，见表6.6。

表6.6　标准化后劳均GDP和R&D边际生产力的σ值

变　量	1999	2000	2001	2002	2003	2004	2005	2006	2007	2008	2009	2010
劳均GDP	−0.35	0.47	1.01	1.74	0.73	0.39	0.37	0.05	−0.35	−1.12	−1.34	−1.61
R&D边际生产力	−0.59	0.13	2.46	0.36	1.29	−0.32	−0.43	−0.94	−0.85	0.12	−0.83	−0.40

结果展示在图6.3中。

图6.3显示了R&D边际生产力在2001年之前是发散的，在2001年之后总体上呈现了收敛趋势，然而在2003年、2008年和2010年出现了比较大的发

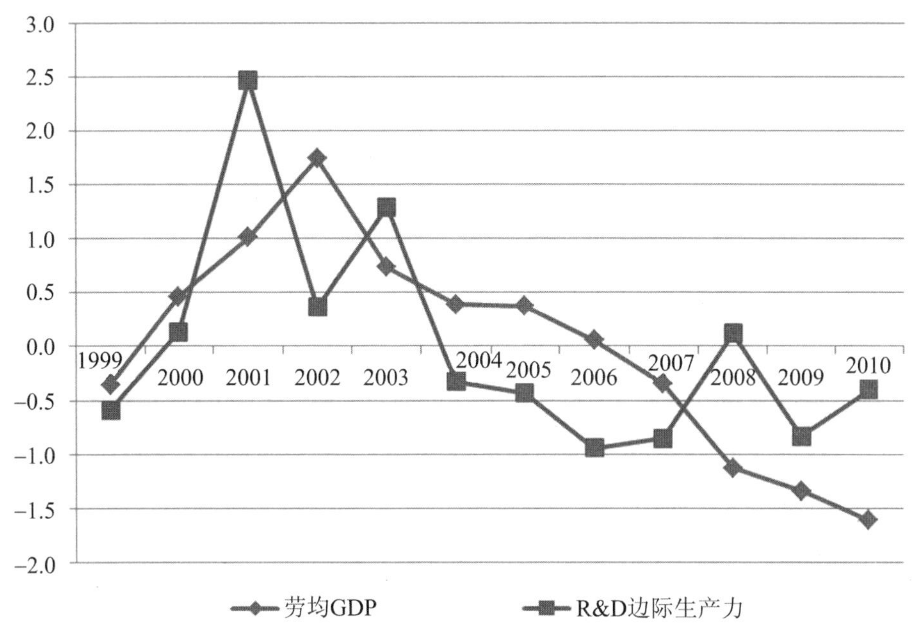

图6.3　劳均GDP和R&D边际生产力的σ收敛趋势

散现象。这正如4.5.2小节所述，影响R&D边际生产力的因素比较复杂，不仅仅有R&D活动的影响，还有投资等因素的影响，所以σ值变化比较大。劳均GDP在2002年之前是发散的，在2002之后呈现了收敛趋势，并且相对于R&D边际生产力的收敛滞后了1期。根据表6.6的数据，我们计算出两条曲线的同期Pearson相关系数为0.538 4(P=0.070 9)，在10%置信水平下是显著的。但是考虑劳均GDP收敛滞后R&D边际生产力收敛1期的条件下，则两条曲线的Pearson相关系数为0.665 9(P=0.025 3)，Pearson相关系数值提高了24%，显著性从10%的置信水平上升到了5%。很明显，在考虑滞后1期的情况下，它们的相关性大大增强，显著性水平也明显提高。这说明R&D边际生产力收敛和劳均GDP收敛存在着正相关，R&D边际生产力驱动劳均GDP收敛滞后1期在统计上是显著的。

通过以上以R&D人均投入、R&D效率和R&D边际生产力为测度对R&D活动和劳均GDP的σ收敛分析可知，这4个收敛指标都是先发散后收敛的，并且R&D活动的收敛和劳均GDP的收敛都存在很强的正相关，这正如技术扩散模型所证明的道理——技术的收敛最终会带来经济的收敛。新古典经济增长理论和新经济增长理论都认为技术是经济增长的重要源泉，技术的发明到掌握再到实践中的应用要一定时间，即存在滞后期，因此技术对经济增长和收敛起作用也会存在一个相应的滞后效应。通过计算R&D人均投入、R&D

效率和R&D边际生产力和劳均GDP收敛在考虑滞后效应的情况下的Pearson相关系数，我们发现R&D活动驱动滞后效应在统计上是显著的。

我们会在6.4节更加详细地说明R&D活动对劳均GDP收敛的趋动效应。

6.4 R&D活动对劳均GDP收敛的驱动效应

新经济增长理论承认R&D活动对经济产出的影响往往存在一个滞后效应，这种滞后效应首先体现在滞后期上。根据6.3节的结论，R&D活动对经济收敛的滞后期是存在的。有关我国R&D活动对经济产出到底存在多长的滞后期，国内一些学者从不同的角度也做了一些探讨。单红梅和李芸(2006)以国家统计局发布的1991～2003年年度统计数据为基础，研究了中国科技投入的经济效果，得出：中国科技投入不但对当期的经济增长具有促进作用，而且还存在滞后效应，其当年、滞后1年、滞后2年的产出弹性分别是0.171、0.300和0.339。谢兰云(2009)经过反复模拟，确定R&D当期投入和滞后1期的投入对当期GDP影响最为显著；并且，R&D投入对当期GDP影响弹性为－0.196，滞后1年的弹性为0.28。李旭(2012)研究了上海市1990～2008年的R&D投入(以流量形式计算)对GDP的影响，得出R&D投入的滞后期为投资当年和投资后的第8年。

在本节我们将在滞后期的基础上进一步探讨R&D活动对劳均GDP的驱动效应。在6.1～6.3节，我们得出了R&D人均投入、R&D效率和R&D边际生产力收敛与劳均GDP收敛存在很强的相关性，从图6.1、图6.2和图6.3两两σ收敛趋势线能看出R&D人均投入、R&D效率和R&D边际生产力与劳均GDP收敛的趋势整体上是一致的，但是两两收敛曲线呈现出较大的起伏。如果这些两两收敛曲线的起伏变化是一致的，也就是收敛曲线同步(也可允许存在一定的滞后期)，存在收敛强度同时增加或同时减弱的趋势，那么意味着虽然这些两两曲线起伏大小是不同的，但是对收敛趋势的影响是一致的。比如，R&D投入σ收敛曲线和劳均GDP收敛曲线每年收敛强度的增长量是一致的，那么意味着R&D投入在具体的每个年份上都驱动着劳均GDP收敛。

为了更好地说明问题，我们先给出3个概念：收敛强度、收敛强度变化量和驱动效应。

1. 收敛强度

某年的收敛强度为该年 σ 值的大小。

2. 收敛强度变化量

某年的收敛强度变化量为该年 σ 值减去上一年 σ 值所得的差。其数学表达式为

$$\Delta\sigma_t = \sigma_t - \sigma_{t-1} \tag{7.1}$$

收敛强度变化量可以衡量某一年份相对于上一年份是收敛还是发散的：如果 $\Delta\sigma$ 为正，说明该年份收敛变量发散，如果为负，说明该年份收敛变量收敛。$\Delta\sigma$ 的绝对值的大小可以衡量该年份收敛或发散的程度：绝对值越大，收敛或发散程度就越大。这样，我们就用定义的收敛强度变化量对两条收敛曲线之间起伏的细微差别进行定量化处理。如果在某一年份，两个收敛变量的收敛强度变化量都是正值，则认为该年份一个收敛变量对另一个收敛变量存在正向驱动；如果两个收敛强度变化量符号相反，则认为该年份一个收敛变量对另一个收敛变量存在反向驱动。两个收敛强度变化量之差的绝对值越小，该年份驱动强度就越强。

然而如果对每个年份都这么具体说明会显得很繁琐，因此需要一个综合性指标来定量化所有年份的收敛强度变化量，我们用驱动效应来表示。驱动效应包括两个方面的特征，即驱动方向和驱动强度。其中，驱动方向说明一个变量对另一个变量收敛起作用的方向（推动或阻碍），驱动强度说明一个变量对另一个变量收敛起的作用大小。

3. 驱动效应

驱动效应为两个收敛变量的收敛强度变化量的 Pearson 相关系数。Pearson 相关系数的正负表示驱动方向：如果 Pearson 相关系数为正，就认为存在正向的驱动效应（起着推动作用）；为负，就认为存在反向的驱动效应（起着阻碍作用）。Pearson 相关系数的绝对值表示驱动强度：绝对值越大，驱动效应就越强；绝对值越小，驱动效应就越弱。

6.4.1　R&D 人均投入对劳均 GDP 收敛的驱动效应

我们根据表 6.2 节的 σ 值计算了在考虑 2 期滞后的前提下 R&D 人均投入和劳均 GDP 收敛的收敛强度变化量，如表 6.7 所示。

表 6.7　在滞后 2 期条件下 R&D 人均投入对劳均 GDP 的驱动效应

变　量	2002	2003	2004	2005	2006	2007	2008	2009	2010
劳均 GDP	0.73	−1.01	−0.34	−0.02	−0.32	−0.40	−0.78	−0.22	−0.27
R&D 投入	0.64	−1.58	−0.34	−0.31	1.19	−0.53	−0.73	−0.36	−0.42
驱动方向	√	√	√	√	×	√	√	√	√

注：√表示驱动方向一致，×表示驱动方向相反。

具体分析表 6.7，在驱动方向上，除了 2006 年是不同的外，其他年份都相同，相同率达到 89%。这说明如果考虑滞后 2 期，R&D 人均投入驱动劳均 GDP 收敛或发散的方向上 89%的年份是一致的。驱动方向只考虑了驱动效应的方向问题，没有考虑到驱动强度问题。综合考虑这两个方面，我们计算了 Pearson 相关系数，其值为 0.670 9($P=$ 0.047 9)，在 5%的置信水平下是显著的。因此 R&D 人均投入对劳均 GDP 收敛存在着正向的驱动效应，驱动效应相当显著。

为了更直观地显示出 R&D 人均投入收敛对劳均 GDP 收敛的驱动效应，我们将表 6.7 的数据展示在图 6.4 中。在图 6.4 中，曲线在横坐标以上表示该年份相对于上一年份是发散的，在横坐标以下说明该年份相对于上一年份是收敛的。可以很明显地看出，只有在 2006 年，R&D 人均投入和劳均 GDP 的驱动方向是不同的，驱动强度也是比较小的。而在其他年份，R&D 人均投入和劳均 GDP 的驱动方向都是一致的，R&D 人均投入对劳均 GDP 收敛的驱动强度也是比较大的。

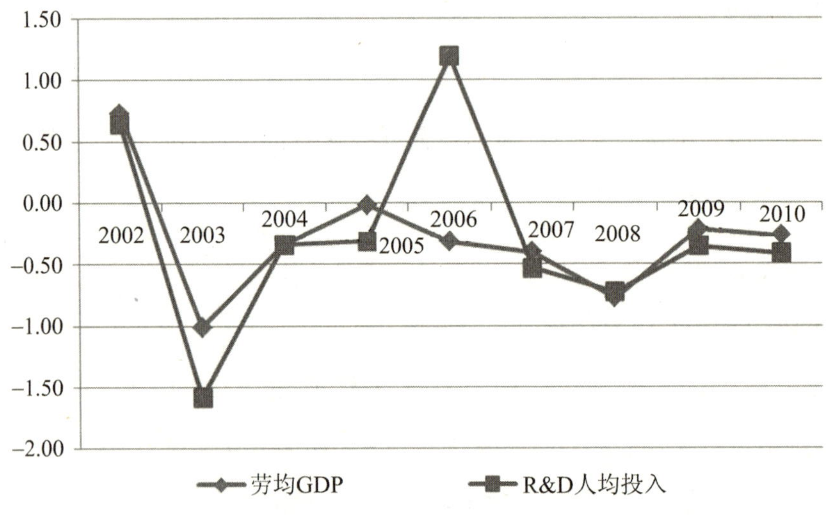

图 6.4　在滞后 2 期条件下 R&D 人均投入对劳均 GDP 的驱动效应

6.4.2　R&D 效率对劳均 GDP 收敛的驱动效应

我们根据表 6.4 的 σ 值计算了在考虑 1 期滞后的前提下 R&D 效率和劳均 GDP 收敛强度变化量，如表 6.8 所示。

表 6.8　滞后 1 期条件下 R&D 效率对劳均 GDP 的驱动效应

变　量	2001	2002	2003	2004	2005	2006	2007	2008	2009	2010
劳均 GDP	0.54	0.73	−1.01	−0.34	−0.02	−0.32	−0.40	−0.78	−0.22	−0.27
R&D 效率	0.30	0.54	−1.38	0.36	−0.09	−0.43	0.19	−1.40	−0.12	−0.03
驱动方向	√	√	√	×	√	√	×	√	√	√

注：√表示驱动方向一致，×表示驱动方向相反。

具体分析表 6.8，在驱动方向上，2004 年和 2007 年是不同的，其他年份都是相同的，相同率达到 80%。这说明如果考虑滞后 1 期，R&D 效率驱动劳均 GDP 收敛或发散的方向上 80%的年份是一致的。R&D 效率和劳均 GDP 收敛强度的变化量的 Pearson 相关系数为 0.794 4(P= 0.006 1)，在 1%的置信水平下是显著的。因此 R&D 效率对劳均 GDP 收敛存在着正向的驱动效应，驱动效应非常显著。对比 R&D 人均收入的驱动效应，在驱动方向上，R&D 人均投入比 R&D 效率比例高；但是在驱动强度上，R&D 效率比 R&D 人均投入大。综合考虑这两个方面因素，R&D 效率对劳均 GDP 收敛的驱动效应比 R&D 人均投入要大。

我们将表 6.8 的数据展示在图 6.5 中。R&D 效率和劳均 GDP 两条收敛

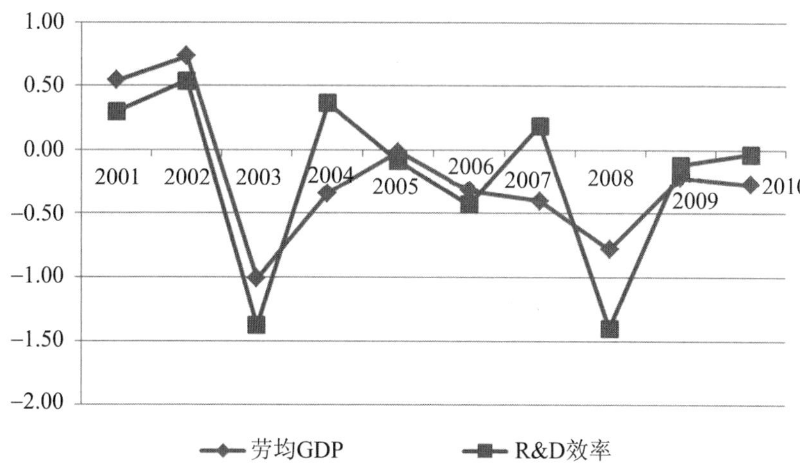

图 6.5　在滞后 1 期条件下 R&D 效率对劳均 GDP 的驱动效应

曲线在2004年和2007年收敛方向是不同的，其他年份都是相同的。较R&D人均投入，R&D效率和劳均GDP收敛强度变化量的绝对值比较小，因此驱动强度比较大。

6.4.3　R&D边际生产力对劳均GDP收敛的驱动效应

我们根据表6.6的σ值计算了在考虑1期滞后的前提下R&D边际生产力和劳均GDP收敛的收敛强度变化量，如表6.9所示。

表6.9　滞后1期条件下R&D边际生产力对劳均GDP的驱动效应

变　量	2001	2002	2003	2004	2005	2006	2007	2008	2009	2010
劳均GDP	0.54	0.73	−1.01	−0.34	−0.02	−0.32	−0.40	−0.78	−0.22	−0.27
R&D边际生产力	0.72	2.33	−2.10	0.93	−1.61	−0.11	−0.51	0.09	0.97	−0.95
驱动方向	√	√	√	×	√	√	√	×	×	√

注：√表示驱动方向一致，×表示驱动方向相反。

具体分析表6.9，在驱动方向上，2004年、2008年和2009年是不同的，其他年份都是相同的，相同率达到70%。这说明如果考虑滞后1期，R&D边际生产力驱动劳均GDP收敛或发散的方向上70%的年份是一致的。R&D边际生产力和劳均GDP收敛强度的变化量的Pearson相关系数为0.645 6（$P=0.0438$），在5%的置信水平下是显著的。因此R&D边际生产力对劳均GDP收敛存在着正向的驱动效应，驱动效应比较显著。虽然R&D边际生产力驱动劳均GDP收敛在考虑滞后1期的前提下在统计上是显著的，但是无论在收敛驱动方向上还是在驱动效应上，都比R&D人均投入和R&D效率要小。

对比R&D人均收入和R&D效率的驱动效应，在驱动方向上，R&D效率正向驱动比例最高，R&D人均投入其次，R&D边际生产力最小；结合驱动方向和驱动强度考虑，R&D效率的驱动效应最大，R&D投入其次，R&D边际生产力最小。

我们将表6.9的数据展示在图6.6中。R&D边际生产力和劳均GDP两条收敛曲线在2004年、2008年和2009年驱动方向是不同的，其他年份都是相同的。较R&D人均投入和R&D效率，R&D边际生产力和劳均GDP收敛强度变化量的绝对值比较大，因此驱动强度显得稍微小些。

对比R&D人均投入、R&D效率和R&D边际生产力对劳均GDP收敛的驱动效应，R&D边际生产力的驱动效应略小，这主要是因为R&D边际生产力是一个综合性的概念，指R&D资本存量增加1个单位带来的经济生产总值

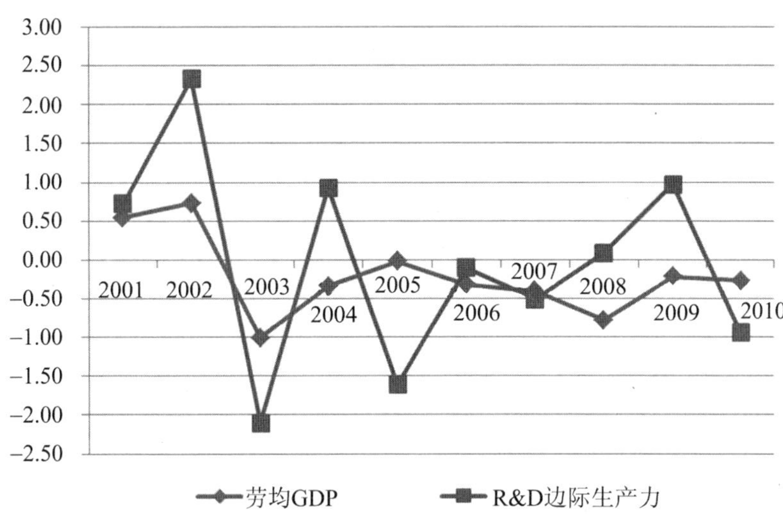

图 6.6　在滞后 1 期条件下 R&D 边际生产力对劳均 GDP 的驱动效应

的增加量。它将 R&D 资本存量和经济生产总值直接联系起来，所以它还受到其他因素的影响。因此 R&D 边际生产力对劳均 GDP 收敛的驱动效应也存在着更多不稳定的因素。同时由于它是将 R&D 活动和 GDP 直接联系起来的一个指标，所以它是驱动劳均 GDP 收敛最直接的因素，从 R&D 边际生产力可以看出 R&D 活动肯定对劳均 GDP 收敛存在驱动效应。

第7章 R&D活动驱动劳均GDP收敛的动态演进

利用动态收入分布方法可对各国或各地区经济发展水平进行更为一般性的分析，它通过刻画不同时点上各样本经济发展水平指标的具体分布状况来判断其差距的变化情况，确定各国或各地区的经济收敛趋势（Quah，1993，1996）。动态收入分布方法提供了各国或各地区经济收入水平分布的直观刻画，β收敛回归和σ收敛判断实际上都是对这一分布某些统计特征的描述，因此它们不如收入动态分布那么具体和全面（吴利学，2010）。因此动态收入分布方法关注的是σ趋同和截面收入分布作为一个整体的变化过程。动态收入分布方法包括核密度估计方法和Markov链方法。与Markov链方法相比，核估计方法更能准确地拟合相对人均产出的动态变化趋势和特征，然而却不能判断所绘制的核密度分布图是否是稳态的（Quah，1996）。因此两种方法结合使用可以表达出更多的收敛内部信息。

7.1 核密度分布和Markov链

7.1.1 核密度估计法

在现代收敛文献中出现了核密度估计法，即利用核估计方法来估计收入分布的密度函数，从而揭示其动态演进过程。我国对非参数核密度估计法的应用到20世纪90年代后期才展开，张守一等(1997)在国内首次应用核密度估计法研究城镇居民的消费问题。

进入21世纪以来，利用核密度估计法对我国经济现象的研究逐渐增多，但基本都集中在收入分布和经济增长的模式方面。Aziz和Duenwald(2001)采用核密度方法估计了1978～1997年我国省市人均GDP的概率分布密度，认为在改革开放初期,收入差距有所下降,其后呈现出向双峰分布发展的趋势。徐现祥和舒元(2004)采用核密度分布方法考察了 1978～1998 年我国 30 个省市的可比价格的劳均 GDP 收入分布演进,发现收入分布逐渐从单峰形演进为双峰形。Sun(2005)使用 CHIP(中国家庭收入项目)数据,采用核密度分布方法描绘和比较了我国 1988 年和 1995 年的城市收入分配状况,研究分析了经济改革如何影响城市地区的收入不平等。周卫峰(2005)、王争和钱彦敏(2006)、何江和张馨之(2006)、李国平和陈晓玲(2007)等采用了核密度估计法研究了我国省市单元的劳均 GDP 收入分布的动态演进。徐现祥和王海港(2008)采用核密度估计法研究了各省市收入分布,并加总得到全国分布。发现我国收入分布逐渐右移并呈现双峰分布,从要素贡献的角度分析了收入分布呈现两极分化的原因。顾严和冯银虎(2008)采用核密度分布方法研究了中国行业间人均实际工资的分布形态。董直庆和王林辉(2009)利用核密度分布方法考察了我国区域经济分化模式,并利用面板数据(panel data)对我国经济增长进行了要素贡献的分解,发现:我国不仅存在区域发展不平衡特征,而且从 20 世纪 80 年代开始,我国区域经济增长呈现从尖峰形到宽峰形再到双峰形的变化模式,区域经济分化现象越来越明显;经济增长要素贡献分析结果显示,物质资本是区域经济增长的最主要因素,而产权制度和贸易因素是区域经济不平衡和分化的根本原因。

核密度估计法在现代收敛文献中的应用越来越多,主要是因为它具有 β 收敛回归法无法比拟的优点。一般地,在经济计量研究中常用的是参数估计,即假定经济变量之间具有确定的函数关系,利用样本对函数中的参数进行估计,经典的线性回归和非线性回归就属于参数估计的方法。而核密度估计法是一种非参数估计方法,在方法论层面上具有参数估计法难以比拟的优点:回归函数的形式可以任意设定,没有任何约束,很少限制解释变量和被解释变量的分布,因而具有较大的适应性。其目的在于放松回归函数形式的限制,为确定或建议回归函数的参数表达式提供有用的工具,从而能在广泛的基础上得出更加带有普遍性的结论(张守一等,1997;李子奈,叶阿忠,2000;叶阿忠,2003)。所以可以说,核密度估计法是一种纯数据驱动的方法,得出的结论比 β 收敛的结论要真实得多。

核密度分布估计法主要用于对随机变量密度函数进行估计,根据叶阿忠(2003),其基本原理如下:

假定 $X_1, X_2, \cdots, X_r$ 是同分布,其密度函数为 $f(x)$ 未知,现在的任务是要依据样本去估计 $f(x)$。经验分布函数为

$$F_n(x)=\frac{1}{n}\{X_1,X_2,\cdots,X_n\text{ 中小于 }x\text{ 的个数}\} \tag{7.1}$$

取核函数为均匀核：

$$K(x)=\begin{cases}\frac{1}{2} & -1\leqslant x<1\\ 0 & \text{其他}\end{cases} \tag{7.2}$$

则可得密度估计为

$$\begin{aligned}\hat{f}_n(x)&=\frac{F_n(x+h_n)-F_n(x-h_n)}{2h}\\&=\int_{x-h_n}^{x+h_n}\frac{1}{h_n}K\left(\frac{t-x}{h_n}\right)\mathrm{d}F_n(t)\\&=\frac{1}{nh_n}\sum_{i=1}^{n}K\left(\frac{x-x_i}{h_n}\right)\end{aligned} \tag{7.3}$$

式中，h 为平滑系数或窗宽。该式就是我们常说的核密度。其经济含义很明确，表示经济体在给定的经济省域上出现的概率。式中，$K(x)$ 为一个非负函数，又称为核函数。核函数是一种加权函数或平滑函数，通常所采用的核函数还有 Gauss 核 $K_1(x)=\frac{1}{\sqrt{2\pi}}\exp\left(-\frac{x^2}{2}\right)$，Epanechnikov 核 $K_2(x)=\frac{3}{4}(1-x^2)_+$①，三角核 $K_3(x)=(1-|x|)_+$，四次核 $K_4(x)=\frac{15}{16}(1-x^2)_+$，六次核 $K_5(x)=\frac{70}{81}(1-|x|^3)_+$。

一般来说，要求核函数满足以下条件：

$$\begin{cases}K(x)\geqslant 0, & \int_{-\infty}^{+\infty}K(x)\mathrm{d}x=1\\ \sup K(x)<+\infty, & \int_{-\infty}^{+\infty}K^2(x)\mathrm{d}x<+\infty\\ \lim\limits_{x\to\infty}k(x)\cdot x=0\end{cases} \tag{7.4}$$

核密度估计的关键在于最优窗宽的选择，窗宽的选择对核密度估计的重要性要远远大于核函数，因为它决定了核密度估计的精度和核密度图的平滑度。窗宽的选择决定了所估计密度曲线的平滑程度：窗宽越大，核估计的方差越小，密度函数曲线越平滑，但估计的偏差却越大；窗宽越小，核估计的方差越大，密度函数曲线越不平滑，但估计的偏差却越小。因此最佳窗宽的选择必须在核估计的偏差和方差间进行权衡，使得均方误差最小。窗宽的选择还与样本数之间

① ＋表示取函数的正部。

存在联系，实际情况中，经常将窗宽 h 设定为 $h=0.9S_eN^{-0.8}$（S_e 是随机变量观测值的标准差，N 为样本容量）。

本书使用 Matlab R2010b 软件包所提供的 ksdensity 方法估计收敛变量的核密度分布曲线，采用的是 Gauss 核函数。

利用核密度分布曲线判断经济变量收敛或发散的基本原则是：首先，核密度曲线底部越宽，说明越发散；核密度曲线出现波峰，说明存在收敛；出现多个波峰，说明存在俱乐部收敛；波峰越高，核密度值就越大，说明在这个均值地方收敛强度越大。在本书中，为了和 σ 收敛（σ 收敛检验不了俱乐部收敛）对应起来，如果出现了俱乐部收敛，我们也认为存在发散过程。因此在判断收敛变量动态演进时，我们遵循这个原则：先观察核密度曲线底部的宽度，再观察波峰的高度和波峰的数量。

7.1.2　Markov 链法

虽然核密度曲线能较好地反映区域收入分布的整体形态，而且通过不同时期的比较，还可以把握收入分布的动态演进特征；然而，这种方法的缺陷在于所提供的收入分布的内部动态性（intra-distribution dynamics）信息有限，难以反映各地区在收入分布中的相对位置的变动及其未来的变动趋势（即分布变化的可能性）。Markov 链方法密切关注收入分布中各地区的状态转移，能较好地反映收入分布的内部动态性，而且还能判断现在的收入分布格局是否是稳态的（Quah，1996）。

Markov 链是随机过程的一个特例，专门研究时间和状态均为离散情况下的随机转移问题，且具有满足未来的状态的概率只与现在的状态有关而与过去的状态无关（即无后效性）的属性。在现实世界当中，有很多过程都可以看作 Markov 链。例如，传染病受感染的人数、液体中微粒所做的布朗运动、产品市场占有率及利润率的变动等。Markov 链在实际生活中普遍存在，被广泛应用于近代物理、生物学、地质学、计算机科学、公共事业、教育管理、经济管理以及交通、建筑等各个领域。

在研究我国区域经济收敛的文献中，采用 Markov 链法的不多见，查阅到的一些文献都是最近几年才出现的。高见（2006）研究了我国省市 1952～2003 年的人均 GDP 的收敛情况，发现我国区域经济增长过程中存在俱乐部收敛现象。唐永（2007）在高见的基础上进行了更深入一步的研究，他采用 Markov 链方法研究了 1990～2004 年我国 334 个地级行政单元的人均 GDP 的收敛情况，结果发现也呈现比较明显的俱乐部收敛现象。

蒲英霞等（2005）以江苏省 77 个县域 1978～2000 年人均 GDP 数据为资

料，基于空间 Markov 链方法，研究了江苏省区域趋同的时空动态演变特征，结果表明，自改革开放以来，江苏省一直存在俱乐部趋同现象，在 1990～2000 年期间更为显著。

黄晓峰和黄跃东(2006)基于空间 Markov 链方法研究了福建省 1992～2004 年 67 个县域的人均收入收敛情况，研究发现：20 世纪 90 年代以来福建省一直存在俱乐部趋同现象，1998～2004 年期间的俱乐部趋同现象比 1992～1998 来得明显。

何江和张馨之(2007)同时采用了核密度和 Markov 链方法研究了 1985～2004 年我国省市收入分布演进情况，发现：我国省市收入差距趋于固化与深化，贫困陷阱问题越来越突出；区域收入分布演进呈现出多俱乐部收敛的趋势，低收入俱乐部的规模远远大于其他较富裕的收敛俱乐部。

吴建新(2010)也采用核密度函数和 Markov 链理论研究了我国省市劳均收入分布的动态演变和发展趋势，发现：改革开放以前，我国省市劳均收入为多峰分布，其遍历分布为偏向低收入的双峰分布；改革开放以后，劳均收入分布经历了从多峰到单峰再到双峰的演变过程，其遍历分布为偏向高收入的双峰分布。从长期发展趋势来看，改革开放以后我国多数地区经济将会收敛于高收入区间。

下面根据何江和张馨之(2007)，介绍 Markov 链方法的基本原理。

Markov 链是一个随机过程，即$\{X(t), t\in T\}$。有限状态空间 L 对应于随机变量 X 的状态数，对所有时期 t 和所有可能的状态 j、i 和 i_k($k=0,1,2,\cdots,t-2$)，满足

$$\begin{aligned}&P\{X(t)=j \mid X(t-1)=i, X(t-2)=i_{t-2},\cdots, X(0)=i_0\}\\&\quad =P\{X(t)=j \mid X(t-1)=i\}\end{aligned} \tag{7.5}$$

式(7.5)表明了一阶 Markov 链的 Markov 性，或称无后效性，即随机变量 X 在时期 t 处于状态 j 的概率仅取决于 X 在时期 $t-1$ 的状态，而与过去的状态无关。

状态转移指随机变量从一种状态转变到另一种状态，状态转移概率 p_{ij} 则是指由状态 i 转移到状态 j 的概率，所有的 p_{ij} 所组成的 $L\times L$ 维矩阵就是状态转移概率矩阵 P。

设 F_t 为 $1\times L$ 的行向量，代表 t 时期考察变量的分布状况，即每一个状态出现的频率。那么，$t+1$ 时期的分布可以表示为

$$F_{t+1}=F_tP \tag{7.6}$$

如果转移概率不随时间变化，那么 Markov 链就具有时间平稳性(time stationary)或时间同质性(time homogeneous)，$t+s$ 时期的分布 F_{t+s} 为

$$F_{t+s} = F_t P^s \tag{7.7}$$

如果转移概率矩阵 P 是正则(regular)概率矩阵，随着 s 趋于无穷大，P_s 收敛于一个秩为 1 的极限矩阵 P^*，同时得到 F_t 的稳态分布或长期分布 F^*。

一个时间平稳的 Markov 链的性质完全由转移概率矩阵 P 和初始分布 F_0 决定，因此 Markov 链分析的主要任务就是估计状态转移概率矩阵和计算初始概率分布。状态转移概率 p_{ij} 的最大似然估计为

$$\hat{p}_{ij} = \frac{n_{ij}}{n_i} \tag{7.8}$$

其中，n_{ij} 是考察期间第 i 种状态转变为第 j 种状态出现的次数，n_i 是 i 种状态出现的总次数。

要根据式(7.8)计算出状态转移概率，我们必须首先明确收敛变量所处的状态。本书将所要检验的 4 个收敛变量(R&D 人均投入、R&D 效率、R&D 边际生产力和劳均 GDP)逐年划分为以下 4 种状态(4 个水平)：

① 低水平(L_1)：收敛变量低于全国平均值的 50%。

② 中低水平(L_2)：收敛变量介于全国平均值的 50%～100%。

③ 中高水平(L_3)：收敛变量介于全国平均值的 100%～150%。

④ 高水平(L_4)：收敛变量高于全国平均值的 150%。

这样我们就可以得到 4×4 Markov 转移概率矩阵，如表 7.1 所示。

表 7.1　Markov 转移概率矩阵(L=4)

t_i/t_{i+1}	L_1	L_2	L_3	L_4	n_i
L_1	p_{11}	p_{12}	p_{13}	p_{14}	n_1
L_2	p_{21}	p_{22}	p_{23}	p_{24}	n_2
L_3	p_{31}	p_{32}	p_{33}	p_{34}	n_3
L_4	p_{41}	p_{42}	p_{43}	p_{44}	n_4

注：p_{ij} 是状态转移概率，指由状态 i 转移到状态 j 的概率；n_i 是第 i 种状态出现的总次数。

为了判断各地区收入状态的变动速度，还需计算平均首次经过时间矩阵(matrix of mean first passage time)$\boldsymbol{M}_{\mathrm{p}}$，其中元素 $\boldsymbol{M}_{\mathrm{p},ij}$ 意味着一个地区首次由第 i 状态转变为第 j 状态的期望时间。对正规的 Markov 链(转移概率矩阵是正规矩阵)而言，Kemeny 和 Snell(1976) 给 $\boldsymbol{M}_{\mathrm{p}}$ 下了定义，即

$$\boldsymbol{M}_{\mathrm{p}} = (\boldsymbol{I}_L - \boldsymbol{Z} + \boldsymbol{SS}'\boldsymbol{Z}_{\mathrm{dg}})D \tag{7.9}$$

其中，$\boldsymbol{I}_L$ 是 L 阶(L 是区间数)的单位矩阵，矩阵 $\boldsymbol{Z}$ 如下定义：

$$\boldsymbol{Z} = (\boldsymbol{I}_L - \boldsymbol{P} + \boldsymbol{P}^*)^{-1} \tag{7.10}$$

$\boldsymbol{P}$ 是状态转移概率矩阵，$\boldsymbol{P}^{*}$ 是极限转移概率矩阵（也就是极限分布矩阵，每一列元素都相同），$\boldsymbol{S}$ 是单位列向量，$\boldsymbol{Z}_{dg}$ 是由矩阵 $\boldsymbol{Z}$ 的对角元素组成的对角矩阵，$\boldsymbol{D}$ 是由矩阵 $\boldsymbol{P}^{*}$ 对角元素的倒数组成的对角矩阵。

为了研究收敛，我们还可以根据转移矩阵来计算收敛变量的稳态分布，即极限分布。在求解 R&D 活动的稳态分布时，我们再给出具体计算方法。

7.2 R&D 活动驱动劳均 GDP 的核密度分布动态演进

7.2.1 R&D 活动和劳均 GDP 的核密度分布

本小节主要是对 1999～2010 年我国 30 个省市 R&D 活动的 3 个测度指标（R&D 人均投入、R&D 效率和 R&D 边际生产力）和劳均 GDP 的核密度分布曲线进行初步观察，判断是否存在收敛现象，如图 7.1～图 7.4 所示。

图 7.1 展示了我国 1999～2010 年 R&D 人均投入的核密度分布曲线。从整体上来看，我国 R&D 人均投入在这 12 年中都存在收敛现象，均值位置有较大的变化，波峰的核密度值也有较大的变化。收敛强度在不同年份有所不同，即相邻年份之间可能存在相对收敛或相对发散现象。

图 7.2 展示了我国 1999～2010 年 R&D 效率的核密度分布曲线，从整体上来看，我国 R&D 效率在这 12 年中都存在收敛现象，收敛的均值变化不大，但是波峰的核密度值变化较大。因此收敛强度在不同年份有所不同，即相邻年份之间可能存在相对收敛或相对发散现象。

图 7.3 展示了我国 1999～2010 年 R&D 边际生产力的核密度分布曲线。从整体上来看，我国 R&D 边际生产力在这 12 年中都存在收敛现象，收敛的均值变化较大，在 2001 年达到最大值，之后又出现减小的现象。其原因正如第 4 章所述：随着研发规模的增加，R&D 效率先增大后减小，所以 R&D 边际生产力也出现了类似的规律，因为 R&D 效率是 R&D 边际生产力的一个重要影响因子。波峰的核密度值变化较大。因此收敛强度在不同年份有所不同，即相邻年份之间可能出现相对收敛或相对发散现象。

图 7.4 展示了我国 1999～2010 年劳均 GDP 的核密度分布曲线，从整体上来看，我国劳均 GDP 每年也都存在收敛现象，且收敛的均值变化不大。但是收敛强度在不同年份有所不同，即相邻年份之间可能存在相对收敛或相对发散现象。

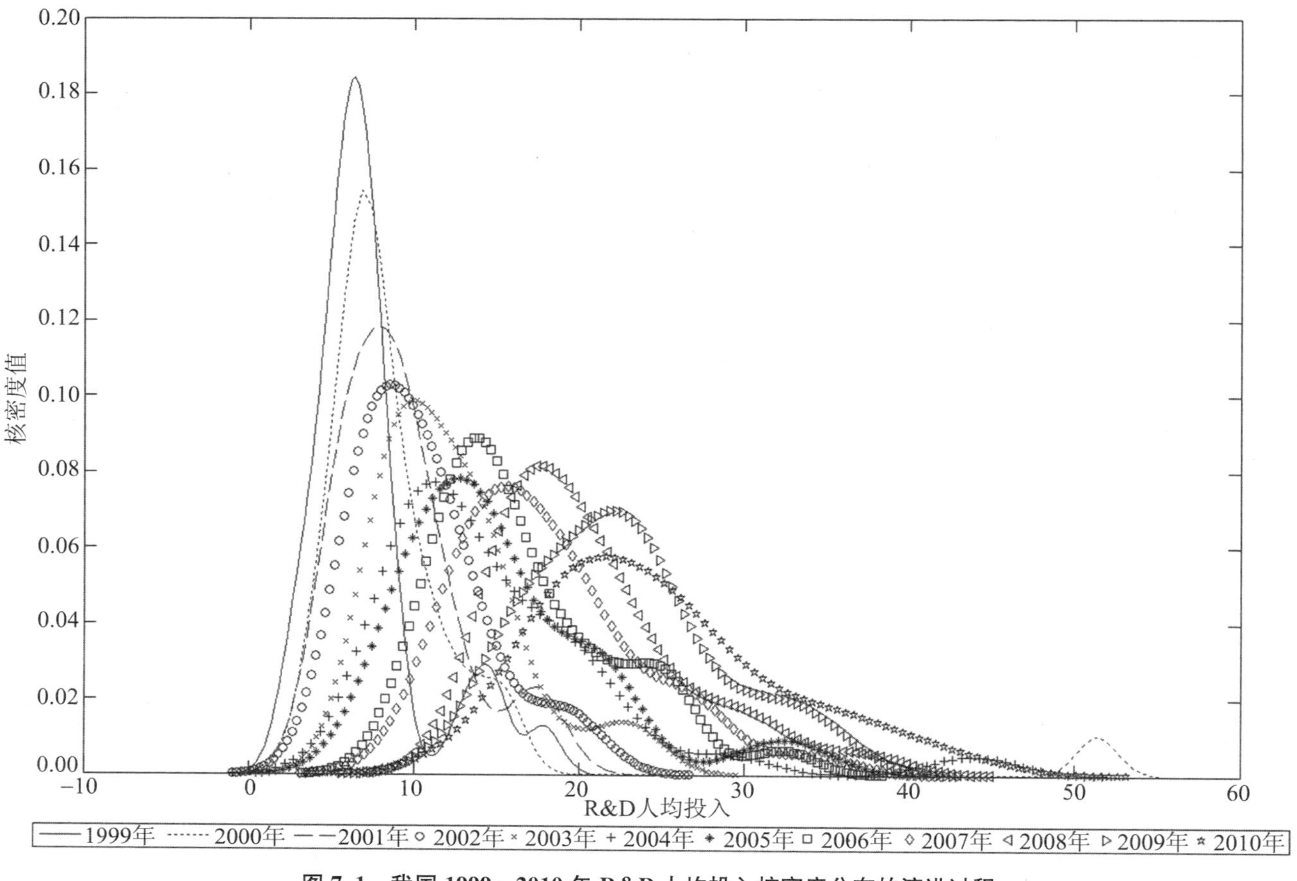

图 7.1　我国 1999~2010 年 R&D 人均投入核密度分布的演进过程

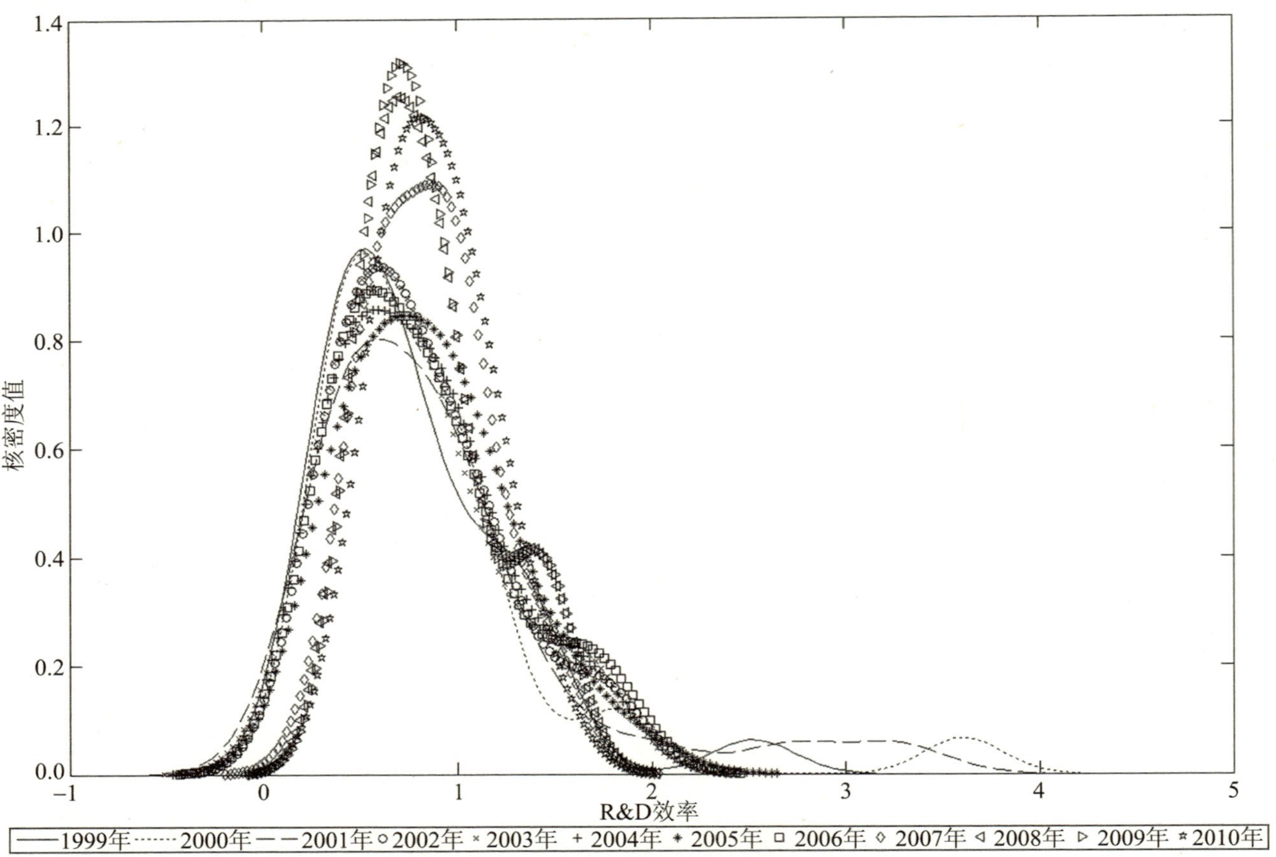

图 7.2 我国 1999～2010 年 R&D 效率核密度分布的演进过程

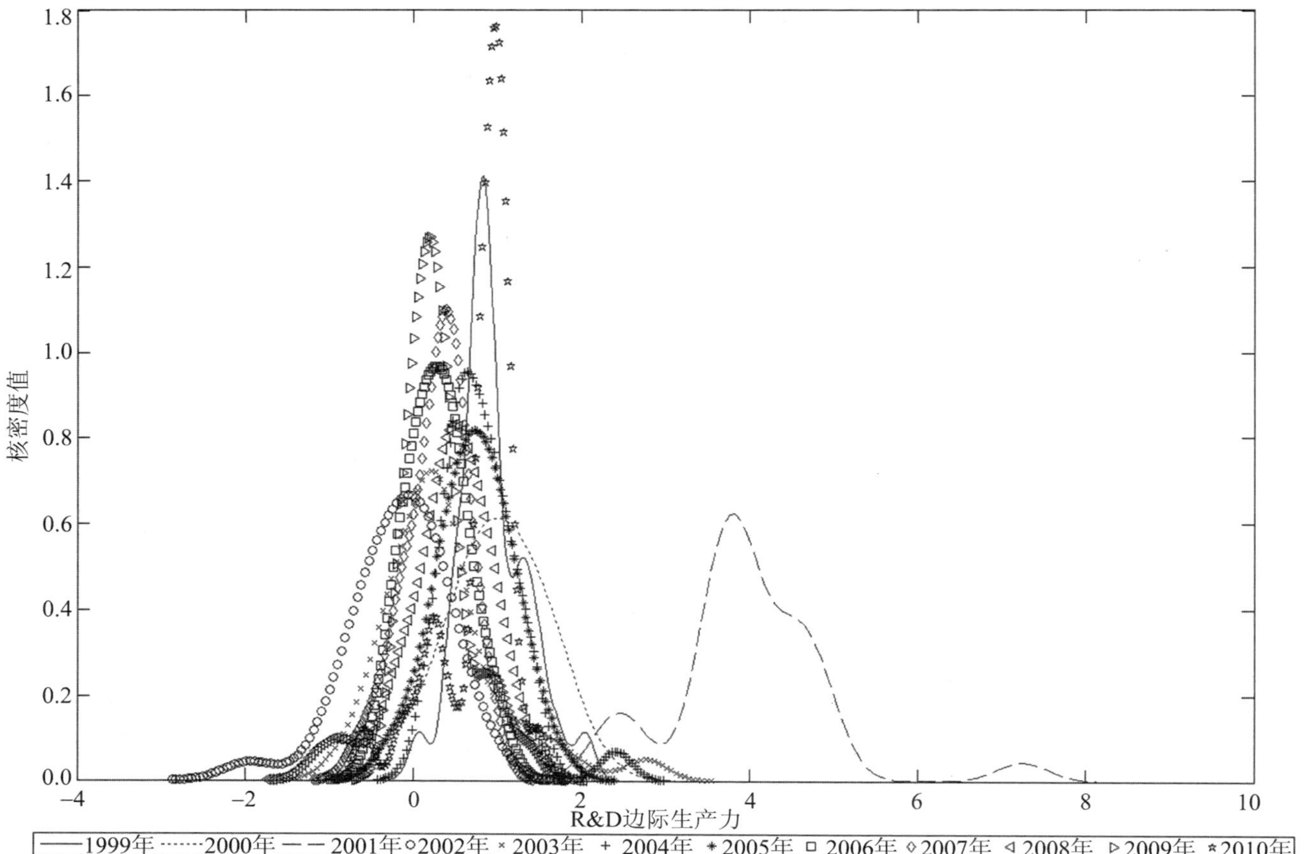

图 7.3　我国 1999～2010 年 R&D 边际生产力核密度分布的演进过程

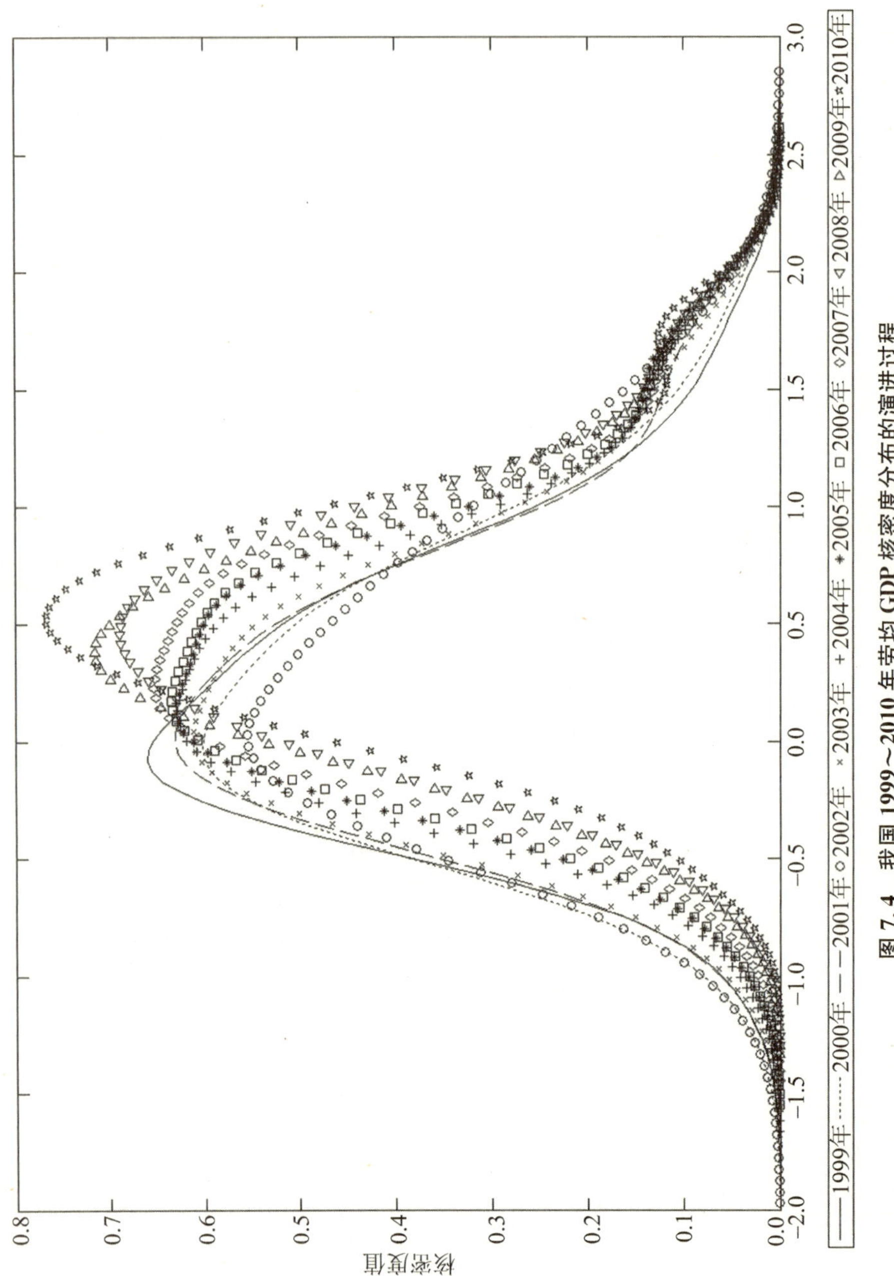

图 7.4 我国 1999~2010 年劳均 GDP 核密度分布的演进过程

注：横坐标劳均 GDP 是对数形式，这与 σ 收敛采用的收敛指标保持了一致性。

从上文分析来看，R&D活动和劳均GDP在1999～2010年都存在收敛现象，但是由于核密度曲线数量太多，没有办法观察其中的动态演进的细节。为此，在后面的7.2.2～7.2.4小节，我们按照一定的原则选择有代表性的核密度曲线来研究R&D活动对劳均GDP的驱动效应。

7.2.2　R&D人均投入驱动劳均GDP的动态演进

我们以R&D人均投入和劳均GDP的σ收敛曲线关系为基础来确定它们之间的核密度驱动关系，如图7.5所示。根据第6章的结论，劳均GDP相对于R&D人均投入收敛滞后2期，所以在选择核密度曲线驱动时，我们也遵循滞后2期的原则。R&D人均投入相对于劳均GDP的σ收敛曲线起伏比较大，所以我们以R&D人均投入的σ收敛曲线为基础，选择起伏（σ收敛曲线的起伏意味着收敛和发散现象）比较大的几个年份来研究。

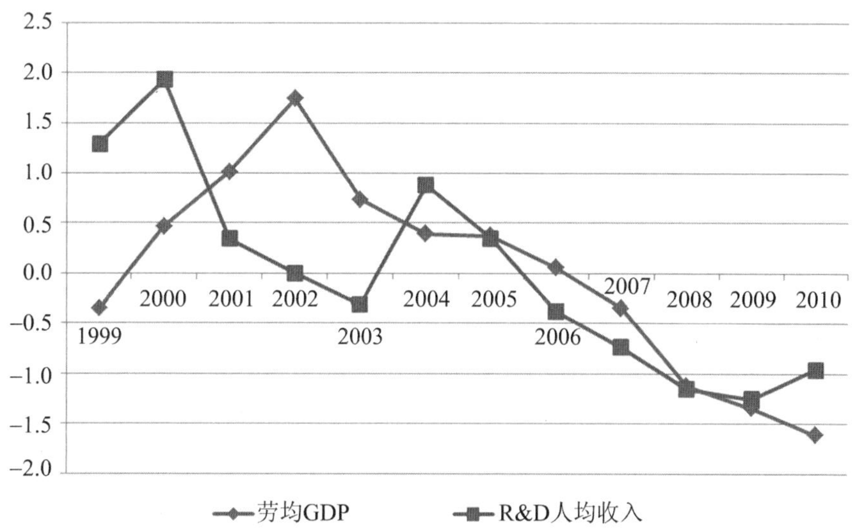

图7.5　R&D人均投入和劳均GDP的σ收敛趋势

根据图7.5中的R&D人均投入的σ收敛曲线，我们选择1999年、2000年、2003年、2004年和2008年的R&D人均投入的核密度分布曲线。考虑2期滞后，我们选择2001年、2002年、2005年、2006年和2010年的劳均GDP的核密度分布曲线。将这两个收敛变量的5年核密度曲线展示在图7.6中。

首先，分析图7.6(a)中R&D人均投入核密度分布曲线的变化趋势：1999年核密度曲线呈现出两个明显的俱乐部收敛，但两个俱乐部均值差距不大；2000年的核密度曲线底部宽度相对于1999年变宽，(高值)俱乐部收敛和(低值)俱乐部的均值差距拉大，而且两个俱乐部的核密度值都比1999年低，因此

2000年相对于1999年，R&D人均投入出现了很大程度的发散；2003年的核密度曲线底部宽度相对于2000年变窄了很多，也有一个（高值）俱乐部，但是（高值）俱乐部和（低值）俱乐部的均值比较接近，因此2003年相对于2000年，R&D人均投入出现了收敛；2004年的核密度曲线底部宽度相对于2003年变宽了很多，也形成了一个微弱的（高值）俱乐部，而且（低值）俱乐部的均值的核密度值比2003年的要低些，因此2004年相对于2003年，R&D人均投入出现了发散；2008年的核密度曲线底部宽度相对于2004年变窄了很多，（高值）俱乐部消失，并且主峰的核密度值比2004年要大，因此2008年相对于2004年，R&D人均投入出现了明显收敛。

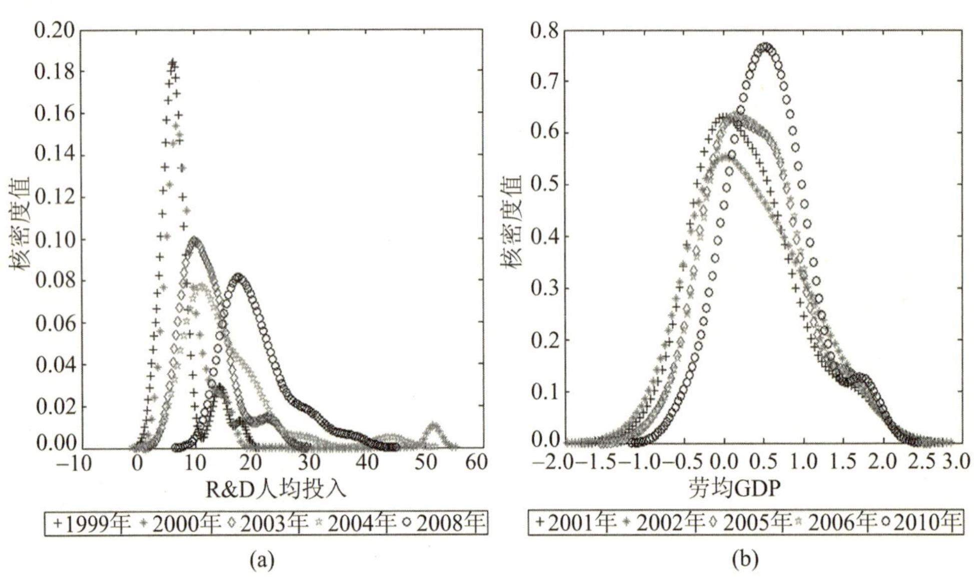

图7.6　R&D人均投入对劳均GDP的核密度驱动

其次，分析图7.6(b)中劳均GDP核密度分布曲线的变化趋势：2001年核密度曲线呈现出两个俱乐部收敛，但（高值）俱乐部收敛基本没有形成规模；2002年的核密度曲线底部宽度相对于2001年略微变宽，波峰高度也比2001年低，因此2002年相对于2001年，劳均GDP出现了发散；2005年的核密度曲线底部宽度相对于2002年明显变窄，波峰高度也比2001年高出很多，因此2005年相对于2002年，劳均GDP出现了很大收敛；2006年的核密度曲线和2005年基本重合，波峰略微有点升高，没有出现明显的收敛现象；2010年的核密度曲线底部宽度相对于2006年明显变窄，波峰高度也比2006年高出很多，因此2010年相对于2006年，劳均GDP出现了明显收敛。

从图7.6(a)中R&D人均投入核密度分布曲线的变化趋势和图7.6(b)中

劳均 GDP 核密度分布曲线的变化趋势可以发现很多共同点：在 2003～2004 年 R&D 人均投入存在发散的前提下，劳均 GDP 在 2005～2006 年收敛表现得非常不明显；在其他年份，R&D 人均投入存在发散时，劳均 GDP 同样表现出发散，R&D 人均投入存在收敛时，劳均 GDP 同样表现出收敛。因此在考虑 2 期滞后的前提下，核密度分布曲线的动态演进显示了 R&D 人均投入对劳均 GDP 的收敛也存在明显的驱动效应。

7.2.3　R&D 效率驱动劳均 GDP 的动态演进

同 7.2.2 小节，我们以 R&D 效率和劳均 GDP 的 σ 收敛曲线关系为基础来确定它们之间的核密度驱动关系，如图 7.7 所示。根据第 6 章的结论，劳均 GDP 相对于 R&D 效率收敛滞后 1 期，所以在选择核密度曲线驱动时，我们也遵循滞后 1 期的原则。R&D 效率相对于劳均 GDP 的 σ 收敛曲线起伏比较大，所以我们以 R&D 效率的 σ 收敛曲线为基础，选择起伏比较大的几个年份来研究。

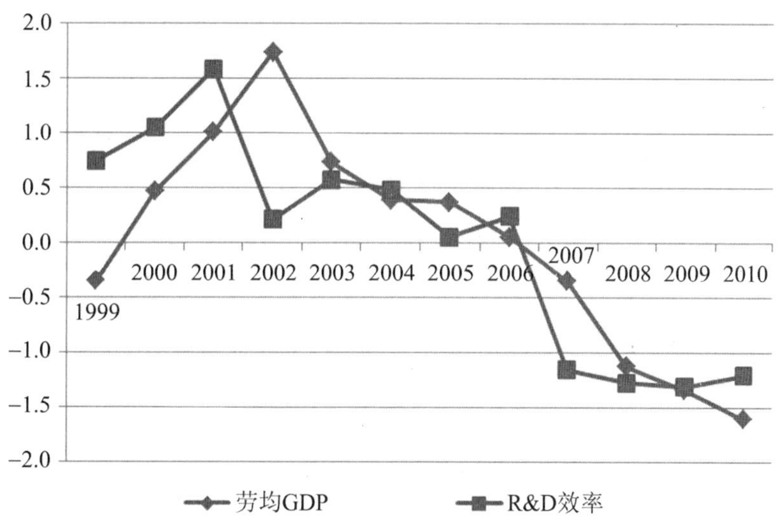

图 7.7　R&D 效率和劳均 GDP 的 σ 收敛趋势

根据图 7.7 中的 R&D 效率的 σ 收敛曲线，我们选择 1999 年、2001 年、2002 年、2003 年和 2009 年的 R&D 效率的核密度分布曲线。考虑 1 期滞后，我们选择 2000 年、2002 年、2003 年、2004 年和 2010 年的劳均 GDP 的核密度分布曲线。将这两个收敛变量的 5 年核密度曲线展示在图 7.8 中。

首先，分析图 7.8(a)中 R&D 效率核密度分布曲线的变化趋势：1999 年核密度曲线呈现出两个明显的俱乐部收敛，但两个俱乐部收敛均值差距不大；2001 年的核密度曲线底部宽度相对于 1999 年变宽很多，(高值)俱乐部收敛和

(低值)俱乐部收敛的均值差距拉大,而且两个俱乐部收敛的核密度值都比1999年低,因此2001年相对于1999年,R&D效率出现了很大程度的发散;2002年的核密度曲线底部宽度相对于2001年变窄了很多,有一个(高值)俱乐部收敛,但是基本没有成形,主峰比2001年高出很多,因此2002年相对于2001年,R&D效率出现了很大程度的收敛;2003年的核密度曲线底部宽度相对于2002年略微变宽,主峰高度也略微变高,因此2003年相对于2002年,R&D效率出现了轻微的发散;2009年的核密度曲线底部宽度相对于2003年变窄了一些,主峰高度也比2003年高出很多,因此2009年相对于2003年,R&D效率出现了明显收敛,并且还出现了一个(高值)俱乐部收敛。

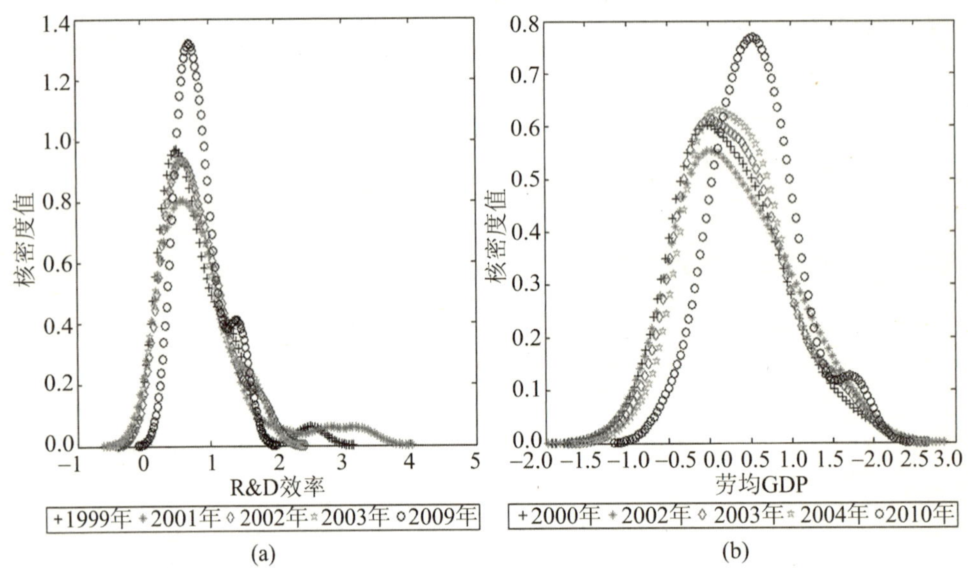

图 7.8　R&D效率对劳均GDP的核密度驱动

其次,分析图7.8(b)中劳均GDP核密度分布曲线的变化趋势:2000年核密度曲线呈现出单峰收敛;2002年的核密度曲线底部宽度相对于2000年略变宽,波峰高度比2001年低,因此2002年相对于2000年,劳均GDP出现了发散;2003年的核密度曲线底部宽度相对于2002年没有明显变化,但主峰高度比2002年高出很多,因此2003年相对于2002年,劳均GDP出现了很大收敛;2004年的核密度曲线和2003年基本重合,波峰略升高,没有出现明显的收敛现象;2010年的核密度曲线底部宽度相对于2004年明显变窄,主峰高度比2004年高出很多,因此2010年相对于2004年,劳均GDP出现了明显收敛,并且还出现了一个(高值)俱乐部收敛。

从图7.8(a)中R&D效率核密度分布曲线的变化趋势和图7.8(b)中劳均

GDP 核密度分布曲线的变化趋势可以发现很多共同点：在 2002～2003 年，R&D 效率存在发散的前提下，劳均 GDP 在 2003～2004 年收敛表现得非常不明显；在其他年份，R&D 效率存在发散时，劳均 GDP 同样表现出发散，R&D 效率存在收敛时，劳均 GDP 同样表现出收敛。因此在考虑 1 期滞后的前提下，核密度分布曲线的动态演进显示了 R&D 效率对劳均 GDP 的收敛存在明显的驱动效应。

但是我们也注意到：1999 年和 2001 年 R&D 效率的核密度曲线显示有一个(高值)俱乐部收敛，但是 2000 年和 2002 年劳均 GDP 的核密度曲线显示不存在(高值)俱乐部收敛。这也反映了 R&D 效率并不能完全反映对劳均 GDP 收敛的驱动效应，还存在其他的驱动机制。

7.2.4　R&D 边际生产力驱动劳均 GDP 的动态演进

同 7.2.2 小节和 7.2.3 小节，我们也以 R&D 边际生产力和劳均 GDP 的 σ 收敛曲线关系为基础来确定它们之间的核密度驱动关系，如图 7.9 所示。根据第 6 章的结论，劳均 GDP 相对于 R&D 边际生产力收敛滞后 1 期，所以在选择核密度曲线驱动时，我们也遵循滞后 1 期的原则。R&D 边际生产力相对于劳均 GDP 的 σ 收敛曲线起伏非常大，所以我们以 R&D 边际生产力的 σ 收敛曲线为基础，选择起伏比较大的几个年份来研究。

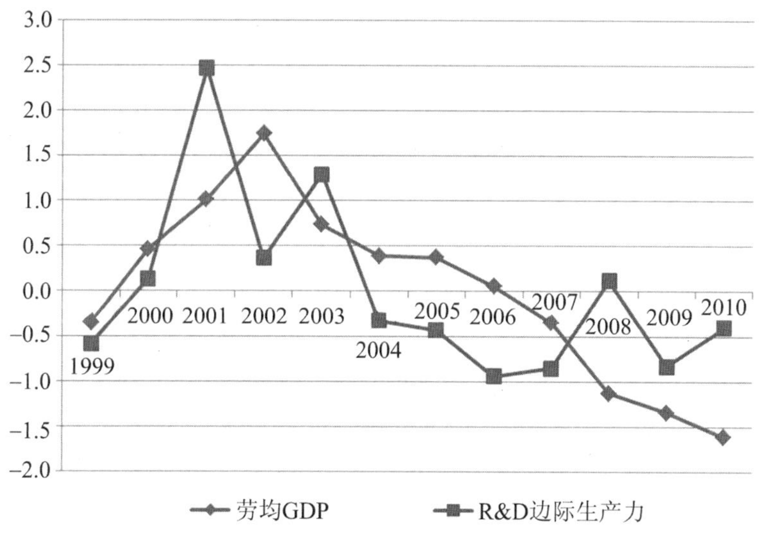

图 7.9　R&D 边际生产力和劳均 GDP 的 σ 收敛趋势

根据图 7.9 中的 R&D 边际生产力的 σ 收敛曲线，我们选择 1999 年、2001 年、2002 年、2003 年、2004 年、2007 年、2008 年和 2009 年 R&D 边际生产力的

核密度分布曲线。考虑 1 期滞后，我们选择 2000 年、2002 年、2003 年、2004 年、2005 年、20008 年、2009 年和 2010 年劳均 GDP 的核密度分布曲线。由于年份太多，为了观察的方便，我们将这两个收敛变量的核密度曲线按 5 年 1 组分别展示在图 7.10 和图 7.11 中。

我们先分析前 5 个年份的核密度驱动效应，如图 7.10 所示。

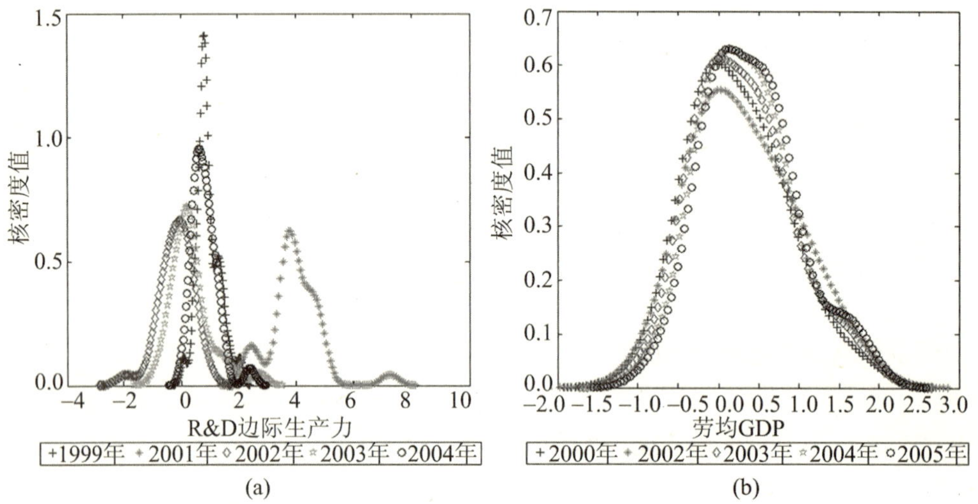

图 7.10　R&D 边际生产力对劳均 GDP 的核密度驱动

首先，分析图 7.10(a)中 R&D 边际生产力核密度分布曲线的变化趋势：1999 年核密度曲线呈现出俱乐部收敛，但是除了主峰外，其他的俱乐部收敛没有成形；2001 年的核密度曲线底部宽度相对于 1999 年变宽很多，主峰高度下降很多，而且形成一个(高值)俱乐部收敛和一个(低值)俱乐部收敛，因此 2001 年相对于 1999 年，R&D 边际生产力出现了很大程度的发散；2002 年的核密度曲线底部宽度相对于 2001 年变窄了不少，主峰高度增加了一些，(高值)俱乐部收敛消失，(低值)俱乐部收敛也没有成形，因此 2002 年相对于 2001 年，R&D 边际生产力出现了很大程度的收敛；2003 年的核密度曲线底部宽度相对于 2002 年变宽，但是主峰高度却略微变高，整体上，2003 年相对于 2002 年，R&D 边际生产力出现了轻微的发散；2004 年的核密度曲线底部宽度相对于 2003 年变窄很多，主峰高度比 2003 年也高出很多，因此 2004 年相对于 2003 年，R&D 边际生产力出现了明显收敛，并且还出现了一个(高值)俱乐部收敛。

其次，分析图 7.10(b)中劳均 GDP 核密度分布曲线的变化趋势：2000 年核密度曲线呈现出单峰收敛；2002 年的核密度曲线底部宽度相对于 2000 年略微变宽，波峰高度比 2001 年低，因此 2002 年相对于 2000 年，劳均 GDP 出现了发散;2003 年的核密度曲线底部宽度相对于 2002 年没有明显变化,但主峰高度比 2002 年高出很多,因此 2003 年相对于 2002 年,劳均 GDP 出现了很大收敛;2004 年的核密度曲线和 2003 年基本重合,波峰略升高,没有出现明显的收敛现象;2005 年的核密度曲线和 2004 年也基本重合,没有明显的收敛现象,但是 2005 年的核密度曲线呈现出了一个(高值)俱乐部收敛。

从图 7.10(a)中 R&D 边际生产力核密度分布曲线的变化趋势和图 7.10(b)中劳均 GDP 核密度分布曲线的变化趋势可以发现很多共同点:在 2002～2003 年,R&D 边际生产力存在发散的前提下,劳均 GDP 在 2003～2004 年收敛表现得非常不明显;在 1999～2001 年,R&D 边际生产力存在发散时,滞后 1 期的劳均 GDP 同样表现出发散;在 2001～2002 年,R&D 边际生产力存在收敛时,滞后 1 期的劳均 GDP 同样表现出收敛。因此在考虑 1 期滞后的前提下,核密度分布曲线的动态演进显示了 R&D 边际生产力对劳均 GDP 的收敛也存在一定的驱动效应。

我们也注意到 R&D 边际生产力对劳均 GDP 驱动有不一致的地方:1999 年和 2001 年 R&D 边际生产力的核密度曲线呈现出俱乐部收敛,但是 2000 年和 2002 年劳均 GDP 的核密度曲线显示的是单峰收敛;2003～2004 年 R&D 边际生产力核密度曲线显示出明显的收敛,但是 2004～2005 年劳均 GDP 核密度曲线没显示出明显的收敛。这也反映了 R&D 边际生产力并不能完全反映对劳均 GDP 收敛的驱动效应,还存在其他的驱动机制。

现在分析后 5 个年份的核密度驱动效应,如图 7.11 所示。

首先,分析图 7.11(a)中 R&D 边际生产力核密度分布曲线的变化趋势(2003～2004 年的动态演进在图 7.10 中已经解释过了):2007 年的核密度曲线底部宽度相对于 2004 年变窄很多,主峰高度上升很多,因此 2007 年相对于 2004 年,R&D 边际生产力出现了很大程度的收敛;2008 年的核密度曲线底部宽度相对于 2007 年变宽了不少,主峰高度也下降了很多,因此 2008 年相对于 2007 年,R&D 边际生产力出现了很大程度的发散;2009 年的核密度曲线底部宽度相对于 2008 年变窄很多,主峰高度也上升很多,因此 2009 年相对于 2008 年,R&D 边际生产力出现了很大程度的收敛,而且还形成了一个(高值)俱乐部收敛,但是不是非常明显。

其次,分析图 7.11(b)中劳均 GDP 核密度分布曲线的变化趋势(2004～2005 年的动态演进在图 7.10 中已经解释过了):2008 年的核密度曲线底部宽度相对于 2005 年略变窄,但波峰高度上升比较多,因此 2008 年相对于 2005 年,劳均 GDP 出现了收敛;2009 年的核密度曲线底部宽度相对于 2008 年没有明显变化,但主峰高度比 2008 年略高,因此 2009 年相对于 2008 年,劳均 GDP

出现了轻微收敛;2010 年的核密度曲线底部宽度相对于 2009 年略微变窄,但主峰高度比 2008 年高出很多,因此 2010 年相对于 2009 年,劳均 GDP 出现了收敛,而且还形成了一个(高值)俱乐部收敛,但是不是非常明显。

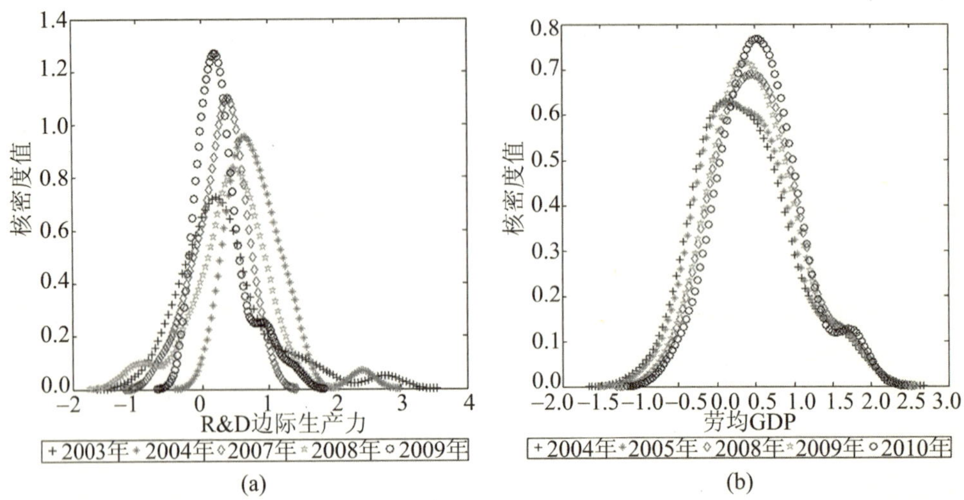

图 7.11 R&D 边际生产力对劳均 GDP 的核密度驱动

从图 7.11(a)中 R&D 边际生产力核密度分布曲线的变化趋势和图 7.11(b)中劳均 GDP 核密度分布曲线的变化趋势可以发现很多共同点(除了 2003～2004 年 R&D 边际生产力的核密度曲线和 2004～2005 年劳均 GDP 的核密度曲线):在 2007～2008 年,R&D 边际生产力存在发散的前提下,劳均 GDP 只表现出轻微的收敛;在其他年份,R&D 边际生产力存在发散时,劳均 GDP 同样表现出发散,R&D 边际生产力存在收敛时,劳均 GDP 同样表现出收敛。因此在考虑 1 期滞后的前提下,核密度分布曲线的动态演进显示了 R&D 边际生产力对劳均 GDP 的收敛存在明显的驱动效应。

7.3 R&D 活动和劳均 GDP 的 Markov 收敛

7.3.1 R&D 人均投入的 Markov 收敛

我们根据 7.1.2 小节的 Markov 链的计算方法将 R&D 人均投入分为 4 个水平(即 4 种状态),再根据公式(7.8)计算出各个水平下 R&D 人均投入的状态转移概率，得出 R&D 人均投入的状态转移概率矩阵，如表 7.2 所示。

表 7.2　R&D 人均投入的 Markov 状态转移概率矩阵($L=4$)

t_i/t_{i+1}	L_1	L_2	L_3	L_4	n_i
L_1	0.708	0.270	0.011	0.011	89
L_2	0.186	0.646	0.168	0.000	113
L_3	0.000	0.141	0.788	0.071	99
L_4	0.034	0.034	0.276	0.655	29

注：p_{ij} 是状态转移概率，指由状态 i 转移到状态 j 的概率；n_i 是第 i 种状态出现的总次数。L_1（低水平）：收敛变量低于全国平均值的 50%；L_2（中低水平）：收敛变量介于全国平均值的 50%～100%；L_3（中高水平）：收敛变量介于全国平均值的 100%～150%；L_4（高水平）：收敛变量高于全国平均值的 150%。

表 7.2 给出了 1999～2010 年 R&D 人均投入的转移概率的最大似然估计，其对角线元素表示某一省市 R&D 人均投入水平年初属于第 i 水平，年末仍然属于第 i 水平的平均概率；非对角线元素表示某一省市 R&D 人均投入水平年初属于第 j 水平，年末仍然属于第 j 水平的平均概率。以表第一行为例说明表中数据的含义：1999～2010 年 R&D 人均投入小于全国 30 个省市平均值 50% 的省市共出现了 89 次，其中绝大部分地区(70.8%)的 R&D 人均投入在每一年年末保持不变，27.0%的地区从 L_1 水平升到了 L_2 水平，1.10%的地区从 L_1 水平升到了 L_3 水平，1.10%的地区从 L_1 水平升到了 L_4 水平。

因此表 7.2 提供了 1999～2010 年我国 30 个省市 R&D 人均投入分布的内部动态性信息。主对角线上的转移概率相对较高（最低的为 64.6%，最高的为 78.8%），表明不同 R&D 人均投入水平状态的组间流动性（interclass mobility）较低，各地区在总体 R&D 人均投入水平分布中的相对位置比较稳定，趋于固化。

表 7.2 仅仅反映了 R&D 人均投入的一定程度的内部动态信息，为了揭示 R&D 人均投入在这样的转移概率下的收敛速度，我们还根据公式(7.9)和公式(7.10)计算了首次状态转移的平均时间矩阵，如表 7.3 所示。

表 7.3　R&D 人均投入首次状态转移的平均时间矩阵($L=4$)

t_i/t_{i+1}	L_1	L_2	L_3	L_4
L_1	4.641	4.100	12.077	39.230
L_2	11.900	3.096	9.165	37.552
L_3	19.106	7.933	2.651	29.749
L_4	19.375	9.656	5.024	11.854

表 7.3 的对角线元素表示某一个省市 R&D 人均投入属于 i 水平，在离开该水平一段时间后又首次返回的平均时间(年)，可以代表收敛速度，返回时间越短说明收敛速度越快，据此能判断收敛变量最后可能收敛于哪个水平；非对角线元素表示某一个省市 R&D 人均投入由 i 类型转移到 j 类型所需的平均时间(年)。总的来说，表 7.3 的对角线元素比非对角线元素值要小，最小的为 2.651，即 R&D 人均投入属于 L_3 水平的省市离开这个这个水平又重新返回来的平均时间为 2.651 年，说明在这个水平上的 R&D 人均投入收敛速度比较快；非对角线元素一般比较大，最大值为 39.230，表示 R&D 人均投入属于 L_1 水平的省市转移到 L_4 水平平均要 39.230 年。在对角线元素中，R&D 人均投入属于 L_4 水平的省市离开这个这个水平又重新返回来的平均时间为 11.854 年，比从 L_4 水平转移到 L_3 水平(5.024)和 L_2 水平(9.656)都要大，因此 R&D 人均投入不可能收敛到 L_4 水平。

采用 Markov 链方法还可以得到收敛变量的稳态分布(在数学中被称为极限分布)。假设 p_1、p_2、p_3 和 p_4 分别代表 L_1、L_2、L_3 和 L_4 4 个水平的稳态分布概率，根据 Markov 链知识，可以通过解方程组(7.11)来得到稳态分布概率：

$$\begin{cases} p_1 = 0.708p_1 + 0.186p_2 + 0.034P_4 \\ p_2 = 0.27p_1 + 0.646p_2 + 0.141p_3 + 0.034P_4 \\ p_3 = 0.011p_1 + 0.168p_2 + 0.788p_3 + 0.276P_4 \\ p_4 = 0.011p_1 + 0.071p_3 + 0.655P_4 \\ p_1 + p_2 + p_3 + p_4 = 1 \end{cases} \tag{7.11}$$

为了对比 R&D 人均投入的收敛变化，表 7.4 同时给出了 R&D 人均投入的初始分布。

表 7.4　我国 30 个省市 R&D 人均投入的初始分布和稳态分布

分　布	L_1	L_2	L_3	L_4
初始分布	0.270	0.342	0.300	0.088
稳态分布	0.215	0.323	0.377	0.084

稳态分布可被视为区域经济系统中收入分布的长期均衡状态。从表 7.4 可以看出，初始分布显示在 L_2 水平的概率最大，达到0.342。稳态分布显示在 L_3 水平的概率最大，达到 0.377。达到稳态时，在 L_2 水平的 R&D 人均投入的概率还是相当大，达到 0.323，略有下降。这说明我国 R&D 人均投入在 L_3 水平上会出现绝对收敛。

7.3.2　R&D效率的Markov收敛

我们将R&D效率分为4个水平(即4种状态),根据公式(7.8)计算出各个水平下R&D效率的状态转移概率,得出R&D效率的状态转移概率矩阵,如表7.5所示。

表7.5　R&D效率的Markov状态转移概率矩阵(L=4)

t_i/t_{i+1}	L_1	L_2	L_3	L_4	n_i
L_1	0.688	0.313	0.000	0.000	48
L_2	0.084	0.783	0.112	0.021	143
L_3	0.000	0.149	0.770	0.080	87
L_4	0.000	0.038	0.250	0.712	52

注:p_{ij}是状态转移概率,指由状态i转移到状态j的概率;n_i是第i种状态出现的总次数。

表7.5提供了1999～2010年我国30个省市R&D效率分布的内部动态性信息。主对角线上的转移概率相对较高,最低的转移概率也为0.688,最高的达到了0.783,表明不同R&D效率水平状态的组间流动性较低,各地区在总体R&D效率水平分布中的相对位置比较稳定,趋于固化。为了揭示R&D效率在这样的转移概率下的收敛速度,我们还根据公式(7.9)和公式(7.10)计算了首次状态转移的平均时间矩阵,如表7.6所示。

表7.6　R&D效率首次状态转移的平均时间矩阵(L=4)

t_i/t_{i+1}	L_1	L_2	L_3	L_4
L_1	8.863	3.200	13.512	32.386
L_2	25.161	2.380	10.312	29.186
L_3	33.147	7.986	2.930	23.321
L_4	35.549	10.388	4.842	7.953

总的来说,表7.6的对角线元素比非对角线元素值要小,最小的为2.380,即R&D效率属于L_2水平的省市离开这个水平又重新返回来的平均时间为2.380年,说明在这个水平上的R&D效率收敛速度比较快;非对角线元素一般比较大,最大值为35.549,表示R&D效率属于L_4水平的省市转移到L_1水平平均要35.549年。在对角线元素中,R&D效率属于L_1水平的省市离开这个水平又重新返回来的平均时间为8.863年,比从L_1水平转移到L_2水平(3.200)要大,因此R&D效率不可能收敛到L_1水平。同理,R&D效率也不可能收敛到

L_4水平。

我们通过解方程组(7.11)来得到 R&D 效率的稳态分布概率，如表 7.7 所示。

表 7.7　我国 30 个省市 R&D 效率的初始分布和稳态分布

分　布	L_1	L_2	L_3	L_4
初始分布	0.145	0.433	0.264	0.158
稳态分布	0.113	0.420	0.341	0.126

稳态分布可以被视为区域经济系统中收入分布的长期均衡状态。从表7.7可以看出，初始分布显示在 L_2水平的概率最大，达到 0.433%。稳态分布还是在 L_2水平的概率最大，但是略有下降，达到 0.420。达到稳态时，在 L_3 水平的 R&D 效率的概率上升较大，达到 0.341。这说明我国 R&D 效率在 L_2水平上会出现绝对收敛。

7.3.3　R&D 边际生产力的 Markov 收敛

我们将 R&D 边际生产力分为 4 个水平(即 4 种状态)，根据公式(7.8)计算出各个水平下 R&D 边际生产力的状态转移概率，得出 R&D 边际生产力的状态转移概率矩阵，如表 7.8 所示。

表 7.8　R&D 边际生产力的 Markov 状态转移概率矩阵(L=4)

t_i/t_{i+1}	L_1	L_2	L_3	L_4	n_i
L_1	0.461	0.225	0.191	0.124	89
L_2	0.219	0.427	0.313	0.042	96
L_3	0.204	0.161	0.452	0.183	93
L_4	0.110	0.195	0.207	0.488	82

注：p_{ij}是状态转移概率，指由状态 i 转移到状态 j 的概率；n_i是第 i 种状态出现的总次数。

表 7.8 提供了 1999～2010 年我国 30 个省市 R&D 边际生产力分布的内部动态性信息。主对角线上的转移概率相对较高，最低的转移概率为 0.427，最高的达到了 0.488，表明不同 R&D 边际生产力水平状态的组间流动性相对较低，各地区在总体 R&D 边际生产力水平分布中的相对位置相对比较稳定。为了揭示 R&D 边际生产力在这样的转移概率下的收敛速度，我们还根据公式(7.9)和公式(7.10)计算了 R&D 边际生产力首次状态转移的平均时间矩阵，如表 7.9 所示。

表 7.9　R&D 边际生产力首次状态转移的平均时间矩阵(L=4)

t_i/t_{i+1}	L_1	L_2	L_3	L_4
L_1	3.915	4.962	4.403	8.314
L_2	5.100	3.992	3.741	9.057
L_3	5.343	5.407	3.293	7.584
L_4	6.058	5.204	4.321	5.252

表 7.9 的对角线元素总的来说比非对角线元素值略小，最小值为 3.293，即 R&D 边际生产力属于 L_3 水平的省市离开这个水平又重新返回来的平均时间为 3.293 年，说明在这个水平上的 R&D 边际生产力收敛速度比较快；非对角线元素一般比较大，最大值为 8.314，表示 R&D 边际生产力属于 L_1 水平的省市转移到 L_4 水平平均要 8.314 年，时间比较短。这说明 R&D 边际生产力在我国收敛速度比较快。在对角线元素中，R&D 边际生产力属于 L_4 水平的省市离开这个水平又重新返回来的平均时间为 5.252 年，比从 L_4 水平转移到 L_3 水平(4.321)要大，因此 R&D 边际生产力不可能收敛到 L_4 水平。

我们通过解方程组(7.11)来得到 R&D 边际生产力的稳态分布概率，如表 7.10 所示。

表 7.10　我国 30 个省市 R&D 边际生产力的初始分布和稳态分布

分　布	L_1	L_2	L_3	L_4
初始分布	0.247	0.267	0.258	0.228
稳态分布	0.255	0.251	0.304	0.190

稳态分布可被视为区域经济系统中收入分布的长期均衡状态。从表 7.10 可以看出，初始分布各个水平的 R&D 边际生产力分布比较均匀，其中在 L_2 水平的概率最大，达到 0.267。稳态分布在 L_3 水平的概率最大，达到0.304，比初始分布的概率有所上升。达到稳态时，在 L_1 水平和 L_2 水平的概率基本相同。这说明我国 R&D 边际生产力在 L_3 水平上出现绝对收敛。

7.3.4　劳均 GDP 的 Markov 收敛

7.3.1～7.3.3 小节采用 Markov 链方法对 R&D 活动的收敛情况进行了动态分析，得出：我国 R&D 人均投入在 L_3 水平上(中高水平)会出现绝对收敛，R&D 效率在 L_2 水平上(中低水平)会出现绝对收敛，R&D 边际生产力在 L_3 水平上(中高水平)会出现绝对收敛。为了从 Markov 链方法角度研究 R&D 活动对劳均 GDP 收敛的驱动效应，我们也对劳均 GDP 运用 Markov 链方法研究其收敛。

同样，我们根据7.1.2小节的Markov链的计算方法将劳均GDP分为4个水平（即4种状态），根据公式（7.8）计算出各个水平下劳均GDP的状态转移概率，得出劳均GDP状态转移概率矩阵，如表7.11所示。

表7.11 劳均GDP的Markov状态转移概率矩阵（$L=4$）

t_i/t_{i+1}	L_1	L_2	L_3	L_4	n_i
L_1	0.931	0.069	0.000	0.000	58
L_2	0.028	0.909	0.063	0.000	143
L_3	0.000	0.088	0.879	0.033	91
L_4	0.000	0.000	0.053	0.947	38

注：p_{ij}是状态转移概率，指由状态i转移到状态j的概率；n_i是第i种状态出现的总次数。

表7.11主对角线上的转移概率很高，最低的转移概率为0.879，最高的达到了0.931，表明不同劳均GDP水平状态的组间流动性很弱，各地区在总体劳均GDP水平分布中的相对位置很稳定。其对角线元素相对于R&D活动来说很大，说明劳均GDP转移状态比R&D活动要稳定得多，R&D活动收敛对劳均GDP的收敛存在一定的滞后效应。

为了揭示劳均GDP在这样的转移概率下的收敛速度，同样根据公式（7.9）和公式（7.10）计算了劳均GDP首次状态转移的平均时间矩阵，如表7.12所示。

表7.12 劳均GDP首次状态转移的平均时间矩阵（$L=4$）

t_i/t_{i+1}	L_1	L_2	L_3	L_4
L_1	6.338	14.501	36.832	126.684
L_2	77.392	2.570	22.332	112.188
L_3	95.896	18.501	3.590	89.862
L_4	114.901	37.503	18.999	5.729

表7.12的对角线元素比非对角线元素都要小，最小值为2.570，即属于L_2水平的省市离开这个水平又重新返回来的平均时间为2.570年，且在L_2水平上的劳均GDP收敛速度相对于在其他水平上较快；对角线元素的其他元素值也不大，最大值仅为6.338。非对角线元素都比较大，最大值为126.684，即劳均GDP属于L_1水平的省市转移到L_4水平平均要126.684年，时间非常长。这说明劳均GDP在我国收敛速度非常慢，比R&D活动的收敛速度要慢很多。

因此根据首次状态转移的平均时间矩阵也可以得出：R&D 活动驱动劳均 GDP 收敛存在滞后效应。

我们通过解方程组(7.11)来得到劳均 GDP 的稳态分布概率，如表 7.13 所示。

表 7.13　我国 30 个省市劳均 GDP 的初始分布和稳态分布

分　布	L_1	L_2	L_3	L_4
初始分布	0.176	0.433	0.276	0.115
稳态分布	0.158	0.389	0.279	0.175

稳态分布可以视为区域经济系统中收入分布的长期均衡状态。从表 7.13 可以看出，劳均 GDP 的初始分布显示在 L_2 水平的概率最大，达到 0.433。稳态分布还是在 L_2 水平上的概率最大，但略有下降，达到 0.389。达到稳态时，在 L_3 水平上劳均 GDP 的概率略微上升，达到 0.279。这说明我国的劳均 GDP 在 L_2 水平上会出现绝对收敛。

7.3.5　R&D 活动对劳均 GDP 收敛的驱动效应

目前还没有出现从 Markov 链方法角度研究两个收敛变量之间关系的方法，因此本书采用对比分析方法分析两个收敛变量的 Markov 收敛结果，找出其中的规律，发现关联性。

首先，分析 R&D 活动和劳均 GDP 的 Markov 转移概率矩阵，状态转移概率矩阵反映收敛变量从一个状态转移到另一个状态的概率大小。其对角线元素表示变量停留在该状态的概率，其值越大，那么该状态转移到其他状态的概率就越小；与对角线元素相对应的是非对角线元素，一般地，对角线元素越大，非对角线元素就越小，离对角线元素越远，非对角线元素就越小。因此我们从状态转移概率的对角线元素就可以大致把握整个转移概率矩阵的情况。R&D 活动和劳均 GDP 的 Markov 转移概率矩阵的对角线元素如表 7.14 所示。

表 7.14　R&D 活动和劳均 GDP 的 Markov 转移概率矩阵(L=4)的对角线元素

t_i/t_{i+1}	L_1/L_1	L_2/L_2	L_3/L_3	L_4/L_4	收敛时间(年)
R&D 人均投入	0.708	0.646	0.788	0.655	55
R&D 效率	0.688	0.783	0.770	0.712	69
R&D 边际生产力	0.461	0.427	0.452	0.488	10
劳均 GDP	0.931	0.909	0.879	0.947	202

表7.14反映了4个收敛变量Markov转移概率矩阵的对角线元素，除了R&D边际生产力对角线元素值小于0.5(但是非常接近于0.5)，其他的3个收敛变量对角线元素都大于0.5。说明R&D活动的3个测度指标和劳均GDP在不同水平状态间的组间流动性较低，各地区在总体水平分布中的相对位置比较稳定，趋于固化。对角线元素越大，固化越严重，意味着从本状态转移到其他状态越难，所需要的时间也就越长久。在表7.14中，劳均GDP Markov转移概率矩阵的对角线元素值最大，R&D边际生产力Markov转移概率矩阵的对角线元素值最小；因此劳均GDP需要花最长的时间才能达到稳态，R&D边际生产力只需要花最短的时间就能达到稳态。我们在Matlab R2010中采用逐步迭代的方法计算了R&D活动的3个测度指标和劳均GDP达到稳态所需要的收敛时间，如表7.14中的最后一列所示。和Markov转移概率矩阵的对角线元素大小相对应，R&D边际生产力只需要花10年时间就能收敛(正如第4章所述，R&D边际生产力受到技术因素和投资等因素的影响，更容易趋同)，而劳均GDP需要花202年才能达到收敛，R&D效率和R&D人均投入各需要69年和55年达到收敛。在R&D活动收敛后，劳均GDP需要很长一段时间才能达到收敛。这意味着：R&D活动收敛驱动劳均GDP收敛存在一个滞后效应，同时也暗示了驱动劳均GDP收敛可能还存在其他的因素，比如物质资本。

表7.15　R&D活动和劳均GDP的初始分布和稳态分布及其概率变化($L=4$)

变　量		L_1	L_2	L_3	L_4	L_2+L_3
R&D投入	初始分布	0.270	0.342	0.300	0.088	0.642
	稳态分布	0.215	0.323	0.377	0.084	0.700
	概率变化		0.567 0	0.257 2		
R&D效率	初始分布	0.145	0.433	0.264	0.158	0.697
	稳态分布	0.113	0.420	0.341	0.126	0.761
	概率变化		0.304 0	0.294 4		
R&D边际生产力	初始分布	0.247	0.267	0.258	0.228	0.525
	稳态分布	0.255	0.251	0.304	0.190	0.554
	概率变化		0.606 0	0.175 6		
劳均GDP	初始分布	0.176	0.433	0.276	0.115	0.709
	稳态分布	0.158	0.389	0.279	0.175	0.668
	概率变化		0.102 1	0.102 0		

其次，分析R&D活动收敛和劳均GDP收敛的稳态分布(即各个水平状态

的分布概率大小)，以研究它们之间的驱动效应。

从表 7.15 可以看出，R&D 人均投入、R&D 效率、R&D 边际生产力和劳均 GDP 最终都收敛于 L_2 或 L_3 水平状态，这意味着它们都是绝对收敛的。从具体稳态收敛的水平状态来看，R&D 效率和劳均 GDP 是完全一致的。初始分布到达稳态分布后，从 L_2 或 L_3 水平状态的概率变化来看，R&D 人均投入、R&D 效率、R&D 边际生产力的状态概率变化和劳均 GDP 的状态概率变化保持了完全一致。劳均 GDP 在 L_2 水平的概率有所下降，在 L_3 水平的概率有所上升；而 R&D 活动的 3 个度量指标也是在 L_2 水平的概率有所下降，在 L_3 水平的概率有所上升。在某种程度上，这正是因为 R&D 活动在 L_2 和 L_3 水平状态上的概率变化驱动着劳均 GDP 在 L_2 和 L_3 水平状态上的概率变化。

R&D 活动和劳均 GDP 都是绝对收敛的，R&D 活动在 L_2 和 L_3 水平状态上的概率变化方向和劳均 GDP 在 L_2 和 L_3 水平状态上的概率变化方向是完全一致的。据此，在某种程度上，我们认为 R&D 活动收敛对劳均 GDP 收敛存在驱动效应。

然而，R&D 活动在 L_2 和 L_3 水平状态上的概率变化程度与劳均 GDP 在 L_2 和 L_3 水平状态上的概率变化程度差距很大，R&D 活动在 L_2 水平状态上的概率降低幅度小，降低幅度最大的也只有 0.060 6，而劳均 GDP 在 L_2 水平状态上的概率降低幅度大，达到了 0.102 1；R&D 活动在 L_3 水平状态上的概率上升幅度大，上升幅度最大的达到了 0.294 4，而劳均 GDP 在 L_3 水平状态上的概率上升幅度只有 0.010 2。这暗示着可能有其他的因素驱动着劳均 GDP 向 L_2 水平状态收敛。

第 8 章　总结与政策建议

本章将分为 3 个部分进行：首先对本书研究成果进行全面的总结；其次在此基础上就我国科技活动有关方面提出相关的政策建议；最后分析本书的研究不足，并对未来的相关研究方向进行展望。

8.1　全书总结

本书系统地回顾了新古典经济增长理论和新经济增长理论及相关的收敛理论。系统地阐述和分析了技术扩散模型和技术创新效率递减的理论，提出技术收敛最终会带来经济收敛。R&D 活动创造了知识，生产了技术。R&D 活动对经济增长和经济收敛起到了不可忽视的作用，在分析了 R&D 活动驱动经济收敛的微观机制的基础上，提出用 3 个指标（R&D 人均投入、R&D 效率和 R&D 边际生产力）来测度 R&D 活动，并采用超效率 DEA 模型对 R&D 效率进行了测量，用多水平线性层次模型对 R&D 边际生产力进行了测量。在深入分析了 Solow-Swan 模型的基础之上，提出以劳均 GDP 作为区域经济收敛指标。通过对 R&D 活动三大指标的三大地区趋势分析，初步判断我国 R&D 活动存在收敛。第 5 章对 R&D 活动进行了 β 收敛分析，得出 R&D 活动存在绝对 β 收敛，且 R&D 活动在近 10 年来空间效应很微弱，可以忽略。第 6 章采用 σ 收敛进行了 R&D 活动对劳均 GDP 收敛的驱动效应分析，得出我国 R&D 活动对劳均 GDP 收敛存在显著的驱动效应。第 7 章采用核密度分布和 Markov 链方法进行了进一步实证分析，证实了驱动效应是显著的。

具体来说，本书得出的主要结论如下：

① R&D 效率和 R&D 边际生产力都存在先增大后减小的变化趋势，这正好印证了技术创新效率递减的理论（Jones1995，1999；Yang，Borland，1991；Young，1998；Aghion，Howitt，1998），认为技术创新的效率是递减的，落后国家

的技术创新效率比发达国家高，这样落后国家的技术水平最终会赶上发达国家，经济也会收敛。

② 对我国三大地区 R&D 人均投入、R&D 效率和 R&D 边际生产力平均值的趋势分析表明，我国三大地区 R&D 人均投入、R&D 效率和 R&D 边际生产力平均值总体上呈现出收敛的趋势。

③ 大多数研究都表明 R&D 活动存在溢出效应。Verspagen(1997)和 ACS(2002)将 R&D 溢出效应分为两类：一是价格溢出效应，是隐含在产品中的技术外溢，这种 R&D 溢出是产生经济溢出的一个主要原因；二是纯 R&D 溢出效应，这种 R&D 溢出与 R&D 活动本身有关。然而 Moran's I 指数表明，我国的 R&D 人均投入、R&D 效率和 R&D 边际生产力的空间相关性都不强烈，大多数年份 Moran's I 指数不显著，没有通过显著性检验。R&D 人均投入 2007 年的 Moran's I 指数最大，为 0.509；R&D 效率 2009 年的 Moran's I 指数最大，不过仅仅只有 0.151；R&D 边际生产力 2010 年的 Moran's I 指数最大，为0.388。因此无论从通过显著性检验的年份数量还是从 Moran's I 指数值的大小来看，R&D 活动空间相关性都很弱，可以基本判定不存在空间溢出效应。这主要是因为本书的 3 个 R&D 活动测度指标都是纯 R&D 活动，没有包含价格机制，所以溢出效应不明显。

④ R&D 人均投入的空间相关性比较大，R&D 效率和 R&D 边际生产力的空间相关性基本不存在。这暗示了我国区域差距强烈地表现在技术水平、管理水平的差距和产业结构的差异上，相邻省份的技术创新很难互相促进，从而各自发展自己的技术。

⑤ 本书结合了 Barro 的收敛模型和空间计量模型，构建了空间收敛计量模型（空间滞后收敛模型、空间通用收敛模型、空间 Burbin 收敛模型），并对空间收敛计量模型和 Barro 的收敛计量模型进行了 β 收敛分析。采用 Lesage (1999)提供的 Gibbs 工具箱中 Bayesian 异方差估计法进行了估计，得出：R&D 人均投入、R&D 效率和 R&D 边际生产力都存在绝对 β 收敛，且存在极其微弱的空间溢出效应，可以忽略；这些微弱的空间溢出效应对 R&D 活动的收敛起到了阻碍作用；从对 R&D 活动两个时段的对比收敛分析来看，R&D 活动的收敛有加速的趋势。

⑥ R&D 人均投入、R&D 效率和 R&D 边际生产力的收敛和劳均 GDP 的收敛存在很强的相关性，σ 收敛的值的相关系数较大，且在统计上显著。劳均 GDP 的收敛相对于 R&D 活动的收敛存在一定的滞后期。具体来说，劳均 GDP 的收敛相对于 R&D 人均投入的收敛滞后 2 年，劳均 GDP 的收敛相对于 R&D 效率和 R&D 边际生产力的收敛滞后 1 年。在考虑这样的滞后期的前提

下，σ 收敛的值的相关系数大大增大，统计上的显著性也大大增强。

⑦ R&D活动对劳均GDP的收敛存在很强的驱动效应。驱动效应是衡量R&D活动指标收敛强度变化量的综合指标，包含了驱动方向和驱动强度两个方面的特质，可以用Pearson相关系数来综合衡量。具体来说，R&D效率对劳均GDP的收敛驱动效应最大，R&D人均投入其次，R&D边际生产力比较小。

⑧ 动态收入分布方法提供了各国或各地区经济收入水平分布的直观刻画，β 收敛回归和 σ 收敛判断实际上都是对这一分布某些统计特征的描述，因此它们不如收入动态分布那么具体和全面（吴利学，2010）。动态收入分布方法包括核密度估计方法和Markov链方法。核密度曲线的动态演进显示：R&D活动对劳均GDP收敛存在驱动效应。对比分析R&D活动和劳均GDP的Markov固化概率矩阵、R&D活动和劳均GDP到达稳态所需的收敛时间、R&D活动和劳均GDP从初始分布到达稳态分布后在 L_2（中低）和 L_3（中高）水平状态上概率分布变化的方向，可知R&D活动确实对劳均GDP的收敛存在驱动效应。

8.2 政策建议

根据本书的主要结论，我国各地区的经济差距从2002年开始已经逐渐收敛，各地区技术收敛对经济收敛起到不可忽视的作用。对于我国现阶段的国情，人均经济水平还远远不如发达国家，实现区域经济总量的增长和促进区域间的经济收敛是同等重要的。因此从技术视角来看，政府有必要采取相应的政策和措施使在推动技术进步的同时又能促进技术收敛。对此，本书提出如下几点建议：

① 继续加大对R&D活动的投入。技术进步是经济增长的重要因素，我国要保持良好的经济发展态势，就必须坚持“科教兴国”的发展方针，用“模仿国外先进技术”和“立足本国创新技术”两条腿走路，以尽早实现对发达国家的技术赶超和经济赶超。1999年，我国R&D强度为0.64，美国为2.42，日本为2.79；到了2009年，我国R&D强度为1.79，美国为2.90，日本为3.36。我国R&D强度增加了179.69%，美国增加了19.84%，日本增加了20.43%。虽然我国R&D强度的增加幅度远远超过了美国和日本等发达国家，但是绝对量与美、日还有一定的差距。我们要继续加大R&D投资力度，在国家资源有限的情况下，要通过减税、R&D补贴等政策措施引导大中型企业加入到R&D投资队伍

中来；此外，我国还应该继续大力吸引 FDI，以资本流入带动技术输入；积极倡导国外大型跨国公司将研发中心设立在我国经济发达地区，以此弥补国内暂时的研发资金缺口。

② 处理好基础研究和试验发展 R&D 投入的比例关系。近 10 年，我国区域间劳均 GDP 出现收敛，在很大程度上得益于我国企业 R&D 投入的比例迅速增长。2000 年，企业 R&D 投入比重为 59.96%，到 2011 年为 75.74%，绝对量增加了 15.78%。企业的 R&D 投入主要用于试验发展，直接对接市场，直接产生经济效益。然而，从经济增长的长期效益来看，这存在很大的弊端。试验发展不可能创造出一个产业的核心技术，企业将可能永远处于产业链的下游，在国际和区际间竞争中将处于不利地位。而基础研究正好与试验发展是相对的。因此为了既保持经济的持续健康增长，又缩小区域间的经济差距，应该协调好基础研究和试验发展之间的 R&D 投入的比重关系。

③ 加强省市间的开放与合作，增强区域间 R&D 溢出效应。在地区间开放的条件下，地区间的贸易和投资可以有效地推动地区间技术的收敛。然而，目前政府的政策措施把重点放在了对外开放上，忽视了地区间的开放，甚至有些地方政府还采取了地方保护主义政策。赵伟（2001，2005）认为，一国的经济开放可以从两个层次来把握：第一层次是国民经济总体层次，第二层次是其内部各区域经济个体层次。第一层次的开放属于单纯的经济国际化开放，第二层次的开放属于区域经济层次的开放。区域经济层次的开放带有两重开放的特征：一是面向国外其他国家的开放，二是面向国内其他地区的开放。面向国外其他国家的开放可以称作区域经济国际化，面向国内其他地区的开放可以称作区域经济区际化。在国家政策的导向下，地方政府几乎都将重点放在了区域经济国际化上，而忽视了区域经济区际化。因而国家有必要采取相应的政策措施加强区域间的经济开放和合作，在制度上为技术的扩散提供便利，尤其要加强经济发达地区和经济落后地区的技术交流与合作，加强技术的区间溢出效应。

④ 加强企业、高等院校与科研机构在国家和区域科技创新中的功能定位及合作，增强区域内不同创新主体间的 R&D 溢出效应和互补效应，促进经济增长和区域收敛。企业、高等院校与科研机构是国家科技创新的主体力量，它们彼此间的合作互动对科技创新、产业进步极其重要。企业是科研成果转化为产品的主力，是经济增长的直接推进器；高等院校是我国培养高层次创新人才的重要基地，是我国基础研究和高技术领域原始创新的主力军；科研机构是解决国民经济重大科技问题，实现技术转移、成果转化的主力军。在当今大科学时代背景下，没有科研合作，就不可能有科学研究的顺利进行，科学事业将难以迅速发展，科研成果将不能转化为生产力而造福于社会和提升国家的竞争力。

应当鼓励企业自主创新，高等院校和科研机构要同企业联合攻关，包括联合设立研发中心、研究院；促进科研院所实施企业化体制改革，借助科技人才优势促使科研院所培养科技创新和产品创新的高新技术企业的职能；高等院校应当通过开放实验室、开放图书资料等方式，为企业科研人员提供科研服务。加强不同主体科研人员的合作交流和协同攻关，形成有利于技术创新和技术扩散的机制，这是实现科技资源整合和科技发展的路径。

⑤ 加强交通、通信等基础设施的建设。第4章的研究结果表明，近几年我国信息化水平对R&D效率和R&D边际生产力有极强的提升作用。这是因为现代的科研工作和科研合作都建立在信息化和网络化的基础之上，而且还具有相当强的时效性。只有在拥有发达的交通和通信前提下，才可能在短时期内迅速掌握大量的知识资源与技术信息，实现与外部信息的双向流动和信息共享，从而消除其在地理位置、自然环境、经济实力、企业规模、信息地位等方面与发达地区的差距，更方面、更快捷、更及时地实施科研工作和科研合作。同时，先进的通信和交通也会加速区域内部新思想、新观念的普及，从而加快与发达地区的接轨，这不仅为吸收发达地区的先进技术提供了条件，而且也为技术的使用、改进以及提高打下了基础，从而缩小技术差距，促进经济收敛。

⑥ 现阶段我国不同地区的经济生产总值存在巨大差距，在资本比较困乏的省市，一定要协调好R&D投资和生产性投资二者的比例关系，从而促进技术进步和经济系统和谐发展。在经济总量一定的前提下，R&D投资和生产性投资是此消彼长的关系。R&D投资不足肯定对经济的长远发展是不利的，但是R&D投资的超前也会带来一定的副作用，这是因为当前R&D投资过度必然会削弱当前生产性投资规律，导致生产性投资短期不足，经济总量势必会下降，R&D投资也必将会受到影响。因此各个地区找到符合本地区R&D投资和生产性投资的结构性关系是非常重要的，利于实现经济健康的增长。根据本书的结论，当一个地区R&D边际生产力为0时，R&D投资和生产性投资是一种最佳的投资结构。

8.3　研究不足和展望

由于我国经济本身的复杂性和受作者学术水平所限，本书虽然进行了一些研究，但难免有些地方研究不够深入和系统，存在不妥之处。本书抛砖引玉，希望借此能引起共鸣，修正错误认识，补充完善相关的理论方法。同时，这些不足之处也是后续研究的重点关注方向：

① 在进行实证分析时，由于《中国科技统计年鉴》1998 年以前和以后统计口径的不一致，致使本书的研究数据仅仅局限于 1999～2010 年，收敛性研究时间序列长度有些偏短，很难观察技术收敛随时间的波动性，也难以分阶段进行收敛研究，从而有待找出更有价值的技术收敛驱动经济收敛的机制。

② Lucase(1988)强调城市是人力资本、先进生产技术的集中地，暗示了城市作为技术创新的主要集中地，其技术特征和经济特性都可能和省域层面不同，城市的技术收敛性和经济增长收敛性可能领先于省域层面。如果以地级市为尺度而不是基于省域尺度来研究 R&D 对经济收敛的驱动效应，可能会得出更加精确的结论，发现更有价值的规律。

③ 物质资本对我国现阶段区域经济收敛也起到了很强的驱动效应(夏万军，2009；吴利学，2010；洪国志等，2010)。本书证实了除了技术对区域经济收敛起到了驱动作用外，还存在其他的影响因素。如果能将技术和物质资本对区域经济收敛的驱动作用结合起来研究，结果可能更完善。

④ 本书只将区域的 R&D 活动作为一个整体加以研究，其实三大创新主体(企业、高等院校与科研机构)在科技创新中的地位和作用是不一样的，对经济增长所起的作用也是不同的，那么它们对技术收敛的贡献也肯定存在差异。分别研究三大创新主体对技术收敛的贡献和对区域经济收敛的驱动效应，是一个具有挑战性的课题。同样，分别研究 R&D 活动的 3 个具体类型(基础研究、应用研究和试验发展)对区域经济收敛的作用和贡献，也是一个有意义的课题。

附录　超效率 DEA 模型的 Matlab 代码

```
clear;
X=xlsread('D:\rly. xls', 'se','C91:AF92');          %输入投入值
Y=xlsread('D:\rly. xls', 'se','C93:AF96');          %输入产出值
n=size(X', 1);
m=size(X,1);
s=size(Y,1);
epsilon=10^-10;
f=[zeros(1,n) -epsilon * ones(1,m+s) 1];
A=zeros(1,n+m+s+1);b=0;
LB=zeros(n+m+s+1,1);
UB=[ ];
LB(n+m+s+1)=-inf;
for i=1:n;
Aeq=[X eye(m) zeros(m,s) -X(:,i)
      Y zeros(s,m) -eye(s) zeros(s,1)];
Aeq(:,i)=zeros(m+s,1);
beq=[zeros(m,1)
      Y(:,i)];
w(:,i)=LINPROG(f, A, b, Aeq, beq, LB, UB);
end
w
Lambda=w([1:n],:)
s_minus=w([n+1:n+m],:)
s_plus=w([n+m+1:n+m+s],:)

theta=w(n+m+s+1,:)                                   %θ即为超效率值
```

参 考 文 献

[1] Abramovitz M. Catching up, forging ahead and falling behind[J]. Journal of Economic History, 1986(46): 385-406.

[2] Abramowitz M. The search of the source of growth: area of ignorance, old and new[J]. Journal of Economics History, 1998, 53(2): 217-243.

[3] Acemoglu D. Why do new technologies complement skills? Directed technical change and wage inequality[J]. Quarterly Journal of Economics, 1998(113): 1055-1089.

[4] Acs Z J, Fitzroy F R, Smitht I. High-technology employment and R&D in cities: heterogeneity vs specialization[J]. The Annals of Regional Science, 2002(36): 373-386.

[5] Adams J. Comparative localization of academic and industrial spillovers[J]. Journal of Economic Geography, 2002(2): 253-278.

[6] Afriat S N. Efficiency estimation of production functions[J]. International Economic Review, 1972(13): 568-598.

[7] Aghion P. Growth and development: a schumpeterian approach[J]. Annals of Economics & Finance, 2004(5): 1-25.

[8] Aghion P, Howitt P. A model of growth through creative destruction[J]. Econometrica, 1992(60): 323-351.

[9] Aghion P, Howitt P. Endogenous growth theory[M]. Cambridge: MIT Press, 1998.

[10] Aghion P, Howitt P. Research and development in the growth process[J]. Journal of Economic Growth, 1996(1): 49-73.

[11] Anersen P, Petersen N. A procedure for ranking efficient units in Data Envelopment Analysis[J]. Management Science, 1993(39): 1261-1264.

[12] Anselin L. Non-nested tests on the weight structure in spatial autoregressive models: some Monte Carlo results[J]. Journal of Regional Science, 1986(26): 267-284.

[13] Anselin L. Spatial econometrics: methods and models[J]. Boston: Kluwer Academic, Dordrecht, 1988.

[14] Anselin L. The local indicators of spatial association: LISA[J]. Geographical Analysis, 1995(27): 93-115.

[15] Anselin L. The Moran scatterplot as an ESDA tool to assess local instability in spatial association[C]// Urwin M H. Spatial analytical perspectives on GIS. London: Taylor and

Francis：121，1996.

[16] Anselin L，Bera A. Spatial dependence in linear regression models with an introduction to spatial econometrics[C]//Handbook of applied economic statistics. New York：Marcel Dekker，1998.

[17] Anselin L，Varga A，Acs Z. Geographic and sectoral characteristics of academic knowledge externalities[J]. Regional Science，2000(79)：435-443.

[18] Anselin L，Varga A，Acs Z. Local geographic spillovers between university research and high technology innovations[J]. Journal of Urban Economics，1997(42)：422-448.

[19] Anselin L，Varga A，Acs Z. Geographical spillovers and university research：a spatial econometric perspective[J]. Growth and Change，2002(31)：501-515.

[20] Archibugi D. The inter-industry distribution of technological capabilities：a case study in the application of Italian patenting in the USA tech-innovation[J]. Technovation，1998(7)：259-274.

[21] Arrow K J. The economic implications of learning by doing[J]. Review of Economic Studies，1962(29)：155-173.

[22] Atkins F，Boyd D. Convergence and the Caribbean[J]. International Review of Applied Economics，1998(12)：381-96.

[23] Azariadis C，Drazen A. Threshold externalities in economic development[J]. Quarterly Journal of Economic Development，1990(105)：501-526.

[24] Aziz J，Duenwald C. China's provincial growth dynamics[S]. IMF Working Paper，2001.

[25] Banker R D，Charnes A，Cooper W W. Some models for estimating technical and scale inefficiencies in data envelopment analysis[J]. Management Science，1984(30)：1078-1092.

[26] Barro R J，Sala-i-Martin X. Economic growth[M]. New York：McGraw-Hill，1995.

[27] Barro R J，Sala-i-Martin X. Economic growth[M]. 2nd. Cambridge：MIT press，2004.

[28] Barro R J，Sala-i-Martin X. Technological diffusion，convergence and growth[J]. Journal of Economic Growth，1997(2)：2-36.

[29] Barro R J，Sala-i-Martin X. Convergence across states and regions[C]. Brookings Papers on Economic Activity，1991(22)：107-182.

[30] Barro R J，Becker G S. Fertility choice in a model of economic growth[J]. Econometrica，1989(57)：481-501.

[31] Barro R J. Economic growth in gross section of countries[J]. Quarterly Journal of Economics，1991(106)：407-443.

[32] Barro R，Sala-i-Martin X. Economic growth and convergence across the United States[R]. NBER Working Paper，1990.

[33] Barro R，Sala-i-Martin X. Technological diffusion，convergence，and growth[J]. Journal of Economic Growth，1997(2)：1-26.

[34] Barro R，Sala-i-Martin X. Convergence[J]. Journal of Political Economy，1992(100)：223-251.

[35] Barro R，Sala-i-Martin X. Regional growth and migration：a Japan-US comparison[C].

NBER Working Papers 4038, National Bureau of Economic Research, 1992.

[36] Barry R, Pace R. A Monte Carlo estimator of the log determinant of large sparse matrices [J]. Linear Algebra and Its Application, 1999(289): 41-54.

[37] Baumol W J. Productivity growth, convergence and welfare: the long-run data show[J]. American Economic Reviews, 1986(76): 1072-1085.

[38] Baumol W J, Edward W N. Productivity growth, convergence and welfare: reply[J]. American Economic Review, 1988(8): 1155-1159.

[39] Benabou R. Equality and effieieney in human capital investlnent: the local cormection[J]. Review of Economic Studies, 1996(63): 237-264.

[40] Ben-David D, Prescott D. Convergence clubs and divergence economies[J]. Journal of Development Economics, 1998(68): 245-289.

[41] Benhabib J, Spiegel M. The role of human capital in economic development: evidence from aggregate cross-country data[J]. Journal of Monetary Economics, 1994(34): 146-173.

[42] Bernard A B, Durlauf S N. Convergence in international output[J]. Journal of Applied Econometrics, 1995(10): 97-108.

[43] Bernard A B, Durlauf S N. Interpreting tests of the convergence hypothesis[J]. Journal of Econometrics, 1996(71): 161-174.

[44] Bernard A B, Jones C I. Comparing apples to oranges: productivity convergence and measurement across industries and countries[J]. American Economic Review, 1996(86): 1216-1238.

[45] Bernstein J I. Costs of production, intra-and inter-industry R&D spillovers Canadian evidence[J]. Canadian Journal of Economics, 1988(21): 324-347.

[46] Bode E. The spatial pattern of localized R&D spillovers: an empirical investigation for Germany[J]. Journal of Economic Geography, 2004(4): 43-64.

[47] Boles J N. Efficiency squared-efficiency computation of efficiency indexes[C]. Proceedings of the 39th Annual Meeting of the Western Farm Economics Association, 1966: 137-142.

[48] Bosworth D L. The rate of obsolescence of technical knowledge: a note[J]. Journal of Industrial Economics, 1978(26): 273-279.

[49] Bottazzi L, Peri G. Innovation and spillovers in regions: evidence from European patent data[J]. European Economic Review, 2003(47): 687-710.

[50] Cabrer-Borras B, Serrano-Domingo G. Innovation and R&D spillover effects in Spanish regions: a spatial approach[J]. Research Policy, 2007(36): 1357-1371.

[51] Cainelli G, Leoncini R, Montini A. Spatial knowledge spillovers and regional productivity growth in Europe[J]. Dynamics Quaderni, 2003(11): 10-25.

[52] Cameron G, Proudman J, Redding S. Technological convergence, R&D trade and productivity growth[J]. European Economic Review, 2005(49): 775-807.

[53] Caniels M C, Verspagen B. Barriers to knowledge spillovers, and regional convergence in an evolutionary model[J]. Evolutionary Economics, 2001(11): 307-329.

[54] Carlino G, Mills L. Convergence and the US states: a time-series analysis[J]. Journal of Regional Science, 1996(36): 597-616.

[55] Carlino G, Mills L. Are US regional incomes converging? A time series analysis[J]. Journal of Monetary Economics, 1993(32): 335-346.

[56] Cass D. Optimum growth in an aggregate model of capital accumulation[J]. Review of Economic Studies, 1965(32): 233-240.

[57] Charnes A, Cooper W W, Rhodes E. Measuring the efficiency of decision making units[J]. European Journal of Operational Research, 1978(2): 429-444.

[58] Coe D T, Helpman E. International R&D spillover[J]. European Economic Review, 1995, 39(5): 859-887.

[59] Coe S, Helpman M. International R&D spillovers[J]. European Economic Review, 1995 (39): 8 59-887.

[60] Czarnitzki D, Licht G. Additoinality of public R&D grants in a transition economy: the case eastern Germany[J]. Economics of Transition, 2006(14): 101-131.

[61] Dalgaard C J, Hansen J W. Capital utilization and the foundations of club convergence[J]. Economies Letters, 2005(87): 145-152.

[62] De Long J B. Productivity, growth, convergence and welfare: comment[J]. American Economic Review, 1988(78): 1138-1154.

[63] De Long J B, Summers L H. Equipment investment and economic growth[J]. Quarterly Journal of Economics, 1991(106): 445-502.

[64] Denison E F. The sources of economic growth in the United States and the alternatives before us[M]. New York: Committee for Economic Development, 1962.

[65] Dixit A K, Stiglitz J E. Monopolistic competition and optimum product diversity[J]. American Economic Review, 1977(67): 297-308.

[66] Dixon C. The developmental implications of the Pacific Asian crises: the Thai experience [J]. Third World Quarterly, 1999(20): 439-452.

[67] Domar E D. Capital expansion, rate of growth, and employment[J]. Econometrica, 1946, 14(2): 137-147.

[68] Dowrick S, Rogers M. Classical and technological convergence: beyond the Solow-Swan growth model[J]. Oxford Economic Papers, 2002(54): 369-385.

[69] Durlauf S N. A theory of persistent income inequality[J]. Journal of Economic Growth, 1996(1): 75-94.

[70] Eaton J, Kortum S. International technology diffusion [M]. Mimeo: Boston University, 1993.

[71] Eckhardt B. The Sptatial patten of localized R&D spillovers: an empirical investigation for Germany[J]. Journal of Economic Geography, 2004(4): 43-64.

[72] Evans P, Karras G. Do economies converge? Evidence from a panel of US states[J]. The Review of Economics and Statistics, 1996(78): 384-388.

[73] Fare R, Grosskopf S, Logan J. The relative efficiency of Illinois Electric Utilities[J]. Resources and Energy, 1983(5): 349-367.

[74] Farrell M J. The measurement of productive efficiency[J]. Journal of the Royal Statistic Society, 1957(A 120): 253-281.

[75] Findlay R. Relative backwardness, direct foreign investment and the transfer of technology: a simple dynamic model[J]. Quarterly Journal of Economics, 1978(92): 1-16.

[76] Friedman M. Do old fallacies ever die? [J]. Journal of Economic Literature, 1992(30): 2129-2132.

[77] Galor O, Weill D N. The gender gap, fertility and growth[J]. American Economic Review, 1996(60): 35-52.

[78] Galor O, Zeira J. Income distribution and macroeconomics[J]. The Review of Economics Studies, 1993(60): 35-52.

[79] Galor O. Convergenee? Inference from theoretical models[J]. The Economic Journal, 1996(106): 1056-1069.

[80] Gersehenkron A. Economic backwardness in historical perspective[M]. Cambridge: The Belknap Press of Harvard University Press, 1962.

[81] Goodchild R, Wise P. Integrating GIS and spatial data analysis: problems and possibilities [J]. Geographical Information Systems, 1992(6): 407-23.

[82] Goto A, Suzuki K. R&D capital, rate of return on R&D investment and spillovers of R&D in Japanese manufacturing industries[J]. Review of Economics and Statistics, 1989(4): 555-564.

[83] Griffith R, Redding S, Van Reenen J. Mapping the two faces of R&D: productivity growth in a panel of OECD industries[J]. CEPR Discussion Paper, 2000.

[84] Griliches Z. Patent statistics as economic indicators: a survey[J]. Journal of Economic Literature, 1990(28): 1661-1707.

[85] Griliches Z. Productivity, R&D and basic research at the firm level in the 1970's[J]. American Economic Review, 1986(76): 142-154.

[86] Griliches Z, Lichehtenberg F. Inter-industry technology flows and productivity growth: a reexamination[J]. Review of Economics Studies, 1984(86): 324-329.

[87] Griliches Z, Mairesse J. Productivity and R&D at the firm level[M]. Chicago: University of Chicago Press, 1984.

[88] Griliches Z. R&D and productivity slowdown[J]. American Economic Review, 1980(70): 343-348.

[89] Grilliches Z. Issues in assessing the contribution of research and development to productivity growth[J]. Bell Journal of Economics, 1979(10): 92-116.

[90] Grossman G M, Helpman E. Innovation and growth in the globe economy[M]. Cambridge: MIT Press, 1991.

[91] Guellec D, Van Pottelsberghe B. The impact of public R&D expenditure on business R&D

[J]. Economics of Innovation and New Technologies, 2003(12): 225-244.

[92] Harrod R F. An essay in dynamic theory[J]. Economic Journal, 1972, 70(278): 14-33.

[93] Henderson R, Jaffe A, Trajtenberg M. Universities as a source of commercial technology: a detailed analysis of university patenting, 1965～1988[J]. Review of Economics and Statistics, 1998(80): 119-127.

[94] Higgins M, Levy D, Young A. Growth and convergence across the US: evidence from county-level data[J]. Review of Economics and Statistics, 2006(88): 671-681.

[95] Higgins M, Young A, Levy D. Robust correlates of US county-level growth[J]. Applied Economics Letters, Working Paper, 2009.

[96] Hosono K, Toya H. Regional income convergence in the Philippines[C]. Institute of Economic Research, Hitotsubashi University, 2000.

[97] Howitt P. Capital accumulation and innovation in endogenous growth[M]. Mimeo: Ohio State University Press, 1997.

[98] Howitt P. Steady endogenous growth with population and R&D inputs growing[J]. Journal of Political Economy, 1999(107): 715-730.

[99] Howitt P, Mayer-Foulkes D. R&D, implementation and stagnation: a Schumpeterian theory from convergence clubs[J]. Journal of Money, Credit and Banking, 2005(37): 147-177.

[100] Hulten C R. Growth accounting with intermediate inputs[J]. Review of Economic Studies, 1978, 45(10): 511-518.

[101] Isard W. Methods of regional analysis: an introduction to regional science[M]. Published Jointly by the Technology Press of the Massachusetts Institute of Technology (Cambridge) and Wiley (New York), 1960.

[102] Islam N. Growth empirics: a panel data approach[J]. Quarterly Journal of Economics, 1995(110): 1127-1170.

[103] Jaffe A, Trajtenberg M, Fogarty M. Knowledge spillovers and patent citations: evidence from a survey of invertors[J]. American Economic Review, 2000(90): 215-218.

[104] Jaffe A. Technological opportunity and spillovers of R&D: evidence from firm's patent profits and market value[J]. American Economic Review, 1986(76): 984-1001.

[105] Jaffe A. The real effects of academic research[J]. American Economic Review, 1989 (79): 957-970.

[106] Jaffe A B, Trajtenberg M, Henderson R. Geographic localization of knowledge spillovers as evidenced by patent citations[J]. Quarterly Journal of Economics, 1993, 63:577-598.

[107] Jefferson G H, Bai H M, Guan X J, et al. R&D performance in Chinese industry[J]. Economics of Innovation and New Technology, 2004(1): 2-13.

[108] Jian T, Sachs J, Warner A. Trends in regional inequality in China[J]. China Economic Review, 1996(7): 1-21.

[109] Jones C I. On the evolution of the world income distribution[J]. Journal of Economic Per-

spectives, 1997(11): 19-36.

[110] Jones C I. R&D-based models of economic growth[J]. Journal of Political Economy, 1995(103): 759-784.

[111] Jones L E, Manuelli R E. A convex model of equilibrium growth: theory and policy implications[J]. Journal of Political Economy, 1990(98): 1008-1038.

[112] Jones C I. Growth: with or without scale effect[J]. American Economic Review, 1999(89): 139-144.

[113] Jorgenson D W, Griliehes Z, Jorgenson D, et al. Issues in growth accounting: a reply to Edward F. Denison[J]. Survey of Current Business, 1972, 52(5): 65-94.

[114] Judd K L. On the performance of patents[J]. Econometrica, 1985(53): 567-586.

[115] Keller W. Are international R&D spillovers trade-related? Analyzing spillover among randomly matched trade partners[J]. European Economic Review, 1998(42): 1469-1481.

[116] Keller W. Geographic localization of international technology diffusion[J]. American Economic Review, 2002(92): 120-142.

[117] Kemeny J, Snell L. Finite Markov chains[M]. New York: Springer-Verlag, 1976.

[118] Koopmans T C. On the concept of optimal economic growth[M]// The econometric approach to development planning. Chicago: Random McNally, 1965.

[119] Kumar S, Russell R R. Technological change, technological catch up, and capital deepening: relative contributions to growth and convergence[J]. American Economic Review, 2002(92): 527-548.

[120] Kuznets S. Economic growth of nation[M]. Cambridge: Harvard University Press, 1971.

[121] Kuznets S. Modern economic growth rate, structure and spread[M]. New Haven: Yale University Press, 1966.

[122] Lesage J P. The theory and practice of spatial econometrics[M]. http: //www. utoledo. edu/as. html, 1999.

[123] Lesage J P, Pace R K. Introduction to spatial econometrics[M]. Chapman & Hall, 2009.

[124] Levin R, Reiss P. Cost-reducing and dem and creating R&D with spillovers[J]. Rand Journal of Economics, 1988: 538-556.

[125] Li Q, Papell D. Convergence of international output time series evidence for 16 OECD countries[J]. International Review of Economics and Finance, 1999(8): 267-280.

[126] Lichtenberg F. R&D investment and international productivity difference[C]. NBER Working Paper, No. 4161, 1992.

[127] Lichtenberg F. The private R&D investment response to federal design and technical competition[J]. American Economic Review, 1989(78): 550-559.

[128] Liu X L, White S. An exploration into regional variation in innovative activity in China [J]. International Journal of Technology Management, 2001(21): 114-129.

[129] Lucas R E. On the mechanics of economics development[J]. Journal of Monetary Economics, 1988(22): 3-42.

[130] Lucas R. Life earnings and Rural-Urban migration working paper[Z]. http://home. uchicago. edu/~ sogrodow/homepage/life-earnings. pdf. , 2002.

[131] Lundval B A. Innovation growth and social cohesion: the Danish Model[M]. Cheltenham: Elgar Publishers, 2002.

[132] Michael R, Lan J, Lawrenee J. Contribution of R&D to economic growth in technology, R&D, and the economic[Z]// Brucel R S, Claude E B. The brookings inistitution and American enterprise institution for public politic research.

[133] Mankiw G N, Romer D, Weil D N. A contribution to the empirics of economic growth [J]. Quarterly Journal of Economics, 1992(105): 407-437.

[134] Moran P A P. A test for serial independence of residuals[J]. Biometrika, 1950(37): 178-181.

[135] Moran P A P. The interpretation of statistical maps[J]. Biometrika, 1948(35): 255-260.

[136] Moreno R, Paci R, Usai S. Spatial spillovers and innovation activity in European regions [J]. Environment and Planning A, 2005(37): 1793-1812.

[137] Nicholas K. Capital accumulation and economic growth[C]// Friedrich A L, Douglas C H. Proceeding of a conference held by the Internatuonak Economics Association. Kindin: Macmiliian, 1963.

[138] Nelson R R, Phelps E S. Investment in humans, technological diffusion, and economic growth[J]. American Economic Review, 1996(56): 69-75.

[139] Paelinck J, Klassen L. Spatial econometrics[M]. Saxon House, Farnborough, 1979.

[140] Pakes A, Griliches Z. Patents and R&D at the firm level: a first look[J]. Economic Letters, 1980(15):377-381.

[141] Perez C. Technological revolutions and financial capital: the dynamics of bubbles and golden ages[M]. Cheltenham and Northampton: Edward Elgar, 2002.

[142] Persson J. Convergence across the Swedish counties, 1911~1993[J]. European Economic Review, 1997(41): 1835-1852.

[143] Quah D. Empirical cross-section dynamic in economic growth[J]. European Economic Review, 1993(37): 426-434.

[144] Quah D. Twin peaks: growth and convergence in models of distribution dynamics[J]. Economic Journal, 1996(106): 1045-1055.

[145] Ramsey F. A mathematical theory of saving[J]. Economic Journal, 1928(38): 543-559.

[146] Rebelo S. Long run policy analysis and long run growth[J]. Journal of Political Economy, 1991(99): 500-521.

[147] Rey S, Montouri B. US regional income convergence: a spatial econometric perspective [J]. Regional Studies, 1999(33): 143-156.

[148] Romer D. Advanced macroeconomics[M]. 2nd. New York: McGraw-Hill, 2001.

[149] Romer P M. Endogenous technological change[J]. Journal of Political Economy, 1990 (98): 71-102.

[150] Romer P M. Growth based on increasing returns due to specialization[J]. American Economic Review, 1987(77): 56-62.

[151] Romer P M. Increasing returns and long-run growth[J]. Journal of Political Economy, 1986(94): 1002-1037.

[152] Sachs J D, Warner A M. Economic convergence and economic policies[R]. NBER Working Paper, 1995(5039).

[153] Sala-i-Martin X. The classical approach to convergence analysis[J]. Economic Journal, 1996(106): 1019-1036.

[154] Schumpeter J A. Capitalism, socialism and democracy[M]. New York: Harper and Brothers, 1942.

[155] Scitovsky T. Two concepts of external economics[J]. Journal of Political Economy, 1954(62): 70-82.

[156] Segerstrom P S, Anant T, Dinopoulos E. A Schumpeterian model of product life cycle[J]. American Economic Review, 1990(80): 1077-1092.

[157] Sehumpeter J A. The theory of economic development[M]. New Brunswick: Transaction Publishers, 1996.

[158] Solow R M. A contribution to the theory of economic growth[J]. Quarterly Journal of Economics, 1956(70): 65-94.

[159] Solow R M. Technical change and the aggregate production function[J]. Review of Economics and Statistics, 1957, 39(3): 312-320.

[160] Spence M. Product selection, fixed costs, and monopolistic competition[J]. The Review of Economic Studies, 1976(43): 217-235.

[161] Sun W. Semiparametric analysis of income inequality: an application to China[D]. University of California PhD, 2005.

[162] Swan T W. Economic growth and capital accumulation[J]. Economic Record, 1956(32): 334-361.

[163] Tobler W R. A computer movie simulation urban growth in the Detroit region[J]. Economic Geography, 1970(46): 234-240.

[164] Trajtenberg M. Innovation in Israel (1968～1997): a comparative analysis using patent data[J]. Research Policy, 2001(30): 363-389.

[165] Uzawa H. Optimal Technical Change in an aggregative model of economic growth[J]. International Economic Review, 1965(6): 641-680.

[166] Veblen T. Imperial Germany and the industrial revolution[M]. New York: Macmillan, 1915.

[167] Verspagen B. Measuring intersectional technology spillovers: estimates from the European and US Patent Office Databases[J]. Economic Systems Research, Taylor and Francis Journals, 1997(9): 47-65.

[168] Verspagen B. Technology spillovers between sectors and over time[J]. Technological

Forecasting & Social Change, 1999(60): 215-235.

[169] Wallsten S J. The effects of government-industry R&D programs on private R&D: the case of the small business innovation research program[J]. The RAND Journal of Economic, 2000(31): 82-100.

[170] Yang Xiaokai, Borland J. A microeconomic mechanism for economic growth[J]. Journal of Political Economy, 1991(99): 460-482.

[171] Young A. Growth without scale effects[J]. Journal of Political Economy, 1998(106): 41-63.

[172] Young A. Increasing returns and economic progress[J]. Economic Journal, 1928(38): 527-542.

[173] Young A. Invention and bounded learning by doing[C]. Paper Represented at NBER growth conference, Cambridge MA, 1990.

[174] Young A, Higgins M, Levy D. Sigma convergence versus beta convergence[J]. Journal of Money, Credit, and Banking, 2009(40): 1083-1094.

[175] Zeng J. Physical and human capital accumulation, R&D and economic growth[J]. Southern Economic Journal, 1997(63): 1023-1038.

[176] Zeng J. Reexamining the interaction between innovation and capital accumulation[J]. Journal of Macroeconomics, 2003(25): 541-560.

[177] 安康,韩兆洲,舒晓惠. 中国省域经济协调发展动态分布分析:基于核密度函数的分解[J]. 经济问题探索,2012(1):20-25.

[178] 蔡防,都阳. 中国地区经济增长的趋同与差异[J]. 经济研究,2000(10):30-37.

[179] 陈安平,李国平. 中国地区经济增长的收敛性:时间序列的经验研究[J]. 数量经济技术经济研究,2004(11):31-35.

[180] 陈继勇,雷欣. 我国区域间知识溢出的数量测度[J]. 科技进步与对策,2010(1):39-44.

[181] 陈志斌,施建军,孙辛勤. 江苏 R&D 活动:比较、评价与促进经济发展对策研究[J]. 江苏社会科学,2003(3):185-189.

[182] 单红梅,李芸. 1991～2003 年中国科技投入经济效果的实证分析[J]. 系统工程,2006(9):88-92.

[183] 邓明,钱争鸣. 我国省际知识存量、知识生产与知识的空间溢出[J]. 数量经济技术经济研究,2009(5):42-53.

[184] 董直庆,王林辉. 我国区域经济双峰模式和要素贡献分解:基于省际面板数据的实证检验[J]. 吉林大学社会科学学报,2009(49):143-151.

[185] 魁奈. 魁奈经济著作选集[M]. 中译本. 北京:商务印书馆,1979.

[186] 范黎波,宋志红,宋志华. R&D 投入与经济增长的协整分析:基于中国 1987～2005 年数据[J]. 财贸经济,2008(2):25-29.

[187] 符森. 地理距离和技术外溢效应:对技术和经济集聚现象的空间计量学解释[J]. 经济学(季刊),2009(3):1549-1566.

[188] 符森. 技术溢出的空间计量和阈值回归分析[D]. 华中科技大学,2008.

[189] 高见. 空间自相关与中国区域经济增长俱乐部趋同研究[D]. 河南大学,2006.
[190] 高艳,胡树华. 中部区域科技投入对经济增长的灰色关联度分析[J]. 科技与经济,2004(3):46-49.
[191] 大卫·柏拉图. 理想国[M]. 郭斌,张竹明,译. 北京:商务印书馆,1986.
[192] 顾严,冯银虎. 我国行业收入分配发生两极分化了吗?:来自非参数 Kernel 密度估计的证据[J]. 经济评论,2008(4):5-13.
[193] 郭爱君,贾善铭. 经济增长收敛研究:基于西部地区 1952～2007 年的省级面板数据[J]. 兰州大学学报:社会科学版,2010(4):123-130.
[194] 韩剑. 知识溢出的空间有限性与企业 R&D 集聚:中国企业 R&D 数据的空间计量研究[J]. 研究与发展管理,2009(3):22-27.
[195] 何江,张馨之. 中国区域经济增长及其收敛性:空间面板数据分析[J]. 南方经济,2006(5):44-52.
[196] 洪国志,胡华颖,李郇. 中国区域经济发展收敛的空间计量分析[J]. 地理学报,2010(12):1548-1558.
[197] 黄苹. 中国省域 R&D 溢出与地区经济增长空间面板数据模型分析[J]. 科学学研究,2006(26):749-753.
[198] 黄晓峰,黄跃东. 福建省区域趋同时空演变的空间马尔可夫链分析[J]. 福建地理,2006(21):28-62.
[199] 贾鹏,王晓明,贾燕子. 我国科技投入与经济增长关联的实证分析[J]. 科技与管理,2004(4):98-103.
[200] 江蕾,安慧霞,朱华. 中国科技投入对经济增长贡献率的实际测度:1953～2005[J]. 自然辩证法通讯,2007(5):50-56.
[201] 姜庆华,米传民. 我国科技投入与经济增长关系的灰色关联度分析[J]. 技术经济与管理研究,2006(4):4-26.
[202] 李国平,陈晓玲. 地区经济收敛实证研究方法评述[J]. 数量经济技术经济研究,2007(8):151-159.
[203] 李晓西,张琦. 中国区域收入差距分析及政策建议[J]. 改革,2005(2):47-55.
[204] 李新安. 中国区域经济发展战略转换的政策取向及效果研究[J]. 经济经纬,2003(1):30-33.
[205] 李旭. R&D 投入对 GDP 影响的时间延迟与贡献强度研究[J]. 科技进步与对策,2012(10):1-7.
[206] 李郇. 中国城市中的经济增长[D]. 中山大学,2003.
[207] 李子奈,叶阿忠. 高等计量经济学[M]. 北京:清华大学出版社,2000.
[208] 林光平,龙志和,吴梅. 中国地区经济 σ-收敛的空间计量实证分析[J]. 数量经济技术经济研究,2006(4):14-21.
[209] 林毅夫,蔡昉,李周. 中国的奇迹:发展战略与经济改革[M]. 上海:上海三联书店,1994.
[210] 林毅夫,刘培林. 中国的经济发展战略与地区收入差距[J]. 经济研究,2003(3):19-25.
[211] 刘丽,王铮,王莹,等. 中国东中西部 GDP 溢出再分析[J]. 中国管理科学,2003(11):81-85.

[212] 刘木平,舒元. 我国地区经济的收敛与增长决定力量:1978～1997[J]. 中山大学学报:社会科学版,2000(5):11-16.

[213] 刘乃全,贾彦利. 中国区域政策的重心演变及整体效应研究[J]. 经济体制改革,2005(1):10-15.

[214] 刘强. 中国经济增长的收敛性分析[J]. 经济研究,2001(6):70-77.

[215] 刘生龙,张捷. 空间经济视角下中国区域经济收敛性再检验:基于 1985～2007 年省级数据的实证研究[J]. 财经研究,2009(12):16-26.

[216] 刘顺忠,官建成. 区域创新系统创新绩效的评价[J]. 中国管理科学,2002(10):75-78.

[217] 陆大道,等. 中国区域发展的理论及实践[M]. 北京:科学出版社,2003.

[218] 蒲英霞,马荣华,葛莹,等. 基于空间马尔可夫链的江苏区域趋同时空演变[J]. 地理学报,2005(60):817-826.

[219] 任胜钢,彭建华. 基于 DEA 模型的中部区域创新绩效评价与比较研究[J]. 求索,2006(10):15-18.

[220] 沈坤荣,马俊. 中国经济增长的俱乐部收敛特征及其成因研究[J]. 经济研究,2002(1):33-39.

[221] 沈坤荣. 新经济增长理论与中国经济增长[M]. 江苏:南京大学出版社,2003.

[222] 宋学明. 中国区域经济发展及其收敛性[J]. 经济研究,1996(9):38-44.

[223] 苏方林. 中国省域 R&D 溢出的空间模式研究[J]. 科学学研究,2006(24):696-701.

[224] 苏方林. 中国研发与经济增长的空间统计分析[M]. 北京:经济科学出版社,2009.

[225] 苏桔芳,胡日东,衣长军. 中国经济增长与科技投入的关系:基于协整与 VAR 模型的实证分析[J]. 科技管理研究,2006(9):26-29.

[226] 孙建,齐建国. 中国区域知识溢出空间距离研究[J]. 科学学研究,2011(29):1643-1650.

[227] 孙建. 中国区域技术创新绩效计量研究[D]. 重庆大学,2102.

[228] 唐永. 中国区域经济增长俱乐部趋同研究[D]. 河南大学,2007.

[229] 滕建州,梁琪. 中国区域经济增长收敛吗?:基于时序列的随机收敛和收敛研究[J]. 管理世界,2006(12):32-41。

[230] 藤丽. GIS 环境下的区域溢出研究[D]. 华东师范大学,2005.

[231] 王海鹏,田澎,靳萍. 中国科技投入与经济增长的 Granger 因果关系分析[J]. 系统工程,2005(7):85-88.

[232] 王立平. 知识溢出及其对我国区域经济增长作用的实证研究[M]. 合肥:合肥工业大学出版社,2008.

[233] 王延中. 装备工业技术进步与产业结构升级[J]. 改革,2001(1):82-93.

[234] 王争,钱彦敏. 中国省际收敛与收入分布的"极化"特征(1978～2004):趋势及成因[C]. 经济发展论坛工作论文,www. fed. org. cn,2006.

[235] 王铮,邓峰. 人口扩散空间与相互作用的联系[J]. 地理研究,1991(10):48-55.

[236] 王铮,丁金宏. 区域科学原理[M]. 北京:科学出版社,1994.

[237] 王铮,葛昭攀. 中国区域经济发展的多重均衡态与转变前兆[J]. 中国社会科学,2002(4):31-39.

[238] 王铮,马翠芳,王莹,等. 区域间知识溢出的空间认识[J]. 地理学报,2003(5):773-780.

[239] 王志刚. 质疑中国经济增长的条件收敛性[J]. 管理世界,2004(3):25-30.

[240] 魏后凯. 促进中部崛起的科学基础与国家援助政策[J]. 经济经纬,2006(1):89-93.

[241] 魏后凯. 东北振兴政策的效果评价及调整思路[J]. 社会科学集刊,2008(1):60-65.

[242] 魏后凯. 中国地区经济增长及其收敛性[J]. 中国工业经济,1997(3):31-37.

[243] 吴建新. 中国省际劳均收入的收敛研究:基于核密度函数和 Markov 随机过程理论的分析[J]. 石家庄经济学院学报,2010(33):94-97.

[244] 吴利学. 中国地区增长收敛研究:基于内生制度变迁增长模型的理论解释与实证分析[M]. 北京:经济管理出版社,2010.

[245] 吴延兵. R&D 存量、知识函数与生产效率[J]. 经济学(季刊),2006(4):1129-1156.

[246] 吴延兵. 中国工业 R&D 产出弹性测算[J]. 经济学(季刊),2008(4):869-890.

[247] 吴玉鸣. 中国省域经济增长趋同的空间计量经济分析[J]. 数量经济技术经济研究,2006(12):101-108.

[248] 夏万军,纪宏. 技术扩散和区域经济收敛:一个理论模型的新框架[J]. 商业经济与管理,2007(6):8-31.

[249] 夏万军. 中国区域经济收敛机制研究[D]. 商业经济与管理,2009(9):52-57.

[250] 项歌德. R&D 溢出效应的测度研究:基于空间计量经济学的方法[M]. 上海:上海社会科学院出版社,2011.

[251] 肖敏,谢富纪. 我国区域 R&D 资源配置效率差异及其影响因素分析[J]. 软科学,2009,23(10):1-5.

[252] 谢伏瞻. 完善政策促进地区经济协调发展[J]. 中国流通经济,2006(7):8-9.

[253] 谢兰云. 我国 R&D 投入与经济增长关系的计量分析[D]. 东北财经大学,2009.

[254] 徐现祥,李郇. 中国城市经济增长的趋同分析[J]. 经济研究,2004(5):40-48.

[255] 徐现祥,舒元. 物质资本、人力资本与中国地区双峰趋同[J]. 世界经济,2005(1):47-57.

[256] 徐现祥,舒元. 中国省区经济增长分布的演进(1978~1998)[J]. 经济学(季刊),2004(3):619-638.

[257] 徐现祥,王海港. 我国初次分配中的两极分化及成因[J]. 经济研究,2008(2):106-118.

[258] 杨伟民. 地区间收入差距变动的实证分析[J]. 经济研究,1992(1):23-32.

[259] 杨武,粟沛沛,康凯. 中国八大城市区域研发产业绩效比较研究[J]. 中国青年科技,2007(5):10-13.

[260] 杨依山. 经济增长理论的成长[D]. 山东大学,2008.

[261] 叶阿忠著. 非参数计量经济学[M]. 天津:南开大学出版社,2003.

[262] 尹静,平新乔. 中国地区间的技术溢出分析[J]. 产业经济研究,2006(1):1-11.

[263] 大卫·李嘉图. 政治经济学及赋税原理[M]. 周洁,译. 北京:华夏出版社,2005.

[264] 亚当·斯密. 国富论[M]. 唐日松,译. 北京:华夏出版社,2005.

[265] 约翰·梅纳德·凯恩斯. 就业、利息和货币通论[M]. 宋韵声,译. 北京:华夏出版社,2005.

[266] 余冬筠. 区域创新的效率及模式研究:基于中国省际面板数据的随机前沿分析[D]. 浙江大学,2010.

[267] 张海洋. R&D两面性、外资活动与中国工业生产率增长[J]. 经济研究,2005(5):107-117.
[268] 张焕明. 扩展的Solow模型的应用:我国经济增长的地区性差异与趋同[J]. 经济学(季刊),2004(3):605-618.
[269] 张军,五桂英,张吉鹏. 中国省际物质资本存量估算:1952～2000[J]. 经济研究,2004(10):35-44.
[270] 张可云. 区域经济政策[M]. 北京:商务印书馆,2005.
[271] 张丽君. 区域经济政策[M]. 北京:中央民族大学出版社,2006.
[272] 张仁开,杜德斌. 中国R&D产业发展的空间差异及地域分类研究[J]. 地域研究与开发,2006,25(4):20-24.
[273] 张守一,葛新权,王斌. 非参数回归及其应用[J]. 数量经济技术经济研究,1997(10):60-65.
[274] 张学良. 长三角地区经济收敛及其作用机制:1993～2006[J]. 世界经济,2010(3):126-139.
[275] 张永凯,全球R&D活动的空间分宜与新兴研发经济体的崛起[D]. 华东师范大学,2010.
[276] 赵立雨. 基于SFA的区域R&D效率的空间相关性研究[C]. 第六届中国科技政策与管理学术年会论文集,2010.
[277] 赵伟,马瑞永. 中国经济增长收敛的再认识:基于增长收敛微观机制的分析[J]. 管理世界,2005(11):12-21.
[278] 赵伟. 区际开放:左右未来中国区域经济差距的主要因素[J]. 经济学家,2001(5):45-50.
[279] 赵伟. 中国区域经济开放:模式与趋势[M]. 北京:经济科学出版社,2005.
[280] 赵志坚. 我国科技投入对GDP拉动效应的实证分析[J]. 经济数学,2008(1):58.
[281] 周卫峰. 中国区域经济增长收敛性研究[D]. 中国社会科学院研究生院,2005.
[282] 朱春奎. 财政科技投入与经济增长的动态均衡关系研究[J]. 科学学与科学技术管理,2004(3):29-33.
[283] 朱平芳,徐伟民. 政府的科技激励政策对大中型工业企业R&D投入及其专利产出的影响[J]. 经济研究,2003(6):45-53.
[284] 朱平芳. 全社会科技经费投入与经济增长的关联研究[J]. 数量经济技术经济研究,1999(3):28-31.

跋

《R&D活动对中国区域经济收敛的驱动效应研究》要出版，我很高兴。这本专著是在任玲玉的博士论文基础上修改的。任玲玉是我的博士研究生，遗憾的是，他的博士论文的写作和修改，我基本上没有参与，因为在为他确定了题目，接着待他确定了论文的基本内容后，我就病倒了，脑溢血，住在上海的医院里，不能思考太多。那年我在病床上躺了3个月，论文写作的指导和文章修改，都交给了我早期的学生薛俊波。他们同心协力，顺利完成了该论文。

这本书的题目是"R&D活动对中国区域经济收敛的驱动效应研究"，我之所以为他选择这个题目，是因为我认识到区域作为一种经济体，需要从相应的科学角度分析，或者说，这是区域科学的一个重要问题。区域是地方的理性抽象，需要我们像从"物体"这个实在对象中抽象出"质点"理性对象那样加以研究，而不仅仅是就地方论地方地讨论。作为地理学家的我对区域研究情有独钟，这不仅是因为我写了《区域科学原理》，而且是因为我后来认识到从地方抽象出来的区域有许多地方的共性，可以进行一般性研究，得到规律性认识。想当年Isard正是基于这种认识提出了区域科学这一概念，让人们能更好地研究具体地方的问题。在本质上，区域科学不同于地理学，也不同于所谓的区域经济学，因为它不是描写地方，也不是仅仅用经济学理论分析一个区域内的经济现象。区域科学，更多的是研究区域这一经济体或环境结构体的自身的概率。就像质点动力学一样，不管这个质点代表的是乒乓球还是太阳系里的地球，它们都遵循同样的运动定律。

这些年，我带我的学生开展了对区域的研究，其中，滕丽的《区域溢出研究》、初钊鹏的《制度因素在聚集经济进化发展中的作用研究》，都是偏向区域科学理论的研究。这些论文经修改都出版了，它们与本书形成了姊妹篇，三者构成了区域理论分析的三个方面。

与前面两本相比，本书关注的是R&D对区域发展的作用，更多注重实证研究和数量经济学分析，有它的独到之处，可以供喜欢定量分析的年轻人参考。

本书作为中国区域科学实在理论探索的一个案例，我特别地推荐给大家，希望它在中国的区域科学研究中荡起一朵美丽的浪花。

王　铮

2016年1月26日

于北京中关村